Original illisible

NF Z 43-120-10

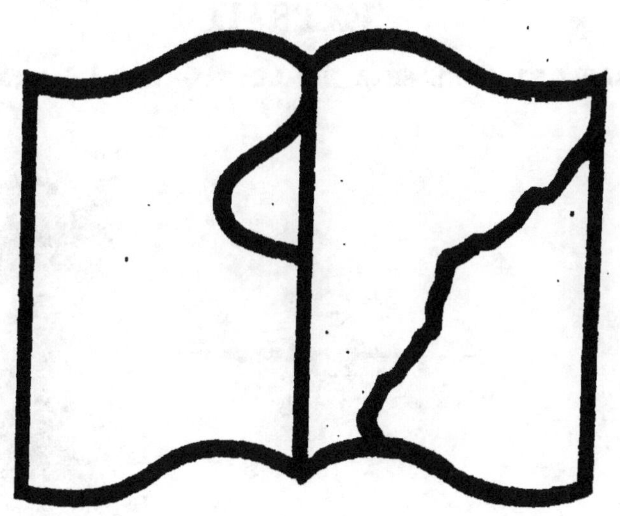

Texte détérioré — reliure défectueuse

NF Z 43-120-11

"VALABLE POUR TOUT OU PARTIE
DU DOCUMENT REPRODUIT".

NOTES
D'UN VOYAGE
EN AUVERGNE
ET DANS LE LIMOUSIN.

PAR PROSPER MÉRIMÉE,

INSPECTEUR-GÉNÉRAL DES MONUMENTS HISTORIQUES DE FRANCE.

EXTRAIT

D'UN RAPPORT ADRESSÉ A M. LE MINISTRE DE L'INTÉRIEUR.

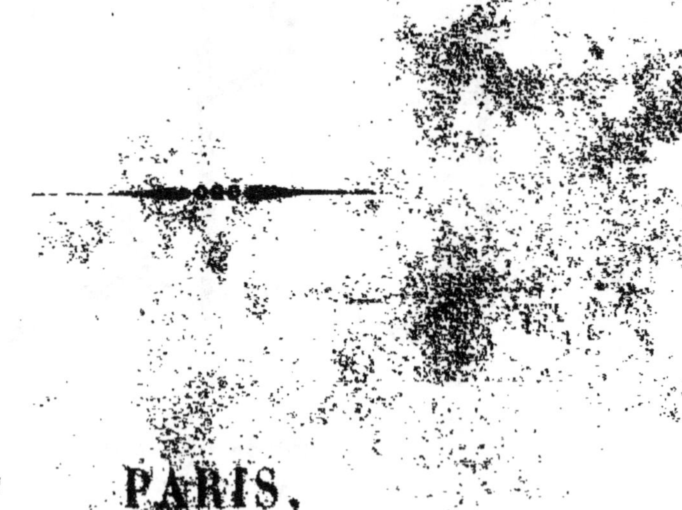

PARIS,

LIBRAIRIE DE H. FOURNIER.

18, RUE DE VERNEUIL.

1838

NOTES

D'UN VOYAGE.

IMPRIMERIE DE H. FOURNIER ET Cie,
RUE DE SEINE, N. 14 BIS.

NOTES

D'UN VOYAGE

EN AUVERGNE.

PAR PROSPER MÉRIMÉE,

INSPECTEUR-GÉNÉRAL DES MONUMENTS HISTORIQUES.

EXTRAIT

D'UN RAPPORT ADRESSÉ A M. LE MINISTRE DE L'INTÉRIEUR.

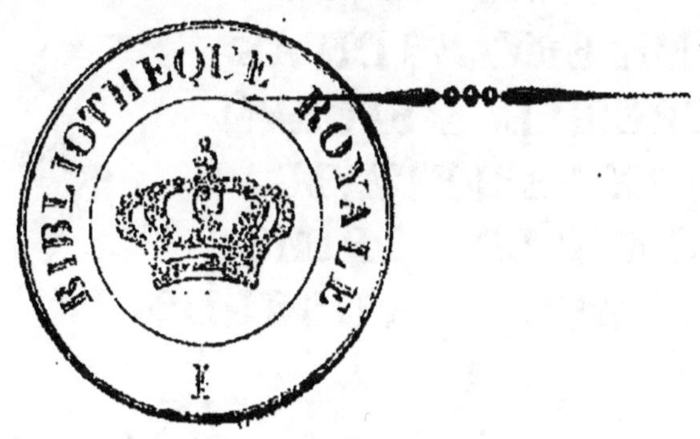

PARIS,

LIBRAIRIE DE H. FOURNIER,

18, RUE DE VERNEUIL.

1838

BOURGES.

(Avaricum.)

ANTIQUITÉS ROMAINES.

Il ne paraît pas douteux que la ville actuelle de Bourges n'occupe l'emplacement de l'antique Avaricum; on ne doit point s'attendre pourtant à retrouver aujourd'hui des monuments de la cité des Bituriges. Si l'armée de César avait laissé quelque chose à détruire, la civilisation romaine, encore plus puissante, aurait bientôt promené son niveau sur ces vestiges d'un temps de liberté. L'inscription suivante prouve que, dès le premier siècle de notre ère, Avaricum était devenu une ville romaine.

PRO SALVTE
CAESARVM ET PR (1)
MINERVAE ET DIVAE
DRVSILLAE SACRVM
IN PERPETVVM
C ACILEIVS PRIMS (2)
IIIIII AVG CCRDSSPD (3)

(1) *Populi Romani.*

(2) *Primus?*

(3) *Sevir augustalis, censitor civium romanorum, de suo sumpta posuit, dedicavit.*

On voit dans les caves de plusieurs maisons de Bourges quantité de blocs de pierre sculptés, employés dans des constructions plus ou moins modernes. Parmi ces débris, quelques fragments d'une frise couverte d'armures, et des bas-reliefs mutilés paraissent avoir fait partie d'un arc de triomphe; enfin une certaine étendue des murs de l'enceinte actuelle atteste encore une origine romaine. Le long de la promenade de Séraucourt on peut suivre pendant plusieurs centaines de pas une muraille construite en *opus incertum*, lié par un ciment de chaux et de brique pilée, et interrompu régulièment de distance en distance par des assises de briques longues et larges, disposées sur trois rangs, et séparées par une couche épaisse de mortier; çà et là, quelques portions du parement en petit appareil subsistent encore. Entre la porte de Séraucourt et le jardin de l'archevêché et sur la ligne de l'enceinte antique, une construction de grand appareil se projette hors de la muraille en demi-cercle ou plutôt en demi-ovale. La perfection qu'on observe dans la coupe et l'appareil des pierres, les pilastres (1) qui flanquent cette ruine ne laissent pas douter que ce ne soit un ouvrage romain; mais quelle a été sa destination? A n'en considérer que la position, on serait tenté de croire que ç'a été une tour de défense; mais alors

(1) Une seule base est conservée; elle est attique. L'amortissement est d'ailleurs absolument détruit.

pourquoi lui donner un appareil si supérieur à celui de l'enceinte? pourquoi ces pilastres qui annoncent une ornementation d'une certaine élégance? On observera en outre que le demi-ovale ne se lie nullement à la muraille; au contraire il la pénètre brusquement. Il semble donc plus probable de le considérer comme un reste de quelque édifice antique, d'un petit *sacellum*, par exemple, antérieur à l'érection de la muraille, et plus tard compris dans l'enceinte fortifiée qu'on dut élever à la hâte lors des invasions des Barbares; sa forme le rendant propre à la défense, on en aura fait la base d'une tour.

D'autres murailles romaines existent dans le jardin de l'archevêché, toujours à petit appareil entremêlé de lits de briques, mais avec un parement mieux conservé. D'après leur position très voisine des murs de Séraucourt et leur direction sensiblement parallèle, on a lieu de croire ou qu'autrefois Avaricum avait une double enceinte, ou bien que les remparts de l'archevêché ont fait partie d'une fortification intérieure, d'une espèce de citadelle. C'est sur l'emplacement de ce jardin que s'élevait autrefois la fameuse tour de Bourges dont il est souvent question dans l'histoire de nos guerres civiles; aujourd'hui il n'en reste plus aucun vestige.

Il faut encore citer comme un reste des fortifications romaines, une partie de l'hôtel de Jacques

Cœur. La façade qui regarde la place de Berry, présente à la base de ses tours le parement et les lits de briques que j'ai déjà décrits; on voit en outre dans une tour ronde une ouverture cintrée, bouchée aujourd'hui, surmontée d'une archivolte à claveaux entremêlés de briques. Jusqu'au XIIIe siècle, cette muraille bornait la ville de ce côté (1) et touchait aux Arènes, entièrement détruites aujourd'hui, mais dont le quartier voisin a pourtant retenu le nom.

SAINT-ÉTIENNE,

CATHÉDRALE.

La cathédrale est assurément le monument le plus remarquable et le plus digne d'intérêt qu'il y ait à Bourges; on la met avec raison au nombre des plus belles églises de France, et il n'y en aurait peut-être pas qu'on pût lui comparer, si cet immense édifice eût été achevé assez rapidement pour éviter des différences de style qui nuisent aujourd'hui à l'effet de l'ensemble.

Saint-Étienne est trop connu par de nombreuses

(1) Une charte de Louis VIII, 1224, permet aux habitans de Bourges, en raison de l'agrandissement de leur ville, de bâtir sur les anciens remparts.

publications, pour que je m'arrête à le décrire en détail ; je me bornerai donc à indiquer brièvement ses principales dispositions, et seulement pour motiver les observations auxquelles elles me semblent devoir donner lieu.

C'est une basilique arrondie à son extrémité orientale, et entourée en ce point de cinq chapelles toutes remarquablement petites ; le terrain s'abaissant vers l'Est, ces chapelles reposent en encorbellement sur des espèces de consoles. Sous les bas-côtés du chœur s'étend en demi-cercle une crypte, ou plutôt une église souterraine, dont les voûtes retombent sur d'énormes piliers composés de colonnes trapues, groupées en faisceau ; le centre de cette crypte est plein, à l'exception d'un réduit correspondant à peu près au maître-autel de l'église supérieure, et occupé aujourd'hui par un calvaire dans le style de la Renaissance, d'une très médiocre exécution.

Je reviens à l'église supérieure. Quatre rangs d'arcades de hauteur inégale, la divisent parallèlement à son axe. Pour la nef et le chœur, la disposition des travées est sensiblement la même, il n'y a guère de différence que dans la décoration des galeries supérieures ; et contre la pratique ordinaire du moyen-âge, celles de la nef présentent plus de recherche que celles du chœur, d'où l'on peut conclure, ce me semble, qu'elles leur sont postérieures en date.

Les piliers, à l'exception de ceux qui touchent

à la façade (1), sont uniformément cylindriques, entourés de longues colonnettes faiblement engagées dans le massif qui forme le noyau du pilier. Très fréquemment reproduite pendant la période du gothique primitif, cette disposition donne sans doute l'apparence de la légèreté, mais elle n'a pas à mon sentiment l'élégance des colonnettes groupées en faisceau, dont l'usage prévalut dans la suite. Quant aux chapiteaux, je les trouve décidément médiocres. En général, leur ornementation se réduit à des crochets ou de larges feuilles plates et collées à la corbeille, comme si l'on eût craint de leur donner quelque saillie. J'ai remarqué çà et là des figurines entremêlées à ces larges feuilles. Quelle que soit leur forme, tous ces chapiteaux annoncent des ouvriers encore peu familiarisés avec l'*ornementation végétale* qui caractérise le style gothique. Au contraire, les chapelles ajoutées à l'église dans le xve siècle se distinguent par la richesse et l'élégance de leur décoration. A partir de cette époque, et jusqu'à la fin de la Renaissance, tous les monuments de Bourges se font remarquer par la grâce et le bon goût de leurs détails ; d'un autre côté, pendant la période bysantine, nous en aurons bientôt la preuve, il y avait à Bourges de très habiles sculpteurs. Il semble que du XIIIe au XIVe siècle on ait négligé l'ornementation,

(1) Ce sont d'énormes massifs, flanqués de colonnes de tous côtés.

je dis l'*ornementation végétale* qui s'applique aux moulures et aux chapiteaux, car le portail nous révélera tout à l'heure des statues et des bas-reliefs de ce temps, admirables par leur exécution.

Il y a peu de voûtes aussi hardies que celle de la grande nef de Saint-Étienne; elle a cent dix pieds sous clé, et sa portée est considérable; pourtant l'effet de cette grande élévation est perdu en partie, et n'a guère d'autres résultats que de faire désirer une élévation encore plus considérable, nécessaire pour conserver à la nef de justes proportions. En effet, l'œil le moins exercé est d'abord choqué du contraste entre la hauteur inusitée des arcades et le peu d'élévation des galeries supérieures et des fenêtres qui les surmontent; ces galeries sont basses et comme écrasées. L'église ayant cinq nefs, on conçoit qu'il a fallu allonger extraordinairement les arcades centrales, pour que celles des collatéraux, qui vont en décroissant, ne fussent pas trop basses; de là, le défaut que je viens de signaler, défaut presque inévitable avec le parti pris de doubler les collatéraux. Dans le véritable système gothique, on observe un rapport constant dans la division des travées; rarement, je crois, trouvera-t-on que le sommet des arcades inférieures dépasse la moitié de la hauteur totale. On sent qu'on ne peut formuler ici une proportion mathématique; mais il est certain que le goût ne permet pas l'exagération d'une partie aux dépens d'une autre. Le raccourcissement des fenêtres produit encore un effet plus fâcheux, c'est de diminuer l'impression de surprise que cause dans la fabrique gothique une voûte séparée des piliers qui la soutiennent par un vide immense.

Il semble au reste que l'architecte ait senti lui-même les défauts que je viens de marquer, et c'est sans doute pour les dissimuler autant que possible, qu'il a multiplié les divisions dans le haut de ses travées : ainsi les galeries ont six arcades, et l'ogive maîtresse des fenêtres, renferme trois ogives étroites qui, considérées isolément, ont l'élancement qui donne tant de grâce aux bonnes constructions gothiques ; toutefois les fenêtres prises dans leur ensemble, ont une forme bizarre et presque désagréable. On peut en outre leur reprocher de ne donner qu'une lumière insuffisante, et s'il faut éviter de jeter dans un monument religieux un jour trop éclatant, nul doute que l'excès contraire ne soit une faute assez grave ; il est juste d'ajouter qu'elle paraît plus sensible aujourd'hui que les galeries supérieures, à jour autrefois, sont bouchées par suite de l'élévation du toit des collatéraux.

Saint-Étienne a conservé en grande partie ses vitraux. Il y a en de toutes les époques, depuis le XIIIe siècle jusqu'au XVIIe. On y passe en revue pour ainsi dire, tous les systèmes successivement adoptés dans la peinture sur verre. Ici, des verrières du XIIIe siècle, divisées en petits compartiments, représentent la plus ancienne manière, que l'on peut comparer à une mosaïque transparente; là, de grandes figures du XVe et du XVIe siècle, travaillées par les procédés de la miniature, montrent un dessin plus correct, une exécution plus soignée, quelquefois des couleurs aussi riches et aussi éclatantes, mais rarement l'effet général et de décoration est aussi heureux que dans le premier système. A mesure que les peintres verriers se perfectionnèrent dans le dessin, il semble qu'ils aient voulu se rendre indépendants des architectes, isoler pour ainsi dire leurs ouvrages, et d'accessoires qu'ils étaient leur donner une importance capitale.

Parmi les verrières relativement modernes, je citerai les compositions qui ornent la chapelle, dont on attribue l'érection à Jacques Cœur, très remarquable d'ailleurs par l'élégance des sculptures d'ornement; celles des chapelles de Saint-Loup et de Saint-Denis; une espèce de tableau de famille représentant son donataire, P. Tuillier et ses enfants (daté de 1531); enfin une belle Ascension de la Vierge, offerte par le maréchal de Montigny, en 1619: le maréchal et sa femme, peints à genoux, presque de grandeur naturelle, occupent le bas de la verrière. Ce sont deux excellents portraits.

Avant de passer à l'extérieur de la cathédrale, je dois parler de quelques statues, de marbre pour la plupart, déposées dans la crypte. La première, qui attire d'abord l'attention, est celle du duc Jean, couchée sur son tombeau. En la voyant il est impossible de ne pas croire qu'elle rend fidèlement les traits du prince. Large et carrée, la tête, dépourvue de noblesse, exprime la bienveillance et la douceur avec une naïveté qui garantit la ressemblance. Les draperies, simplement ajustées, ont un mouvement vrai et naturel (1). Autour du tombeau on a groupé récemment d'autres statues beaucoup plus modernes, et d'une assez bonne exécution; ce sont les portraits en pied du maréchal de Montigny, remarquable par sa ressemblance avec Henri IV, de Guillaume de l'Aubespine, de Charles, son fils, et de Marie de la Châtre, épouse de ce dernier. Trois autres statues sans têtes et fort mutilées, ont été déposées dans

(1) Je transcris l'inscription :

Cy repose prince de très noble mémoyre mon seigneur Jehan, fils, frère, oncle de roys de France et nepveu de l'empereur Charles, roy de Behaigne, duc de Berry et d'Auvergne, comte de Poitou, d'Etampes, de Grein, de Boulogne — et d'Auvergne pair de France qui édifia, fonda, dota et garnit de tres saintes reliques et de tres riches — ornemens cette sainte chapelle (la chapelle royale d'où vient le tombeau) et trespassa à Paris en l'aage de LXXVI ans; l'an mil quatre cens seize, le quinzième ior du mois de iuing. Priez Dieu pour l'ame de luy et en mémoire duquel Charles — VIIe roy de France son nepveu et héritier prince très pieu et très victorieux fist faire ceste sépulture.

On lit sur une banderole attachée à l'épaule de la statue les vers suivants :

Quid sublime decus quid opes quid gla prestent (gloria)
Prospice, Mox aderant LXX michi, nunc abeunt

des coins obscurs de la même crypte; deux, peintes et dorées, de la fin du xve siècle, proviennent, m'a-t-on dit, de l'ancienne chapelle royale, aujourd'hui complètement détruite; l'autre, en marbre tellement poli qu'il ressemble à de la porcelaine, me paraît un excellent morceau du XIIIe siècle. C'est une Vierge assise, avec l'enfant Jésus sur ses genoux. Les draperies sont admirablement rendues, et je ne connais point de statue de la même époque qui, pour la finesse du travail, soit comparable à celle-ci. Elle rappelle la charmante Vierge qu'on voit à Paris dans la sacristie de Saint-Germain-des-Prés. Il serait bien à désirer que cette belle statue fût retirée de la crypte et placée honorablement au grand jour.

La façade de Saint-Étienne est décidément mauvaise, et du plus triste effet; il est vrai que ce fut la dernière partie de l'église à laquelle on travailla, sans chercher aucunement d'ailleurs à la mettre en harmonie avec le reste de l'édifice. Les tours ne sont point pareilles, et tout le haut de la façade appartient à un style qui contraste désagréablement avec celui des parties inférieures. Enfin, pour compléter le désaccord, la tour S. est contrebutée par un énorme massif, qui se lie à la façade au moyen d'un arc servant d'éperon. Rien de plus lourd et de plus disgracieux que cette construction, dont on ignore la date. Entièrement dépourvue d'ornementation, il est bien difficile de la rattacher à une époque précise.

Quelques antiquaires la croient du XVe siècle, d'autres la font encore plus moderne (1). On sait que dans le principe la façade était flanquée de deux tours semblables et régulières. En 1506, la tour du Nord s'écroula, et fut bientôt après remplacée par la tour actuelle. Comme cet accident dut inspirer des craintes sur la solidité de la tour du Sud, il serait possible qu'on eût songé alors à la contrebuter. Je ne cacherai pas cependant que cette date me paraît bien moderne pour qu'il n'en reste pas de témoignage authentique. Pour en finir avec cette masse singulière, j'ajouterai qu'on y a pratiqué une chapelle et des cellules pour les prisonniers de l'officialité; mais rien dans l'intérieur ne donne des renseignements sur l'époque de sa construction.

La tour du Nord actuelle, qu'on nomme la tour

(1) Une charte de Philippe-le-Bel, tirée du cartulaire de Saint-Etienne, et dont je dois la communication à l'obligeance de M. Raynal, l'avocat-général à Bourges, relate un fait curieux pour l'histoire de la cathédrale, mais qui ne se rapporte point, je crois, à la question qui nous occupe. « *Cum prout relatione fide-* « *dignorum accepimus* VOUTÆ *eccle bituricensis minentur ruinam, dic-* « *taque eccla magnâ reparatione indigeat CCCC libras turonenses* « *capitulo remittimus*. 1313. » On ne peut, je crois, traduire le mot *voutæ* que par voûtes. S'il s'agit des voûtes de la nef ou du chœur, on conçoit difficilement que construites dans le XIIIe siècle, elles eussent besoin de réparations en 1313. S'agirait-il des voûtes de la Tour S. que l'on aurait soutenues par cet éperon bizarre? Mais il me semble impossible qu'au XIVe siècle on ne l'eût pas orné davantage; d'ailleurs, en 1313, la tour S. ne pouvait être terminée, car ce n'est guère que vers 1400 que l'on peut placer l'érection du dernier étage.

de Beurre, parce que le produit d'un impôt sur cette denrée servit, dit-on, à la bâtir, fut achevée vers le milieu du xvie siècle. On lit sur une pierre, placée à peu près à moitié de la hauteur de l'escalier, l'inscription suivante, qui indique, je crois, la date du commencement de la reconstruction :

« Ce fust l'an mil cinq cens et six de decẽbre
« le d̄err ior q̄ pr ung fondemẽt mal sis de St.
« Estiẽ fo̅llit la tour. 1523 le IIIe iour fut assise
« cette p̄nte pierre. »

L'escalier qui mène au sommet de la tour est renfermé dans une tourelle octogone tangente à celle-ci, et éclairé par vingt-trois fenêtres disposées en spirale. Malgré la profusion d'ornements, les clochetons, les pinacles, etc., les larges moulures qu'on voit aux différentes divisions de cette tour, son aspect est totalement dépourvu de noblesse ou d'élégance, et lorsqu'on l'examine à distance il est impossible, au milieu de la forêt de clochetons qui l'environne, de reconnaître son profil. Cette confusion dans la décoration, et surtout sa forme trop sensiblement pyramidale, lui ôtent de la hardiesse sans lui donner l'apparence de la solidité.

Je ne trouve à louer dans la façade, que ses cinq portails, tous ornés de belles voussures et de riches archivoltes en retraite les unes sur les autres. Dans le nombre prodigieux de figurines qui couvrent les voussures et les tympans, j'en ai observé beaucoup d'une admirable exécution et qui pourraient entrer en parallèle avec tout ce que l'art gothique nous a laissé de plus gracieux. Un échafaud élevé pour des réparations que l'on faisait au grand portail, m'a permis d'examiner de très près beaucoup de ces jolies statuettes, et ce ne fut pas sans étonnement que je les vis toutes terminées avec un soin minutieux, quelle que fût la distance à laquelle elles devaient se trouver du spectateur. J'ai surtout admiré une statue de sainte, à gauche de la rose du grand fronton, et je ne connais point de sculpture de la même époque (probablement la fin du XIIIe siècle), qui soit exécutée avec plus de grâce et de naïveté.

Comme on le pense bien, les cinq portes ne sont point toutes du même style ni du même temps; outre des retouches nombreuses, plus ou moins modernes et qu'on observe partout, il n'est personne qui ne remarque que la porte voisine de la tour de Beurre est la dernière terminée. En raison de la grandeur du travail, on peut croire que cette partie de la façade, commencée dès le XIIIe siècle, n'a été achevée qu'au XVe. Les parties supérieures sont encore plus modernes.

Depuis plusieurs années on s'occupe d'une grande restauration de Saint-Étienne (1), et le portail principal surtout, mutilé par les guerres civiles et la révolution, a donné lieu à des travaux considérables. Sans doute on pourrait critiquer

(1) Dirigée par M. Jullien et M. Romagnesi.

bien des statuettes modernes qui remplacent celles qui avaient disparu, mais il est juste de convenir qu'en général il y a plus à louer qu'à reprendre, et l'on a lieu de s'étonner qu'avec des ouvriers qu'il a fallu former, on soit parvenu à faire des pastiches aussi fidèles. Le haut de la façade est fort en retraite sur l'alignement des portails, et ne s'y lie même que par d'énormes contreforts qui la divisent verticalement. Je ne puis comprendre pourquoi l'on n'a pas essayé de les déguiser en portant en avant la grande fenêtre occidentale. Vues de la place, les portions de cette façade comprises entre les contreforts rappellent involontairement un édifice en démolition, dont la paroi extérieure serait déjà abattue et dont il ne resterait que les murs perpendiculaires à la rue.

Les arcs-boutants appliqués le long des murs de la nef sont de hauteur différente; on voit des contreforts avec trois arcs, tandis que le plus grand nombre n'en a que deux. Je ne puis guère m'expliquer cette bizarrerie, justifiée seulement vers le milieu de l'église, en un point où s'élevait jadis une petite flèche qui partait du toit. Là, le besoin d'une plus forte résistance devait faire multiplier les arcs-boutants; ailleurs, on croirait qu'ils n'ont été placés que par tâtonnement et à mesure que le besoin s'en faisait sentir.

Autrefois il n'y avait pas de balustrade autour des toits : celle qu'on voit aujourd'hui est toute moderne. Sans doute, en principe, on a tort de faire des additions au plan original; celle-ci pourtant est d'un effet agréable, surtout vue de loin. Seulement, il est fâcheux que l'on n'ait point teinté les pierres modernes qui tranchent trop crument avec les murailles noircies du XIIIe siècle. Je blâmerai encore la forme qu'on a donnée à ces balustrades, ce sont des quatrefeuilles dont les crochets rentrants se terminent en boules. Pour s'accorder avec le style général de la nef et du chœur, il aurait fallu copier les balustrades le plus fréquemment reproduites dans le style gothique primitif, c'est-à-dire une suite d'arcades en ogive ou de cintres trilobés.

Dans toutes les parties de la cathédrale dont j'ai parlé jusqu'à présent, il n'en est aucune qui ne se rattache au style gothique: on le trouve, primitif, dans la crypte et le chœur; un peu plus orné, dans la nef; fleuri, dans les portails; enfin, sur son déclin, dans les parties supérieures de la façade et surtout dans l'ornementation de la tour Nord. Il me reste à parler des deux portes latérales s'ouvrant au centre de l'église, toutes deux appartenant au style byzantin fleuri et qui, par leur disposition générale aussi bien que par leurs détails, contrastent fortement avec le reste de la fabrique.

L'une et l'autre sont en plein cintre, divisées en deux ventaux par un pilier sur lequel s'appuie un large bandeau d'imposte; au-dessus un tympan décoré de bas-reliefs. Sur le tympan de la porte du Sud on voit le Christ au milieu des attributs des évangélistes, et sur le linteau au-dessous, les apôtres, chacun dans l'intérieur d'une petite arcade. La statue de saint Etienne est appliquée sur le pilier qui refend la porte, et six grandes statues garnissent les parois latérales. Du côté opposé, le bas-relief du tympan représente la Vierge assise, entourée d'anges, et tenant dans ses bras l'enfant Jésus. Le reste du tympan est rempli par des figures moindres de proportions qui forment plusieurs sujets distincts, tels que l'Adoration des mages, l'Annonciation, etc. Il n'y a sur le bandeau d'imposte qu'un rinceau très large et d'un caractère singulier; on le croirait copié d'après une frise antique. Point de statue sur le pilier de ce côté (1), mais deux statues de femmes fort mutilées sont sculptées sur les piédroits de la porte. Colonnes à fûts guillochés, chapiteaux historiés, riches archivoltes, tout cela est commun aux deux portails. Dans l'un et l'autre les figures longues et roides, revêtues de draperies à plis fins et serrés, les costumes d'une richesse extrême et d'une forme orientale rappellent d'une manière frappante les statues de la porte royale de Chartres ou du portail Sud de Saint-Julien, au Mans. Il est impossible d'y méconnaître le style bysantin fleuri, et toute personne familiarisée avec la sculpture du moyen-

(1) Probablement il y en avait une autrefois, que l'on a enlevée dès le XVIe siècle pour la remplacer par une peinture à fresque dont on voit encore quelques traces.

âge n'hésitera pas à fixer leur date vers la fin du XIIe siècle. Les deux portes sont précédées d'un porche ouvert de trois côtés et d'un style tout différent, du moins quant aux détails. Chacune de ses faces présente un grand arc en plein cintre qu'un pilier, formé de quatre colonnettes groupées, divise en deux arcades à cintre trilobé. Une rose à six lobes occupe le haut du tympan. A côté de ces arcs en plein cintre on observe avec surprise les chapiteaux des colonnes ornés de feuillages ou de crochets bien évidemment gothiques. On en voit même quelques-uns avec le double bouquet du XIVe siècle, et le contraste est frappant entre ces chapiteaux si caractéristiques et ceux des colonnes bysantines qui les touchent. La différence de style et de date est manifeste.

Si l'on en croit une tradition dont je n'ai pu retrouver l'origine, mais qui ne me semble qu'une explication anciennement proposée pour l'espèce d'énigme qui nous occupe, ces portes n'auraient point été destinées primitivement à l'église de Saint-Étienne : elles seraient les seuls vestiges d'un édifice détruit anciennement ; et conservées en raison de leurs belles sculptures, on les aurait transportées à la place qu'elles occupent aujourd'hui. Je ne puis admettre cette explication. Quelque soin qu'on ait pu apporter à ce déplacement, il serait impossible qu'on n'en vît pas les traces. Bien plus, les blocs d'un échantillon considérable, dans lesquels sont taillées les statues et les colonnes, font corps avec l'appareil des murs de l'église. Les assises se suivent régulièrement, et l'on ne voit aucun point de soudure, si ce n'est aux porches gothiques dont je viens de parler. A l'intérieur de l'église du côté Sud, le tympan de la porte est ogival et entouré de moulures identiques avec celles qui ornent la face extérieure. Tout se réunit en un mot pour former une construction originale et de toutes pièces. Quant à moi, je n'hésite point à regarder ces portes comme appartenant à la construction primitive de Saint-Étienne. Il y a plus d'un exemple, on le sait, de mélange de styles semblable à celui-ci, dans les églises bâties à l'époque de la transition du bysantin au gothique. Pourquoi ne pas admettre que les soubassements de l'église et les deux portes en question ont été achevés à la fin du XIIe siècle? La crypte peut aussi bien dater de cette époque que du commencement du XIIIe. J'ajouterai que la simplicité remarquable de l'intérieur de l'église fait supposer qu'il a été achevé avant le XIVe siècle, et si l'on fait attention à la grandeur du travail, la durée d'un siècle pour ces constructions ne paraîtra pas improbable. Quant aux porches, la forme caractéristique de leurs chapiteaux m'engage à les croire du XIVe siècle, et il faut ici noter ce fait singulier des arcs en plein cintre, construits comme il semble avec l'intention de raccorder cette construction ajoutée, avec celles qui l'avoisinent. Déjà j'avais remarqué un exemple encore plus frappant d'une tentative semblable; c'est à

Saint-Sernin de Toulouse, dont la tour, bâtie également dans le XIVe siècle, conserve le caractère bysantin de l'église avec une fidélité que nos architectes modernes n'imitent pas, malheureusement, dans toutes leurs réparations.

Autrefois la voûte et les parois du porche Sud étaient ornées de fresques; on voit encore un ange de grande proportion peint sur un des tympans intérieurs; quant aux statues, on peut se convaincre que toutes ont été enluminées, et il ne serait pas difficile de retrouver les couleurs de tous leurs ajustements.

Je ne dois point oublier une jolie porte de la Renaissance qui donne sur ce même porche, et communique à une sacristie moderne; ses chapiteaux et ses arabesques d'un fini merveilleux, mériteraient les plus grands éloges; mais à l'époque de la Renaissance, il y avait à Bourges de si habiles artistes, qu'il faut réserver toute son admiration pour d'autres monuments plus complets et encore plus remarquables; j'aurai bientôt à vous en entretenir.

Pour compléter les restaurations que l'on fait à Saint-Étienne, il serait nécessaire de faire disparaître la ridicule clôture du chœur, et les statues détestables qu'on voit à l'entrée; partout malheureusement le clergé a sacrifié l'effet pittoresque des églises à la satisfaction de s'isoler dans une enceinte réservée, peu soucieux d'ailleurs de la mettre en harmonie avec les monuments si nobles et si imposants qui l'entourent.

MAISON DE JACQUES CŒUR.

Après la cathédrale, la maison de Jacques Cœur est le monument le plus célébre de Bourges, celui que les habitants montrent avec le plus de plaisir et de fierté; c'est en effet un grand nom que celui de Jacques Cœur, et sa ville natale doit à juste titre s'enorgueillir d'avoir conservé ce souvenir de cet homme extraordinaire. Jacques Cœur ne fut pas un parvenu, son mérite ne se borna pas à faire une immense fortune; tour à tour diplomate, ministre des finances, amiral, il se montra toujours digne des hautes fonctions qui lui étaient confiées; il fut en quelque sorte le représentant de l'émancipation de la bourgeoisie.

Aujourd'hui l'hôtel de Jacques Cœur, après avoir passé en différentes mains, est devenu une propriété de la ville, et la cour royale tient ses séances dans la maison d'un homme dont le nom rappelle une éclatante injustice; cette destination a dénaturé presque entièrement les dispositions intérieures de l'édifice; jusqu'alors il avait peu souffert, du moins les fortunes diverses qu'il avait éprouvées n'avaient point détruit son caractère original.

Maintenant, au milieu d'aménagements nouveaux, on a peine à deviner la distribution primitive des appartements. Pour donner du jour aux salles d'audience, on a brisé les meneaux qui divisaient les fenêtres ; des ouvertures nouvelles ont été percées sans aucun égard pour l'effet qu'elles devaient produire ; ailleurs, pour s'agrandir, on a bouché des arcades, c'est ainsi que la galerie qui environnait la cour intérieure s'est transformée en une suite de chambres pour les huissiers, les greffiers et autres gens de justice. Ce n'est pas tout, le besoin de place a forcé de diviser plusieurs hautes salles par des planchers de refend, ou bien d'une grande chambre on a fait quatre cabinets. Comment retrouver aujourd'hui ces vastes salles morcelées de la sorte ? Enfin, et c'est ce qu'il y a de plus déplorable, toute l'ornementation intérieure a disparu par suite de ces tristes changements ; adieu les lambris, les corniches, les sculptures qui couvraient les parois ; on n'a pas même épargné les vastes cheminées, dont une surtout était célèbre pour la richesse des bas-reliefs qui la décoraient(1).

L'apparence extérieure de l'hôtel a moins changé ; on devine pourtant tout ce que ces moulures flamboyantes, si fragiles, ont dû souffrir des injures du temps et de la négligence des hommes ; mais là du moins on n'a pas détruit à plaisir, et l'on comprend qu'avec de l'argent et du soin on

(1) Celle de la salle à manger.

pourrait tout restaurer ; il ne s'agirait en effet que de remplacer des pierres vermoulues, boucher des crevasses, sculpter des portions de moulures endommagées, nulle part on ne serait réduit à tout refaire à neuf et sans modèle, comme ce serait le cas si l'on essayait de restaurer l'intérieur du palais.

L'hôtel de Jacques Cœur fut bâti vers la décadence de l'architecture gothique, lorsqu'elle avait perdu le secret de ces constructions grandioses et hardies qui signalèrent ses débuts ; pour racheter ses défauts, elle n'avait alors que la grâce, et si je puis m'exprimer ainsi, la coquetterie de ses détails. Or aujourd'hui, par la destruction de la décoration intérieure, la plus grande partie de ce mérite est perdue ; ma tâche sera courte pour indiquer les parties qui existent encore.

Le plan est d'une extrême irrégularité. J'ai déjà dit plus haut qu'une partie de l'hôtel était bâtie sur d'anciennes fortifications romaines ; c'est le corps de bâtiment donnant sur la place de Berry ; de ce côté, la façade se compose de trois tours inégalement espacées, différentes de hauteur et de forme, toutes presque entièrement nues ; une seule se distingue par un balcon dont la balustrade est ornée ; l'apparence de cette façade est toute militaire. Au contraire, la façade opposée qui donne sur la rue Jacques Cœur n'a rien de féodal, et n'annonce qu'une grande et opulente maison ; elle se compose d'un pavillon flanqué d'une petite tourelle fort ornée de clochètons et de moulures flamboyantes, et à droite et à gauche, de deux corps de bâtiment d'un seul étage, dont toute la décoration consiste dans les ornements capricieux des chambranles, et des balustrades qui garnissent les fenêtres (1); celles-ci sont irrégulièrement espacées, et l'on n'en trouverait pas, je crois, deux du même diamètre.

Le pavillon central renferme une petite chapelle très ornée, dont la voûte surtout est couverte de fresques d'une admirable exécution, et qui représentent des anges en robes blanches sur un fond bleu semé d'étoiles d'or. Ils tiennent une grande banderole qui se contourne en mille replis, et sur laquelle sont tracées des inscriptions tirées des livres saints. A un dessin toujours correct, souvent d'une pureté singulière, l'artiste a su joindre une si grande variété de types et d'expressions, qu'on serait tenté de prendre cette multitude de têtes pour autant de portraits de beaux enfants. Si cette voûte a été peinte du temps de Jacques Cœur, je ne doute pas qu'il n'en ait confié l'exécution à des artistes italiens, qui peut-être se seront servis des cartons de grands maîtres. A mon avis, cette chapelle seule est un monument admirable, et l'on

(1) Entre la tourelle et le pavillon, la balustrade d'un balcon, évidée à jour, offre la devise des barons de Saint-Fargeau, adoptée par Jacques Cœur, qui était bien digne de la porter : A VAILLANTS COEURS RIENS IMPOSSIBLE. Les lettres curieusement ornées sont découpées avec une merveilleuse finesse.

ne peut trop déplorer le peu de soins qu'on a mis à la conserver. Aujourd'hui elle est coupée horizontalement par un plancher moderne, et la division supérieure servant de grenier est encombrée de vieilles paperasses. Après ces admirables peintures, je n'ai que peu de mots à dire de ce qui reste de la décoration intérieure. Quelques jolies statuettes, des feuillages tourmentés, mais d'ailleurs bien refouillés à l'effet, subsistent encore, mais *peints à l'huile.* Deux niches ou tribunes en encorbellement se projettent hors de la chapelle, l'une donnant sur la cour intérieure, l'autre sur la rue; toutes les deux vides aujourd'hui et à moitié dépouillées de leurs ornements. Autrefois elles contenaient : la première, une statue équestre de Charles VII armé de toutes pièces; l'autre, celle de Jacques Cœur, monté sur sa mule ferrée à rebours (1). C'est ainsi, rapporte la tradition, qu'il trompa sur la direction qu'il suivait les archers envoyés à sa poursuite. A côté de cette dernière tribune, on voit à droite et à gauche deux fausses fenêtres, avec les statues à mi-corps d'un homme et d'une femme entr'ouvrant une croisée et regardant dans la rue d'un air inquiet. C'est encore une tradition, que je ne garantis nullement, qui donne l'explication de ces figures. Elles rappellent, dit-on, la fidélité de deux domestiques qui, feignant d'attendre leur maître, persuadèrent

(1) Toutes les deux ont été détruites dans la révolution.

à ses ennemis de faire sentinelle à cette porte pendant que l'argentier du roi s'échappait par une porte de derrière. La statue de Jacques Cœur et celles de ses domestiques furent placées là par son petit-fils, ce qui doit faire présumer que la maison tout entière a pu éprouver bien des changements depuis la mort de son premier propriétaire.

Encore un mot sur la chapelle. Elle est tellement petite que Jacques Cœur et sa famille pouvaient à peine y trouver place en même temps que l'officiant. Les gens de sa maison entendaient sans doute la messe dans la galerie voisine.

Deux portes conduisent de la rue dans la cour intérieure, l'une assez grande pour admettre une voiture, l'autre, à côté, très étroite. On sent là la prudence forcée de ces temps malheureux. Il eût été dangereux souvent d'ouvrir la grande porte, et la petite mettait à l'abri d'une surprise. L'ornementation en pierre au-dessus de la porte principale est médiocre; mais les ventaux en bois, semés de clous dont les têtes représentent des cœurs, sont fort bien travaillés. Bien que toute vermoulue, cette porte subsiste encore; mais on l'a remplacée récemment par une porte en chêne, d'ailleurs fidèlement copiée sur l'ancienne. Quant aux portes intérieures, on observe que toutes sont si étroites que deux personnes de front y passeraient à peine. Jamais dans l'architecture de ce temps on ne voit de larges entrées ni de grands escaliers.

Dans la cour intérieure, même irrégularité,

même insouciance pour la symétrie; nul alignement, pas un mur qui rencontre à angle droit le mur voisin. En admettant qu'à l'époque où l'hôtel fut bâti, le terrain se trouvât reserré par des bâtiments plus anciens, il paraîtrait incroyable qu'on n'eût pas fait quelque tentative pour déguiser sa forme vicieuse; il semble au contraire, qu'on se soit complu dans le manque de symétrie. Par exemple, le corps de bâtiment principal entre la place de Berry et la cour intérieure, permettait à l'architecte de s'aligner à son gré. Point, sur une ligne de moins de trente mètres, on voit un angle rentrant très prononcé, ce corps de logis n'est point parallèle à celui qui donne sur la rue, ni perpendiculaire à ceux qui les réunissent latéralement. Si notre pédanterie moderne attache trop d'importance peut-être à une régularité quelquefois monotone, avouons que le mépris complet de cette régularité, lorsque rien ne le justifie, lorsqu'il n'est point racheté par des avantages réels, fatigue bien autrement et choque l'œil le moins exercé.

A l'intérieur de la cour, la partie la plus remarquable de la décoration consiste dans des bas-reliefs fort bien exécutés et pour la plupart d'une bonne conservation, appliqués à l'extérieur des tours prismatiques qui servent de cages d'escalier, ou bien sur les tympans des portes. Il y a de la grâce et de la naïveté dans ces figurines : les attitudes sont vraies, les costumes bien rendus, le travail partout est soigné; mais toutes ont un même défaut de proportion. Je les trouve un peu courtes et ramassées, avec les têtes sensiblement trop grosses pour le corps. Parmi les figures qui décorent l'escalier principal, on en voit deux que la richesse de leur costume distingue de toutes les autres : ce sont les anciens propriétaires de l'hôtel, Jacques Cœur et sa femme, Marie de Léodepart; Jacques Cœur, bien reconnaissable à son camail semé de cœurs et de coquilles, tient d'une main un marteau, de l'autre un bouquet qu'il semble offrir à sa femme. Ce marteau indique, je crois, ses fonctions comme maître des monnaies.

La salle à manger, aujourd'hui la cour d'assises, a moins souffert que les autres; du moins on a respecté ses proportions primitives. On y remarque une tribune pour les musiciens, accompagnement alors obligé de tous les repas de cérémonie. Vers le milieu de l'aire de la salle, une large dalle couvre l'entrée d'une cave, destinée, dit-on, dans la prévoyance de quelque catastrophe imprévue, à renfermer l'argenterie et les meubles précieux. Peut-être si l'on enlevait le crépis moderne appliqué sur les murs, retrouverait-on dessous quelques débris de l'ornementation qui devait couvrir les parois.

J'ai examiné avec beaucoup d'intérêt un bas-relief fort mutilé, qui représente une galère. Enlevé depuis long-temps à l'une des salles principales de l'hôtel, il est déposé aujourd'hui dans un coin du greffe. Il représente, si l'on en croit la tradition, la galère de Jacques Cœur, et c'est un modèle de la capitane à bord de laquelle il mourut, vraisemblablement exécuté par l'ordre de son fils ou de son petit-fils. Le navire porte à la poupe une tour à plusieurs étages surmontée d'une plate-forme; la proue a une autre tour, mais moins haute. Il y a deux mâts, chacun d'une seule pièce; le plus grand ayant à son sommet une hune, assez semblable à un baquet, remplie de soldats qui lancent des projectiles enflammés, peut-être du feu grégeois. Les rameurs sont armés de toutes pièces, et l'artimon porte le pavillon de France *à trois fleurs de lys seulement*. Je n'ai vu ni artillerie ni machines de guerre; car je ne regarde pas comme des sabords de petites ouvertures percées à la poupe et à la proue. Ce sont, je crois, les fenêtres des appartements intérieurs.

Les toits du palais ont conservé quantité d'ornements et de statuettes en plomb, exécutés avec beaucoup de soin malgré la hauteur à laquelle ils étaient placés. On doit noter la forme des tuyaux de cheminées qui représentent des colonnes en faisceaux avec un chapiteau de feuillages frisés; assurément cela vaut mieux que les tuyaux de tôle qui déshonorent nos plus beaux monuments modernes.

On s'occupe à Bourges en ce moment de construire un palais de justice; lorsqu'il sera achevé, la maison de Jacques-Cœur deviendra libre, et il est question d'y installer la mairie, aujourd'hui assez peu convenablement établie dans l'hôtel de Limoges ; je fais des vœux pour que cette translation ait lieu promptement, car on ne peut, ce me semble, donner une meilleure destination à la maison de Jacques-Cœur ; alors de grandes réparations deviendront nécessaires, et je ne pense pas qu'il soit difficile d'approprier l'hôtel à son nouvel emploi, tout en faisant disparaître les aménagements modernes qui l'ont défiguré. Toutefois, ainsi que je le disais dans le rapport que j'ai eu l'honneur de vous adresser lors de mon passage à Bourges, je crois qu'il ne faut pas songer à rétablir la décoration intérieure dans son état primitif. Sans parler des dépenses qu'entraînerait cette restauration, on serait obligé *d'inventer* à chaque instant ; il faut se borner à réparer les ornements extérieurs, supprimer les cloisons, refaire les meneaux, enlever les planchers modernes ; en un mot, il faut restaurer ce qui a été *endommagé*, mais non pas remplacer ce qui a été complètement *perdu*.

BATIMENT DE L'ÉCOLE NORMALE.

Cet édifice qui servait d'hôtel-de-ville il y a peu d'années, paraît avoir été construit presque à la même époque que la maison de Jacques Cœur, peut-être est-il un peu plus moderne. L'ornementation extérieure est riche, prodiguée surtout sur une tour octogone servant de cage d'escalier; c'est la répétition du système que je signalais tout à l'heure. Tout en admirant la perfection avec laquelle sont refouillées les moulures composées de chardons et de mauves qui couronnent toutes les fenêtres, je ferai remarquer un défaut très commun dans l'architecture de cette époque, c'est une régularité monotone dans la forme des feuillages sculptés que l'on pourrait tous inscrire dans un carré. — On voit, dans la salle qui sert de réfectoire, une belle cheminée surmontée d'un écusson dont les armoiries ont été détruites; les supports sont un berger et une bergère fort bien sculptés. Le manteau de la cheminée est couvert de moutons; on sait que les armes de Bourges sont trois moutons et trois fleurs de lys. Dans la proscription qui a effacé les armoiries de la cheminée, on a compris un autre écusson au-dessus de la porte de la tourelle; des anges le soutiennent, et l'on voit au-dessous le cordon de saint Michel. Ce morceau d'ailleurs est sensiblement plus moderne que le reste des sculptures. Je n'ai pu apprendre à qui cette jolie maison avait appartenu dans le principe.

MAISON DES SOEURS BLEUES.

On voit à Bourges un assez grand nombre de constructions civiles, médiocrement remarquables par leur architecture, mais dont l'ensemble jette quelque lumière sur les habitudes de la vie privée au moyen-âge. Malheureusement peu de ces maisons sont antérieures au XVe siècle ; j'ai cité les deux plus intéressantes de cette époque, je vais parler d'un édifice encore plus moderne, et qui nous montrera les débuts de la Renaissance à Bourges, c'est l'école des Sœurs-Bleues, autrefois l'hôtel de Lallemand, qui tirait son nom de ses anciens propriétaires, riches financiers de la fin du XVIe siècle. On ignore pour qui et par qui il fut bâti ; mais une tradition populaire rapporte que Louis XI y est né. Il suffit d'examiner le style de l'architecture pour rejeter cette histoire que n'appuie d'ailleurs aucun témoignage historique. Des altérations assez graves et de mauvais goût, qui n'ont eu pour objet que de mettre en évidence de grands écussons exécutés en apparence à la fin du XVIe ou au commencement du XVIIe siècle, ne peuvent être attribuées qu'à la famille Lallemand, dont les armoiries étaient sculptées sur ces écussons ; c'est dont une probabilité que cette famille avait acheté et non construit cette maison.

Quelle que soit son origine, il est impossible d'imaginer rien de plus joli, de plus complètement gracieux que ce petit hôtel, si coquettement orné qu'on croirait voir la maison qu'un artiste se serait faite à lui-même, car il y a tant de recherche et tant d'amour dans tous ses détails, que je ne puis m'imaginer qu'un architecte trouve une telle verve quand il ne travaille que pour l'intérêt ou même pour la gloire. Mozart, dit-on, voulut se faire un opéra, et fit *Don Juan*. Pourquoi ne serait-ce point un architecte qui se serait bâti pour lui-même ce charmant petit palais?

Du côté de la rue, une grande simplicité annonce l'homme de goût qui ne cherche point à faire parade de sa richesse aux passants; il faut cependant s'arrêter un instant devant deux très jolies portes, une grande et une petite (j'ai déjà remarqué que les portes vont toujours deux à deux), dont les pilastres et les piédroits sont recouverts d'arabesques d'un fini merveilleux; le fronton de la plus grande a été malheureusement mutilé pour y guinder un de ces lourds écussons dont je parlais tout à l'heure, et ce signe féodal, qui d'abord a mutilé de charmantes moulures, a de plus attiré sur toutes les sculptures voisines l'indignation populaire, qui ne distingue pas les arabesques des signes du blazon.

On entre dans une cour très petite (car là tout est d'une proportion coquette et mignonne), bordée à main droite par une espèce de terrasse élevée de quelques pieds au-dessus de vastes caves; les murs qui la bordent du côté de la rue sont ornés de médaillons, dont les cadres seuls, très richement travaillés, subsistent aujourd'hui. A l'angle que forme la terrasse avec la cour, du côté de l'entrée, s'élève une tourelle ronde avec une plateforme couverte d'un toit. Je manque de termes pour exprimer la grâce, la délicatesse des arabesques et d'une foule d'ornements capricieux, prodigués sur cette seule tourelle; toute la finesse, toute la fantaisie qu'on aimerait à trouver dans un meuble à placer sur une table, le sculpteur l'a employée pour décorer les fenêtres, les chambranles, toutes les parties susceptibles de recevoir une ornementation. Qu'on se figure un magnifique bijou ciselé, mais haut de vingt-cinq pieds. Tel est l'art avec lequel ces sculptures sont exécutées, que, malgré leur peu de saillie, les rinceaux les plus délicats se dessinent purement à distance, et que l'œil en suit facilement tous les contours. Au-dessus de la porte de la tourelle, on remarque un grand médaillon contenant une tête de guerrier coiffée d'un casque de forme bizarre, mais pourtant très élégante; la devise, en lettres onciales, paraît faire allusion à la légende d'après laquelle les rois de France descendraient de Priam, dont un fils aurait fondé la ville de Troyes en Champagne; c'est du moins ainsi que je l'explique; on en jugera : PARBIVS. FILI.

PRIAM. REX. TRECENTEN. MAGNAM. On notera la forme ancienne des lettres, et la prétention fort mal justifiée d'ailleurs d'imiter les abréviations antiques.

Le couronnement de la tourelle est la seule partie sur laquelle puisse porter la critique. C'est une espèce de lanternon sous lequel vient aboutir un escalier en hélice. Du noyau part un pilier cylindrique qui reçoit les nervures de la voûte du lanternon, soutenue en outre à l'extérieur par des colonnes disposées en cercle comme dans certains temples antiques. Je trouve ces colonnes beaucoup trop courtes pour leur diamètre.

Une autre tourelle, presque aussi jolie que celle-ci, occupe une des extrémités de la façade intérieure; bâtie en encorbellement, elle s'appuie sur une statue de guerrier assez ridiculement posée pour faire office de console. Il tient une espèce de renard (1) et son casque est orné d'ailes. A part sa position forcée, tous les détails de cette figure sont de la plus grande élégance. Je suis obligé de répéter sans cesse les mêmes formules d'admiration pour parler du reste de la façade intérieure. Partout la même richesse dans l'ornementation, la même variété dans les détails, la même verve dans leur exécution. Ce sont surtout les fenêtres qui étalent le plus grand luxe d'ornements. De loin leur disposition semble uniforme, mais, si l'on s'approche, on

(1) Ne serait-ce point Samson?

reconnaît qu'il n'y a pas deux moulures semblables. On pourrait, je le sais, sans être taxé de pédantisme, blâmer ici un manque de symétrie calculé et systématique; on pourrait critiquer les formes hasardés de beaucoup d'ornements, et le mélange hétérogène des motifs grecs et gothiques. Pourtant toutes ces parties, celles-là même qu'on peut le moins justifier, sont au fond si élégantes, si riches, elles prouvent tant d'imagination et tant de ressources que personne ne penserait à en désirer la suppression. Il y a dans les défauts du génie quelque chose de si séduisant qu'on se prend quelquefois à les admirer comme des qualités originales.

On passerait des heures entières à étudier tous les caprices de cette charmante façade, et pourtant leur inconcevable variété ne fait que vous préparer à l'impression que va produire la chapelle ou plutôt un oratoire fort petit, admirable miniature sculptée si je puis me servir de cette expression. Je ne connais rien qu'on lui puisse comparer pour la richesse et l'élégance. Les parois couvertes sans doute autrefois de tapisseries ou de peintures, ne présentent plus aujourd'hui que des pilastres un peu trop grands peut-être pour les proportions de la pièce. Tout le luxe de sculpture est réservé pour le plafond. Formé de trois grandes dalles de pierre, il se divise en trente caissons ou compartimens contenant chacun des compositions différentes, de bas-relief, admirablement travaillées, et d'un effet merveilleux. Ces compositions sont comme autant d'énigmes, et leur seul défaut c'est d'être aujourd'hui à peu près indéchiffrables. Involontairement on en cherche le sens au lieu de se borner à en admirer la belle exécution. Que signifie cette main ramassant une châtaigne? cette sphère enflammée? ce génie ailé qui monte un cheval de bois? cet autre qui se sert d'un sabot pour...... Sûrement l'auteur de ces rébus était, en ce genre, un génie d'une fécondité extraordinaire, mais à coup sûr tout son esprit ne vaut pas celui du sculpteur. J'observe dans les caissons les lettres E et R fréquemment répétées. Elles se trouvent encore dans une petite niche fort ornée, près de l'autel. Semées sur le fond elles sont disposées dans cet ordre

RERE.
RER.
RERE.

Je suppose, d'après quelques exemples analogues, que ces lettres sont les initiales du premier propriétaire, ou peut-être celles de sa devise.

Tout auprès de la chapelle est un salon dont le plafond en bois est aussi divisé en caissons avec des rosaces très riches aux intersections des poutrelles. Autrefois chaque rosace portait une lettre. On y voit l'E et l'R, puis I et G, mais trop de lettres manquent aujourd'hui pour qu'il soit possible de les grouper de manière à faire un sens. Peut-être même de tout temps la chose eût-elle été impossible.

Descendant au rez-de-chaussée, on trouve une salle qui probablement était autrefois une salle à manger, aujourd'hui sans autre décoration qu'une magnifique cheminée enrichie d'arabesques d'une finesse admirable. Sur le manteau on voit sculptés le porc-épic de Louis XII et l'hermine d'Anne de Bretagne. De la réunion de ces emblèmes on peut induire que la maison n'est pas antérieure à 1500 ni postérieure à 1512.

Presque toutes les maisons du moyen-âge ont deux ou plusieurs portes donnant sur des rues différentes. C'était une pratique prudente, et je crois d'une fréquente utilité dans ces temps orageux. Ici un passage en pente, voûté, conduit à la porte de derrière. La voûte est doublée de nervures qui pénètrent les parois latérales. Bien que beaucoup moins orné, le derrière de la maison est encore d'une élégance remarquable; mais on ne peut s'y arrêter lorsqu'on vient de voir la façade principale.

J'oubliais de mentionner des escaliers en hélice d'une hardiesse et d'une légèreté surprenantes, partout ornés de figurines en consoles exécutées avec la perfection qui caractérise toute l'ornementation de l'hôtel.

Cette charmante maison appartient à la ville, qui vient d'y établir une école de filles dirigée par des sœurs bleues. S'il faut féliciter le corps municipal de Bourges, d'avoir voulu conserver un monument d'un aussi grand intérêt (1), on ne peut que regretter sa destination actuelle qui tend à le dégrader rapidement. Ne pourrait-on pas placer là le musée, et établir l'école ailleurs ? Dans le rapport que j'ai eu l'honneur de vous adresser, de Bourges, au mois de juin dernier, je vous donnais un aperçu des dépenses qu'exigeraient cette translation, ainsi que les réparations complètes de la maison Lallemand. Je les crois d'une grande nécessité, et je ne puis qu'insister de nouveau pour vous prier d'appeler sur ce sujet l'attention du conseil municipal de Bourges, et de seconder ses généreuses intentions.

MAISON DE CUJAS.

Je citerai encore une maison célèbre, à Bourges, c'est celle de Cujas, aujourd'hui le quartier de la gendarmerie. Elle est bâtie en grande partie de briques qui forment, par leur appareil, une manière de camaïeu. Son architecture appartient aux derniers temps du gothique, pauvre d'ornementation et dépourvue d'élégance. Une tourelle bâtie en encorbellement occupe un des angles de la cour;

(1) Un étranger a offert dix mille francs des trois dalles qui forment le plafond de la chapelle.

mais, au lieu de console, c'est une espèce de trompe ou de concavité bizarre qui la termine par le bas. L'effet en est détestable. Autrefois une grande fresque en grisaille couvrait une partie de la muraille extérieure à gauche de la porte d'entrée ; mais les figures sont aujourd'hui en partie effacées par la pluie, et des fenêtres modernes, percées dans la muraille, ont achevé la destruction de ce tableau. On n'en voit plus aujourd'hui qu'une figure de moine monté sur une charrette et entouré de démons. Suivant une tradition conservée à Bourges, cette composition aurait eu une intention satirique ; mais personne n'a pu m'en donner la description, et j'ignore absolument si elle existe quelque part dessinée ou gravée.

Une porte, bouchée aujourd'hui, couverte d'arabesques dans le style de la Renaissance, voilà ce qui reste de plus intéressant dans la maison de Cujas, si toutefois elle en a jamais fait partie. A voir la finesse du travail, le charmant caprice de ces arabesques, on croit reconnaître la même main qui sculpta la délicieuse tourelle de la maison Lallemand. Les chambranles de cette porte sont exposés à toutes les injures de l'air, et déjà la partie inférieure est altérée. Je vous demanderai de les faire mouler, car c'est, je crois, le seul moyen de conserver leurs admirables sculptures. On devrait également mouler plusieurs parties de la tourelle, et les caissons de la chapelle de la maison Lallemand. Ces plâtres figureraient parfaitement dans le Musée qui se forme à l'école des Beaux-Arts.

ÉGLISES DE BOURGES.

Pour donner à mes observations un ordre chronologique, j'aurais dû vous entretenir plus tôt d'un fragment très remarquable du XIe siècle, provenant de l'église de Saint-Ursin, détruite depuis plusieurs années ; c'est une porte bysantine très ornée qu'on a transportée à l'entrée du jardin de la Préfecture, tout près de la promenade de Séraucourt. Le tympan, contenu dans une archivolte cintrée, représente dans sa partie inférieure les douze mois de l'année caractérisés, non par les signes du zodiaque, mais par les travaux ou les occupations qui leur correspondent ; les mois se suivent régulièrement de gauche à droite, mais février commence la série ; au milieu du tympan, on voit en bas-relief une chasse au sanglier, dont les figures offrent une correction et une vérité de mouvement qu'on ne s'attendrait pas à rencontrer dans une sculpture de cette époque : on dirait une copie d'un bas-relief romain, et c'est peut-être en effet un bas-relief antique, que l'artiste du XIe siècle aura pris pour modèle ; la composition a d'étonnants rapports avec une chasse antique, encastrée dans la façade de l'église du Luc (Var). Plusieurs autres petites compositions remplissent le haut du tympan ; ce sont des grotesques, inspirés sans doute par les fabliaux et les contes populaires; on y remarque par exemple le renard et la cigogne, un renard traîné dans un char par des poules, etc. Sur l'archivolte et les piédroits serpente un rinceau de fort bon goût, et les fûts des colonnes engagées, curieusement guillochés, présentent une espèce d'enroulement de feuillages fantastiques, entremêlés d'animaux bizarres; il est à remarquer qu'à l'exception des rinceaux et seulement dans la partie supérieure des piédroits, toutes ces sculptures n'ont point de saillie sur le nu de la porte, et se détachent sur un fond légèrement refouillé, en sorte qu'une règle appliquée sur le tympan ou sur les fûts affleurerait tous les reliefs. Il est évident qu'avant de sculpter on commençait par bien dresser la pierre. Cette pratique, que j'ai déjà remarquée nombre de fois, paraît constante dans la première époque de la sculpture bysantine. Les colonnes guillochées m'ont rappelé les colonnes antiques de la Porte-Noire à Besançon, décorées de la sorte; mais, malgré tout mon respect pour l'antiquité, je n'hésite point à déclarer que les colonnes de Saint-Ursin sont infiniment plus élégantes, infiniment mieux travaillées que celles de l'arc-de-triomphe romain. Saint-Ursin fut fondé en 1012.

Les églises de Bourges, si l'on en excepte la cathédrale, n'offrent qu'un bien médiocre intérêt.

Saint-Pierre-Guillard porte les traces de grandes et nombreuses réparations, où tous les styles ont été étrangement confondus. Dans les parties les plus anciennes on trouve des piliers gothiques, mais encore bas et lourds, avec de grossiers chapiteaux. La remarque que je faisais à Saint-Étienne se confirme ici, c'est que l'ornementation végétale du gothique fleuri est inconnue à Bourges, et la transition est soudaine entre la première manière du XIIIe siècle, et le style flamboyant du XVe.

Saint-Bonnet, du XVe siècle, n'a point de façade, ses piliers sans chapiteaux portent une voûte assez hardie; ce qu'il y a surtout à remarquer dans cette église, ce sont de beaux vitraux du XVIe siècle, très brillants et riches de couleur : quelques-uns se distinguent en outre par le mérite du dessin et de la composition. Les sujets sont en général tirés des légendes de saints. Je lis sur une fort belle verrière représentant la vie de saint Bonnet, le nom du donataire, Laurence Fauconnier, et le millesime 1544. Il y a dans la chapelle des fonts baptismaux une cuve bysantine d'un assez beau travail, mais qu'on a malencontreusement peinte à l'huile. Je citerai enfin deux portraits fort bons, placés derrière la porte d'entrée, tous les deux d'un peintre nommé Boucher, natif de Bourges; c'est le sien et celui de sa femme. Il y a de la vérité dans les têtes, et le coloris ne manque pas de mérite; si j'en juge par les costumes, ces portraits dateraient du milieu du XVIIe siècle.

Je termine cette aride nomenclature d'églises par Notre-Dame, encore du XVe siècle, où il faut entrer, non pour son architecture qui n'offre aucun intérêt, mais pour un fort beau tableau représentant le Christ au tombeau, dans la manière du Valentin, qui peut-être même est un ouvrage de ce maître.

MUSÉE, BIBLIOTHÈQUE, ARCHIVES.

Formé depuis un an à peine, le musée de Bourges n'est encore à proprement parler qu'un cabinet de curiosités; mais il tend à s'augmenter, et ses administrateurs M. Mater, premier président de la cour royale, et M. Raynal, secrétaire de la société académique, ne négligent aucune occasion de l'enrichir des découvertes faites dans le département, ou des fragments qui proviennent d'anciens monuments détruits. M. Mater a donné à cet établissement une collection de médailles assez considérable, et particulièrement intéressante en ce qu'elle renferme une suite nombreuse des monnaies du moyen-âge frappées dans le Berry. Parmi les morceaux de sculpture les plus remarquables, je citerai six statuettes en albâtre de la fin du XVe siècle et d'un travail précieux, qui rappellent les charmantes pleureuses qui décorent le tombeau de Philibert dans l'église de Brou. Quelques portraits curieux ont encore trouvé place dans cette collection ; il y en a un fort ancien de Cujas, deux très beaux de Louis XVI et de Marie-Antoinette, celui du cardinal de La Rochefoucault, mort en 1757, enfin ceux du cardinal de Gesvres et d'un échevin de Bourges, nommé, je crois, Notard; ce dernier est d'une magnifique couleur.

Quant au portrait de Jacques Cœur, que l'on conserve à la mairie, il n'a aucune authenticité, le costume n'est même point exact.

La bibliothèque, fort mal placée dans les salles basses et humides de l'archevêché, contient de douze à quinze mille volumes; mais le catalogue n'en est point encore fait. On m'a montré quelques manuscrits curieux, entre autres une fort belle bible in-folio du XIIe ou XIIIe siècle, ornée de lettres tournures parfaitement enluminées, un manuscrit du Digeste et un autre de Salluste contenant la guerre de Catilina et celle de Jugurtha. J'ai surtout examiné avec intérêt un petit manuscrit du XVIe siècle (n° 153), qui paraît avoir été un *memorandum* pour la mise en scène d'un mystère intitulé *les Actes des Apôtres*, représenté par les bourgeois de la ville; on voit que la pièce avait neuf ou dix actes, et n'exigeait pas moins de quatre ou cinq cents acteurs, divisés en catégories comme empereurs, tyrans, diables, etc. Il y a toutes les indications des mouvements de la scène, mais pas un mot du drame représenté.

Je n'ai vu dans les archives que quelques obituaires sans importance, un missel avec vignettes du XVIe siècle, enfin quelques sceaux en mauvais état. Point de charte antérieure au XIVe siècle; une donation de Charlemagne n'est qu'un *vidimus* assez moderne.

PALAIS DU DUC JEAN.

Il sert aujourd'hui de prison, et cette destination, comme on peut penser, lui a fait perdre presque tout son caractère. Ses murs, bâtis à grand appareil d'une remarquable précision et renforcés d'énormes contreforts, lui donnent l'apparence d'une forteresse. Les caves très profondes du même palais ont servi long-temps de salpêtrière, sans qu'une destination si nuisible en général à toute construction ait paru altérer sensiblement la solidité des voûtes; il est vrai qu'elles ont une épaisseur extraordinaire. Construites en plein cintre, appuyées sur des murs énormes, elles forment deux souterrains parallèles, qui communiquent par plusieurs portes en cintre surbaissé. Je les crois du XIIe siècle. La forme de ces portes peut rendre mon opinion suspecte; cependant on en trouve dans le moyen-âge des exemples encore plus anciens, comme à Saint-Gilles, et dans la crypte de Montmajour.

ABBAYE DE PLEINPIED.

(Plenuspes.)

L'église, qui, de tous les bâtiments de l'ancien monastère, est le seul qui mérite d'être mentionné, rappelle par quelques-uns de ses détails l'architecture bysantine du Poitou. Sa forme représente une croix latine terminée par trois apsides. Sur la façade, toute nue d'ailleurs, s'élèvent de larges contreforts peu saillants. J'y remarque, au milieu d'un appareil petit, mais régulier, des chaînes de grosses pierres de taille intercalées symétriquement. C'est la première fois que j'observe une disposition semblable, et je suis tenté de croire que toute la façade a été restaurée ou plutôt reconstruite à une époque assez moderne. Ailleurs l'appareil est très confus et même grossier; les apsides pourtant font exception et sont bâties en moëllons par assises sensiblement uniformes. La porte d'entrée est moderne, sans ornementation. De même que dans la plupart des églises bysantines d'une date reculée, les contreforts latéraux sont larges, mais peu saillants. Ça et là ils ont été remplacés à différentes époques par des arcs-boutants.

Toute l'ornementation extérieure se réunit, sur le chevet de l'église, sur les murs orientaux du transsept, surtout autour de l'apside centrale. D'ailleurs le motif est partout le même. C'est une arcature appliquée, continue, en plein cintre, portant sur des colonnes interrompues assez régulièrement de quatre en quatre par un pilastre. Les chapiteaux sont riches et variés, le plus grand nombre historiés. On voit aussi beaucoup de fûts capricieusement guillochés. Le plus bizarre, au milieu de l'apside centrale, représente quatre torsades verticales, réunies par un nœud. Les modillons offrent moins de variété, et la plupart se composent d'une suite de cylindres étagés horizontalement les uns au-dessus des autres, ayant leur axe parallèle à la muraille sur laquelle ils sont appliqués. Nous verrons bientôt cette forme devenir presque constante en Auvergne. Déjà il faut noter comme une singularité, que parmi ces modillons il n'y a pas une seule tête sculptée. Une moulure en damier accompagne l'archivolte de toutes les fenêtres du chevet et des apsides.

Le clocher, qui s'élève au milieu du transsept, est fort bas et me semble inachevé. Je soupçonne d'ailleurs qu'il a été reconstruit au XIIIe siècle; car l'arcature ogivale figurée sur ses faces diffère essentiellement de celle que je viens de décrire.

L'intérieur de l'église donnera lieu à peu d'observations. Deux rangées de piliers la divisent en trois nefs. A droite et à gauche les collatéraux se terminent aux deux apsides latérales et ne circulent point autour du chœur, que ferme l'apside principale. A l'entrée de la nef, le narthex n'est accusé, comme dans beaucoup d'églises, que par une legère différence dans la forme des piliers. En ce point leur plan figurerait un carré flanqué sur ses faces de colonnes engagées. Dans le reste de la nef les colonnes manquent du côté qui regarde les collatéraux.

Toutes les arcades, de même que les fenêtres primitives, sont en plein cintre, et le petit nombre des baies ogivales qu'on peut observer, portent toutes les marques d'une reconstruction. Les voûtes n'existent plus, à l'exception de celle du collatéral Sud, encore est-elle fort endommagée. Elle m'a paru grossièrement exécutée, d'arêtes sans nervures et fort épaisse, en un mot elle a les caractères des plus anciennes voûtes du moyen-âge.

Beaucoup de variété dans la forme des chapiteaux. On en voit dont la corbeille est presque nue avec ces volutes très courtes, si communes au XIe siècle dans le Poitou; d'autres, historiés, représentent des monstres; quelques-uns sont ornés de feuillages bizarres ou de rinceaux. Il y en a peu, même dans le chœur, qui se fassent remarquer par leur exécution; les corbeilles sont presque toutes de hauteur inégale; mais tous les tailloirs ont la même forme. Ils sont fort épais, carrés, et leurs angles inférieurs abattus forment un large biseau.

J'ai observé, dans une petite arcature appliquée le long des collatéraux, quelques colonnes annelées, qui n'ont, au lieu de base, qu'une espèce de boule aplatie dépassant à peine l'aplomb du fût.

On descend aujourd'hui dans la crypte par un escalier qui s'ouvre à l'extérieur de l'église; mais autrefois il y avait deux entrées, aboutissant l'une et l'autre dans les collateraux. La forme de cette chapelle souterraine est un hémicycle qui occupe le dessous de l'apside principale. Quatre colonnes au centre reçoivent les retombées d'une voûte d'arêtes. Au pied des escaliers, deux petites chambres de forme irrégulière servent en quelque façon de vestibule à la chapelle. Au fond de celle-ci, à l'Ouest, débouchent deux couloirs très étroits de longueur inégale. On remarque dans un de ces couloirs un renfoncement latéral, profond d'un mètre à peu près. Peut-être ces passages étroits conduisaient-ils à un caveau funéraire; peut-être, comme dans quelques cryptes de l'Alsace, servaient-ils d'ossuaires.

Les colonnes au centre de la chapelle sont courtes et cylindriques, avec des anneaux irrégulièrement espacés sur le fût. Leur chapiteau n'est qu'un bloc carré, dont les faces portent des cannelures triangulaires. Les colonnes n'ont point de base, et s'implantent perpendiculairement sur le dé.

L'abbaye de Pleinpied fut fondé en 1080 par Richard, archevêque de Bourges, dont la statue se voit dans l'un des collatéraux. Autrefois elle était placée sur son tombeau qui depuis longtemps n'existe plus. Je crois d'ailleurs la statue postérieure au XIIe siècle.

A l'extérieur des murs de l'église, surtout du côté du Nord, on voit un grand nombre d'inscriptions funéraires, la plupart en lettres si bizarrement ornées, et de plus tellement rongées par le temps, qu'il est fort difficile de les lire. L'une de ces pierres sépulcrales est surmontée d'un petit bas-relief exécuté avec une finesse extraordinaire qui représente une figure nimbée, du ventre de laquelle sort une autre figure beaucoup plus petite. Les deux têtes sont brisées. Pour ceux qui connaissent les sujets favoris des sculpteurs du moyen-âge, cela veut dire une ame dans le sein d'Abraham, probablement celle du personnage enterré dans ce lieu. Au-dessus du bas-relief on lit ces mots : PATER ABRAHAM; puis sur l'encadrement un nom que je n'ai jamais pu déchiffrer, avec ces mots... *Sacerdos et canon. Sci M*..... (1). L'église de Plein-Pied était dédiée à Saint-Martin; voilà donc le tombeau d'un de ses chanoines. L'artiste s'est étudié à grouper les lettres, et à les orner de la manière la plus fantastique, comme s'il eût cherché à proposer une énigme à tous les lecteurs futurs. J'ai cru remarquer, tant dans la forme de ces caractères que dans le travail du bas-

(1) Le reste de l'inscription est effacé.

relief, une prétention d'antiquité que contredisent beaucoup de petits détails trop minutieux et trop incertains pour que je les discute ici; mais mon impression est que ce morceau remarquable est d'une date assez moderne, peut-être de la fin du XIVe siècle.

MEHUN.

Récemment restaurée à l'intérieur, l'église de Mehun n'offre plus qu'un bien médiocre intérêt; seulement quelques modillons assez grossiers autour des apsides prouvent que sa construction remonte à l'époque bysantine. Un porche très élevé sur un escarpement en face de l'Yèvre, m'a paru une addition du XIIIe siècle. Je regrette de n'avoir pu pénétrer dans la crypte, qui m'a semblé assez vaste; elle sert aujourd'hui de magasin, et on la loue, je crois, à des particuliers. Très près de l'église, on voit les ruines d'un château où mourut Charles VII en 1461. Il n'en reste debout aujourd'hui que deux tours fort délabrées, mais encore très hautes, couronnées de machicoulis en ogive trilobée. L'Yèvre coule sous les murs du château du côté du couchant; au Sud, un petit ruisseau qui vient s'y jeter formait une défense naturelle que l'on a crue insuffisante; car sur ce point il existait une fortification particulière dont les murs s'élevaient au bord même du ruisseau dans un terrain beaucoup plus bas que le plateau de rochers occupé par le corps de la place. Au moyen de profondes excavations, à l'Est et au Nord, on a complètement isolé le château, et de la ville, on n'y pouvait arriver que par un pont jeté sur cette tranchée, remplie peut-être autrefois par les eaux de l'Yèvre.

La principale entrée est à l'Est; le pont subsiste encore entre deux tours rasées aujourd'hui; du côté opposé il y avait une autre entrée, ou bien une poterne donnant sur la rivière.

A l'intérieur du château des substructions confuses indiquent seules les logements d'habitation, et l'on voit que la cour devait être extrêmement petite. Vu la hauteur des murs, c'était une espèce de puits. Il existe quelques salles dans les tours dont j'ai parlé, mais souvent réparées depuis Charles VII: du moins leurs cheminées, bien que très vastes, m'ont paru sensiblement postérieures à son époque. Les voûtes sont bien exécutées, et renforcées de nervures prismatiques très saillantes. Telle était la solidité de la maçonnerie, que de grands pans de murs renversés sont tombés sans se séparer en fragments; leurs énormes débris couvrent les bords du ruisseau, et de loin on les prendrait pour des masses de rochers. Au-delà de ce ruisseau on distingue les ruines d'un petit ouvrage avancé; une autre redoute paraît avoir défendu les approches du pont. — La seule circonstance qui distingue le château de Mehun de la plupart des forteresses du moyen-âge, c'est qu'il ne paraît pas avoir eu de donjon à proprement parler; car l'enceinte qu'occupe le sommet du plateau est trop considérable pour qu'on lui donne ce nom, et les ouvrages qui bordent le ruisseau ne sont qu'accessoires et probablement postérieurs au reste.

On m'avait parlé à Bourges de monuments celtiques fort curieux, découverts dans les environs de Mehun, entre autres d'un dolmen et d'un cromlec'h considérable, nommé la pierre du Leu ou du loup; j'avais un grand désir de les visiter, le cromlec'h surtout, car je n'ai encore vu en France aucun de ces groupes circulaires de pierres levées; malheureusement je ne trouvai que désappointement dans cette excursion. Les blés étaient hauts, je n'avais pu me procurer un guide, et il me fut impossible de découvrir le dolmen qui, me dit-on, existe près du canal *dans un lieu bas*, circonstance assez rare. Quant à la pierre du Leu, je la trouvai facilement; mais, en la voyant, plus de cromlec'h; c'est une roche siliceuse de quatre pieds de haut sur sept de long, placée très certainement par la nature au milieu d'une plaine toute semée de roches semblables, dispersées çà et là sans aucun ordre; il faut une prodigieuse imagination pour voir là un ouvrage des hommes. Ces méprises, au reste, ne sont pas rares chez les personnes qui ne connaissent les monuments celtiques que par les livres. J'ai vu des gens fort instruits d'ailleurs qui, dans leurs promenades, ne rencontraient pas si petit rocher qu'il ne devînt à leurs yeux un autel de druides.

LA CELLE BRUYÈRES.

C'est un village à deux lieues de Saint-Amand, dans lequel on a découvert quelques débris antiques. Le plus remarquable est une grande borne milliaire plantée au milieu de la route (1). Au dire des paysans elle indique exactement le point central de la France. Voici l'inscription dont par malheur les premières lignes ont été détruites; c'étaient précisément celles qui pouvaient en fixer la date.

. . . .

FELICI AVG· TRIB P COS III
PP PROCoS AVARI XIII
MEDI (2) XII NERI XXV

Dans le village, sur une pierre scellée dans le soubassement d'une maison, on m'a indiqué une autre inscription, mais les caractères en sont

(1) Elle a été transportée là par M. le duc de Bethune Charrost.
(2) Mediolanum, probablement *Château-Meillant*.

tellement frustes qu'il m'a été impossible d'en comprendre le sens. Les voici, du moins, voici les lettres que j'ai pu déchiffrer.

HARA CAESARIS
PERCENIV IMPERAT
RMI ¦ ¦ ¦ A NPC : . : I
HOMINIS : I. ¦ EROSEN
TRINUM POP........
......OR.....

Un buste en bas-relief, mutilé, dans une petite niche, et qui paraît provenir d'un tombeau, a été recueilli par le curé de la Celle Bruyères qui l'a placé dans son jardin. Le travail en est barbare. On m'assure que dans les environs on a découvert des tombeaux de pierre, et une assez grande quantité de médailles impériales.

Mais ces antiquités insignifiantes ne méritent pas que l'on s'y arrête. L'église de la Celle a plus de droits à l'attention du voyageur. Fort semblable à celle de Pleinpied par sa forme, elle figure en plan une croix latine avec une apside à l'extrémité de chacune de ses trois nefs. Les collatéraux se distinguent par leur hauteur, remarquable dans un édifice bysantin, et surtout par leur peu de largeur. Les voûtes et les arcades sont toutes en plein cintre: les premières, percées à leur naissance d'œils-de-bœuf au lieu de fenêtres, offrent une disposition assez rare pour être notée. Outre ces œils-de-bœuf, l'église reçoit encore du jour par d'étroites fenêtres en plein cintre percées dans les collatéraux. Dans la nef les piliers, encore plus grossiers que ceux de Pleinpied, présentent un massif fort lourd avec une colonne sur la face qui regarde la grande nef. Dans le chœur, au lieu de piliers, ce sont de grosses colonnes cylindriques qui soutiennent les arcades; d'ailleurs, de même que dans l'église que je viens de citer, les collatéraux se terminent aux apsides et n'entourent point le chœur.

On observera une grande variété, dans l'exécution des chapiteaux, ceux de la nef étant extrêmement grossiers et presque dépourvus d'ornements, tandis que ceux du chœur ont toute la richesse que comporte le style byzantin fleuri; plusieurs même de ces derniers, s'ils étaient transportés dans un autre lieu, pourraient embarrasser les antiquaires sur leur origine, tant ils présentent de ressemblance avec certains chapiteaux du Bas-Empire.

Vers le milieu de la nef une arcade beaucoup plus large que les autres, me fait supposer que telle était autrefois la place du transsept ou du chalcidique si l'église n'avait pas la forme d'une croix. Probablement alors elle se terminait à l'entrée du chœur, lequel serait une addition du XIIe siècle. Peut être la nef remonte-t-elle au IXe ou X^e. A coup sûr la barbarie de sa construction ne dément pas cette origine.

La façade, que je crois refaite en même temps

que le chœur, n'a qu'une porte en plein cintre entourée de quelques moulures et surmontée d'une corniche saillante; le tout, compris entre deux puissants contreforts, se détache sur le nu de la muraille. Au-dessus, trois fenêtres sans ornements, puis un fronton aigu dont un cordon de billettes dessine les rampants. A droite et à gauche de la porte quelques bas-reliefs incrustés dans l'appareil m'ont paru des fragments provenant d'un édifice plus ancien et que l'on a voulu conserver : peut-être appartenaient-ils à la façade primitive remplacée par celle-ci. Ce sont, à droite, deux têtes de chevaux très mal sculptées; à gauche, un taureau posant un pied sur une boule, puis deux hommes revêtus de courtes tuniques et luttant l'un contre l'autre. Sur le dos de l'un d'eux on voit un grand carquois ou plutôt une espèce de hotte. Si l'on en croit une tradition du pays, ce bas-relief conserverait le souvenir d'une querelle sanglante survenue entre des vendangeurs, et ce que porte cette figure serait une hotte à vendanger. Inutile de dire que le travail est très barbare et d'un style en apparence fort ancien.

L'apside est surmontée d'un mur assez élevé, mal maçonné, et qui tombe en ruine aujourd'hui. C'est, à n'en pas douter, une addition faite à la construction primitive. Mais son usage, je ne puis le deviner. Si l'on avait voulu élever là une tour pour servir de défense, le peu d'épaisseur de la muraille eût rendu cette fortification tout à fait insignifiante.

SAINT-AMAND.

L'église, dédiée au saint dont la ville porte le nom, offre encore quelque analogie avec celle de Pleinpied, en raison d'une arcature figurée en plein cintre, qui orne l'extérieur de l'apside. A l'intérieur, toutes les arcades sont en ogive à pointe émoussée; d'ailleurs l'ornementation des piliers est bysantine, assez élégante, surtout dans le chœur. La porte occidentale est en plein cintre, entourée de tores épais, et divisée en deux ventaux que surmonte un cintre trilobé. A la fin du xve siècle, de grandes réparations ont eu lieu, et c'est alors sans doute que l'on a construit toute une rangée de chapelles latérales à la nef. Une porte qui leur correspond dans la façade est une addition du même temps, qui se fait remarquer par l'élégance et le bon goût de ses sculptures.

Je n'ai pu me procurer de renseignements historiques sur la fondation de Saint-Amand; mais son architecture dénote la fin du xiie siècle. L'église serait alors antérieure à l'existence de la ville, qui ne prit ce titre que vers le commencement du xve.

Je ne mentionne l'autre église de Saint-Amand, autrefois dépendant d'un couvent de Carmes, que pour faire remarquer la niche ou le lanternon qui surmonte le fronton de la façade. Pareille disposition se rencontre dans plusieurs églises, entre autres dans celle de Saint-Jacques à Cosne. Je ne sais si cette espèce de petite chaire, ainsi élevée, avait une destination particulière ; si, par exemple, elle servait aux prédicateurs en certaines occasions.

Il ne reste plus que des ruines pittoresques, mais informes, du château de Montrond, bâti au xve siècle, et qu'habitèrent Charles d'Albreth, Sully et le grand Condé. Démantelé en 1652, il vient de recevoir le dernier coup de son propriétaire actuel, qui a fait abattre récemment la seule tour qui se fût conservée.

DREVANT.

Les recherches entreprises par vos ordres, sous la direction de M. Hazé, et les plans des fouilles publiés par lui dans son excellent ouvrage sur les antiquités du Berry, me dispensent d'entrer dans de nouveaux détails sur les substructions intéressantes, d'origine romaine, que l'on a découvertes à Drevant. Le périmètre du théâtre antique est maintenant à peu près complètement déblayé, et l'on peut s'assurer qu'à l'extérieur il était entouré de portiques dont plusieurs piliers existent encore. Quant aux substructions perpendiculaires au mur de la scène (absolument détruit aujourd'hui), et qui forment par leurs lignes parallèles un certain nombre de couloirs étroits, je ne puis admettre, comme M. Hazé le suppose, que c'aient été des loges pour renfermer des animaux. Je sais qu'il n'était pas rare de voir des chasses, ou plutôt des tueries de bêtes fauves sur les théâtres antiques; mais les dimensions de ces couloirs, qui n'ont pas plus de 1 m. 50 de large, leur isolement, qui ne permet pas de communication avec la scène, tout se réunit pour rendre cette destination impossible. A Mandeure, on trouve dans le théâtre une disposition toute semblable, mais mieux conservée; là, il est évident que ces murs rapprochés ne sont que des traverses, des contreforts destinés à soutenir des constructions supérieures. Je ne doute point qu'à Drevant elles n'aient eu le même objet.

On remarque vers le milieu des gradins les fondements d'un mur très épais, qui les coupe obliquement. Tout annonce que cette construction est sensiblement postérieure à celle du théâtre; je la crois romaine pourtant; mais son usage est un problème qui n'est point encore résolu.

De tous les édifices découverts à Drevant, le plus singulier est une vaste enceinte d'environ 80 m. de côté, présentant sur chacune de ses faces trois murailles parallèles. Il paraît qu'un petit corps de bâtiment, renfermant plusieurs chambres, se détachait de l'enceinte à chaque angle du carré. Dans l'espace compris entre les murs intérieurs, mais non au milieu du carré, on voit une autre enceinte de même forme, qui en renferme encore une troisième, une espèce de cella. Les murs de la seconde enceinte se prolongent à l'Est, et sont réunis par une double traverse. Il est probable que la grande enceinte était entourée de portiques, d'une galerie couverte. Comment, en effet, expliquer autrement ces murailles si rapprochées? Quant à la destination de l'ensemble de ces constructions, je ne connais que des hypothèses toutes plus ou moins hasardées. Les uns y ont vu un temple renfermé dans une enceinte sacrée; d'autres en font un prétoire. Malheureusement le peu d'objets antiques trouvés en ce lieu, ne jettent aucune lumière sur cette obscure question. Plusieurs pots remplis de couleurs qui se délayent encore dans l'eau, des briques de carrelage moulées de façon à se recouvrir à leur point de jonction, des antéfixes en terre cuite, des fragments d'enduits et de fresques; tels sont les objets les plus remarquables découverts au milieu de ces substructions.

Ailleurs, et particulièrement dans les deux établissements qu'on s'accorde à regarder comme des thermes, on a retiré des décombres quelques fragments plus curieux. Des portions de chapiteaux corinthiens provenant de très hautes colonnes, des fûts guillochés et ornés de palmettes, une énorme antéfixe en pierre, enfin les deux pieds d'une statue colossale en bronze témoignent de l'importance de ces établissements antiques. Les pieds de bronze sont remarquables par la forme de la chaussure, dont l'empeigne retombe sur le coudepied. Le métal, très mince, suppose une grande habileté de la part du fondeur (1).

Je sais, monsieur le Ministre, combien sont limitées les ressources dont vous pouvez disposer, et je n'ignore point que les édifices *existants* ont bien plus de droits à votre intérêt que des ruines qui n'offrent tout au plus qu'un sujet d'étude aux antiquaires. Cependant, l'importance de la ville antique de Drevant est aujourd'hui si bien constatée, qu'il serait fâcheux, ce me semble, de ne pas pousser plus loin les explorations commencées. Je vous demanderai donc de vouloir bien ordonner la continuation des fouilles sous la direction de M. Hazé, dont les premiers travaux donnent la garantie que ces recherches ne sauraient être remises en de meilleures mains.

Toutes les substructions découvertes jusqu'à ce jour sont romaines; mais le nom de Drevant, DERVENT, est celtique, et il est probable que la ville dont nous voyons les ruines s'est élevée sur l'emplacement ou à proximité d'une cité gauloise. Des

(1) Ces fragments et quelques autres découverts aux environs appartiennent à M. Haigneré de Saint-Amand,

bracelets de cuivre, des médailles, des haches de silex, recueillis dans le voisinage, donnent à cette conjecture un nouveau degré de probabilité, et je la crois mise hors de doute par la présence d'une fortification, très probablement celtique, établie sur une hauteur voisine du village. Bien qu'on lui donne vulgairement le nom de camp de César, il est impossible de la considérer comme un ouvrage romain, et je pense qu'on ne peut l'attribuer qu'à un peuple anciennement établi dans cette localité, et en civilisation, très inférieur aux Romains.

En face du théâtre antique, de l'autre côté du Cher, et à trois cents toises environ de Drevant, s'élève une colline très escarpée, parallèle à la rivière, et dont l'extrémité Nord s'avance comme une espèce de cap, dans une vallée abrupte et profonde. Le sommet de la colline est uni, et sa largeur d'environ cent toises. Ce lieu formait une fortification naturelle en raison des escarpements qui l'entourent; mais l'étendue du plateau étant trop considérable vraisemblablement pour le nombre d'hommes qui voulaient s'y établir, on l'a coupé par un fossé et un retranchement qui se prolongent depuis le versant oriental jusqu'à la pente opposée. Aujourd'hui des éboulements ont fort diminué la profondeur du fossé, mais l'agger, ou retranchement placé en arrière, s'élève encore de quinze pieds au moins, et son épaisseur est de plus de trente-cinq à sa base. Il se compose de pierres brutes et de toutes grosseurs irrégulièrement entassées, et sans doute apportées d'assez loin, si l'on en juge par leurs angles usés. On ne saurait en donner une idée en le comparant à un mur en pierres sèches; il ressemble davantage à un amas de décombres. Une ouverture au milieu paraît avoir servi de porte; sur ce point il n'y a pas de fossé. Ce retranchement, et les escarpements naturels dont j'ai parlé, isolent un carré d'un peu plus de cent toises de côté. Vers le milieu du plateau, et dans l'enceinte fortifiée, se trouve un puits grossièrement construit, maintenant comblé. Il est vraisemblable qu'il a été réparé plus d'une fois; mais je suppose qu'il a été creusé dans le principe en même temps que le retranchement s'élevait. A mon avis, cette fortification si barbare, a été autrefois un oppidum des Bituriges. Vainqueurs, les Romains se sont établis de préférence sur la rive droite du Cher, parce que la rive gauche, resserrée par la colline dont je viens de parler, ne leur aurait pas permis d'étendre leur ville. Qui n'a observé d'ailleurs qu'un des effets ordinaires de la civilisation est de faire abandonner les hauteurs, du moment où l'on n'a plus besoin d'y chercher la sécurité?

NOIRLAC.

(Nigerlacus.)

Une manufacture de porcelaine occupe les bâtiments d'une abbaye de l'ordre de Citeaux, voisine de Saint-Amand, à laquelle un étang voisin (depuis long-temps desséché) avait fait donner le nom de Noirlac. Sa fondation remonte à l'année 1136 ou 1150. En 1189, elle reçut des donations considérables, qui vraisemblablement lui permirent de s'accroître et de commencer les bâtiments qui subsistent aujourd'hui. L'église, très vaste et encore assez bien conservée, a tous les caractères de l'époque de transition. Les arcades en ogive émoussée, s'appuient à de forts piliers flanqués de colonnes tronquées en console dans la grande nef. Dépourvus d'ornements pour la plupart, les chapiteaux montrent la simplicité, un peu mesquine, de la première époque gothique. Sur la façade subsistent quelques restes d'une décoration bysantine; mais cette partie de l'édifice a plus souffert que le reste, et d'ailleurs ne peut donner lieu à aucune observation. Des cuisines et un grand réfectoire, voûtés l'un et l'autre et divisés par des piliers isolés qui reçoivent les retombées, sont avec l'église les parties les plus anciennes de l'abbaye, en apparence terminées dans le cours du

XIIIe siècle. Le cloître, presque intact, est plus moderne. Commencé dans le XIVe siècle, sa construction se prolongea sans doute jusqu'au milieu du siècle suivant. Les détails en sont gracieux et simples, et ses arcades se font remarquer par leur légèreté et la forme élégante de leurs ogives. Viennent ensuite beaucoup de constructions accessoires, quelques-unes modernes, et qui paraissent avoir servi de logement aux religieux. Quelle qu'en soit la date, aucune par son architecture ne mérite que l'on s'y arrête. Il est à regretter qu'une église aussi vaste, et à certains égards aussi remarquable que celle de Noirlac, ait reçu une destination qui la dénature si complètement. Des planchers et des murs de refend cachent toutes les dispositions primitives; la nef est devenue un magasin, et il n'est pas une salle ancienne ou moderne, à laquelle les besoins de la manufacture n'aient apporté de grands et tristes changements.

CHATEAU DE MEILLANT.

Il passe pour avoir été construit par le célèbre Joconde; mais son irrégularité, encore toute empreinte de souvenirs gothiques, me fait douter de cette tradition. Le château fut bâti pour Charles d'Amboise, seigneur de Chaumont, mort en 1511 (1). Les armes parlantes de ce seigneur couvrent la façade, prodiguées surtout à tous les étages d'une tourelle qui sert de cage d'escalier: ce ne sont que montagnes enflammées, *chauds-monts*, et pour faciliter l'intelligence de ce méchant calembour on y a mêlé quantité de C entrelacés. Comme dans la plupart des châteaux de ce temps, les appartements sont vastes, mais incommodes, irréguliers de niveau, de communication difficile. Les escaliers sont pour la plupart jetés en dehors et contenus dans des tourelles fort ornées, ainsi que nous l'avons vu dans la maison de Jacques Cœur; car il semble qu'il y ait eu un système d'ornementation particulièrement affecté à ces cages d'escalier saillantes. Mais dans le palais de Jacques Cœur on sent encore la naïveté gracieuse du vieux temps, tandis qu'on ne voit ici que recherche et mauvais goût. Que penser, par exemple, de ces balustrades flamboyantes horriblement tourmentées? de ces chambranles péniblement travaillés à jour? en un mot de toute cette décoration plus riche qu'élégante et plus bizarre que riche? On se rappelle, à Bourges, les statues de ces fidèles domestiques, sculptées au-dessus de la porte. A Meillant, on voit aussi des statues

(1) Joconde vint en France en 1499. Je crois le château plus ancien.

guindées au haut de ces cages d'escalier, mais il n'y a pas de tradition pour les expliquer. Ce sont des soldats de pierre, qui du haut d'une plate-forme, semblent prêts à jeter des grès aux passants. Après toutes ces critiques, il est juste de louer l'art avec lequel sont bâtis les escaliers en hélice, dont les énormes dalles ne portent que sur une longue et svelte colonnette.

Tous les appartements ont été retouchés à plusieurs reprises, et il n'en est aucun dont l'ameublement ou la décoration soit antérieure au XVIIIe siècle. Les cheminées seules, aussi larges qu'une chambre moderne, paraissent dater de la construction primitive, toutes sont d'ailleurs d'une excessive simplicité.

J'ai trouvé dans la grande salle, trois cerfs en bois plus grands que nature, et qui paraissent avoir été placés là depuis long-temps pour amener cette mauvaise plaisanterie que contient l'inscription suivante, sculptée en grosses lettres sur la muraille :

SIMILI SIMILIS GAVDET : INTER VOS ET PARES ASPICIENDO CORNIGERI GAVDE

Je donne cela, non comme une antiquité, mais comme un exemple du goût de nos pères; d'ailleurs je ne crois pas l'inscription antérieure à la fin du XVIIe siècle.

Le château de Meillant, propriété des ducs de Béthune Charrost, est passé dans la famille de

Mortemart. On s'occupe à le réparer, entreprise assez difficile, et je doute qu'il devienne habitable avant qu'on ait desséché des fossés infects qui le bordent du côté du parc.

MONTLUÇON.

Les anciens remparts de cette ville se font remarquer par leur appareil singulier; construits de grosses pierres, dont un grand nombre par leur forme ronde montrent qu'elles ont été prises dans le lit des torrents. Anguleuses ou arrondies, grosses ou petites, toutes sont noyées pêle-mêle dans un ciment fort dur, et le résultat m'a semblé d'une grande solidité. Le donjon, en apparence entièrement restauré au XVIe siècle, n'offre plus d'intérêt; mais quelques tours, plus ou moins ruinées, qui l'avoisinent montrent qu'autrefois il se trouvait au centre d'un château considérable. Inutile de s'arrêter aux églises de Montluçon, parfaitement insignifiantes; l'une, dans le bas de la ville, bysantine, mais défigurée par des réparations modernes; l'autre, du XVe siècle, assez mal entretenue, et n'ayant jamais mérité d'ailleurs d'attirer l'attention par son architecture.

NÉRIS.

Plusieurs fois j'ai eu l'occasion d'observer l'importance extraordinaire des établissements fondés par les Romains auprès des sources minérales, et la grandeur de leurs thermes contraste singulièrement avec avec la mesquinerie des nôtres. Ce n'est que depuis peu d'années que l'on s'occupe de bâtir une salle de bains à Néris, et le village est encore des plus misérables; au contraire, les vestiges romains que l'on y découvre annoncent une recherche et une élégance dont nous sommes encore bien éloignés. Il paraît que sous les empereurs Néris était une ville, et sans rappeler l'inscription de La Celle Bruyères, les ruines nombreuses que l'on rencontre à chaque pas suffiraient à prouver son antique splendeur. La promenade, devant la source principale, est jonchée de fûts de colonnes et de grands blocs, débris d'un édifice considérable. Dans les fouilles entreprises pour les nouveaux bains actuellement en construction, on a découvert quantité de fragments d'architecture en pierre et quelques-uns en marbre. Outre un grand nombre de débris de moulures qui annoncent un très riche entablement, on conserve à Néris quatorze chapiteaux composites de très grande proportion, et qui paraissent avoir appartenu à un même édifice. La conservation de ces chapiteaux, d'une grande saillie et d'un travail très fin, est si parfaite et si extraordinaire, que quelques archéologues ont pensé qu'ils n'avaient jamais été montés en place, et que la ruine de la ville antique les avait surpris dans l'atelier du sculpteur. On pourrait encore expliquer cette conservation si rare par la nature même de la pierre, d'un grain serré et presque aussi dure que le marbre. Quoi qu'il en soit, l'ornementation de ces chapitaux indique une époque de décadence, et ils se distinguent bien plus par leur richesse et le précieux du travail, que par la pureté et l'élégance de leurs profils. Les perles, les oves y sont prodigués, mais les feuillages me semblent maigres et déchiquetés. Dans le même lieu on a recueilli une base attique et un fragment de fût, l'un et l'autre en marbre blanc et d'un diamètre très considérable. Voici le seul fragment d'inscription que j'aie observé, il est tracé en très grands et très beaux caractères sur une table de marbre blanc, mais les trois morceaux ne se correspondent pas et ne donnent aucun indice sur la destination du monument auquel ils ont appartenu.

NVIS FILIUS MENTIS FAL	HE RI	ER R

Cette terminaison NVIS n'indique pas un nom d'origine romaine. Peut-être l'inscription avait-elle plus de deux lignes, mais très probablement on a des morceaux de la dernière, car la plaque de marbre est taillée par le bas.

Au-dessus de Néris, à gauche de la route de Clermont, j'ai observé une voie antique qui se dirige à l'Est, et je l'ai suivie pendant plus d'une demi-lieue sans qu'elle changeât sensiblement de direction; elle est très bombée, large de vingt pieds environ, profondément empierrée, mais de matériaux confus, si ce n'est aux débords que soutiennent des pierres grosses et rangées avec quelque régularité.

On voit dans le jardin des bains les restes d'une construction considérable qui paraît avoir été un cirque; sa forme est une ellipse arrondie. A peu près les deux tiers des substructions s'élèvent au-dessus du sol; l'arène, sur son grand axe, peut avoir soixante-dix mètres. Il existe encore une entrée ou plutôt un de ces passages perpendiculaires aux gradins, et qui les divisaient en *cunei*. L'appareil est partout le même : c'est un *opus incertum* recouvert d'un parement de petites pierres à peu près carrées et disposées par assises. Nuls vestiges de la décoration extérieure de l'enceinte, et j'ignore si l'on a cherché à retrouver les portiques qui, d'ordinaire, entourent ces sortes d'édifices. Dans un massif de la partie la plus élevée des gradins (il semble qu'ils aient eu trois étages), j'ai observé un trou carré long mais peu régulier (1 m. 60 sur 0,90 à peu près), revêtu de ciment à l'intérieur comme une espèce de réservoir ou de tuyau pour l'écoulement des eaux.

L'église de Néris a la forme d'une basilique terminée par trois apsides ; les voûtes et les arcades de la nef sont ogivales, celles du chœur en plein cintre ; d'ailleurs la disposition générale et l'ornementation se rapportent à l'époque bysantine, et si j'en juge par le style des chapiteaux, elle doit remonter au commencement du XIe siècle. Je ne trouve aucun signe qui indique une restauration dans la nef, ou qui m'oblige à la considérer comme plus moderne que le chœur. Pour quelques antiquaires, il est vrai, la présence de l'ogive paraîtrait concluante, et ils n'hésiteraient point à rejeter une date aussi ancienne. Quant à moi, à défaut de tout renseignement historique, je crois qu'il vaut mieux prendre pour indices caractéristiques le style de l'ornementation, que la forme des arcades, forme qui, je crois l'avoir démontré ailleurs, est loin d'être aussi importante qu'on le prétend quelquefois. Les chapiteaux de Néris n'ont presque pas de saillie, le travail en est extrêmement grossier, et je n'en puis trouver de types analogues que dans les plus anciennes constructions bysantines.

LAMAYD, GOUZON, GUÉRET, BOURGANEUF.

De Néris à Saint-Léonard je n'ai pas rencontré sur ma route une seule église, un seul édifice vraiment remarquable. C'est à Lamayd que j'ai trouvé les premières constructions en granit, pauvres et mesquines comme toutes celles où l'on a employé cette pierre, et qui ne se distinguent pas d'ailleurs par la grandeur de leurs proportions. Avec des matériaux aussi rebelles que le granit, on sent qu'il ne peut y avoir de l'élégance dans les détails.

La plupart des églises que je viens de citer paraissent avoir été bâties à peu près à la même époque, c'est-à-dire vers le commencement du XIIIe siècle, ou pour parler plus exactement, elles datent de l'apparition du style gothique dans la province que je parcours. Voici les caractères communs aux églises de Lamayd, de Gouzon et de Bourganeuf : fenêtres très étroites et semblables à des meurtrières ; contreforts longs et saillans sans arcs-boutans ; une seule nef étroite et assez élevée ; colonnettes grêles, engagées le long des murs latéraux ; voûte en ogive émoussée à nervures rondes. D'ordinaire les chapiteaux sont ornés de crochets ou plutôt de volutes qui se détachent à peine de la corbeille; quelquefois de petites têtes sculptées, tout cela d'un travail grossier. C'est à la difficulté de tailler le granit qu'il faut attribuer le peu de saillie des ornements et leur manque de finesse.

Saint-Pardoux, église de Guéret, ressemble aux précédentes, mais elle a trois nefs, et des réparations multipliées lui ont fait perdre une partie de son caractère, en lui donnant en outre une inconcevable irrégularité.

Il existe, dit-on, dans la Creuse quelques monuments celtiques. Je n'ai vu qu'un tumulus, peu élevé près de la route de Limoges. On m'avait indiqué comme un autel druidique un rocher, sur une montagne à une demi-lieue de Guéret, connu sous le nom de *Pierre batorine*. Mais rien de plus *naturel* que cette roche, ou plutôt ce groupe de roches confusément empilées les unes sur les autres par suite d'un éboulement. Il faut en dire autant sans doute des *pierres Jomathr* et autres des environs de Toull, décrites par M. Baraillon, qui me paraît avoir étudié avec une imagination trop ardente les monuments de la Creuse. J'avais projeté d'abord d'examiner moi-même les pierres Jomathr, mais des renseignements exacts et des dessins qu'on me communiqua à Guéret, me détournèrent d'entreprendre cette excursion, qui probablement n'aurait pas été plus heureuse que celle de Mehun.

SAINT-LÉONARD.

(Nobiliacum.)

De quelque côté que l'on arrive à Saint-Léonard, la position pittoresque du bourg, situé sur une éminence, attire d'abord l'attention, et la tour élevée qui domine l'église, mélange des styles bysantin et gothique, prépare le voyageur à l'aspect singulier de toute la fabrique.

La forme de l'église représente une croix latine. La nef est beaucoup plus longue que le chœur. Au nord de celle-ci, à peu près au milieu de sa longueur, au-dessus d'un porche, soutenu par un triple rang de colonnes très rapprochées, s'élève la haute tour dont je viens de parler. Malgré le diamètre énorme de ces colonnes, malgré la solidité de leurs arcades étroites et cintrées, on s'étonne qu'elles suffisent à porter une aussi lourde masse.

Evidemment postérieure à la principale construction, la façade occidentale offre les caractères particuliers aux églises que je citais tout à l'heure. Cependant elle s'en distingue par une ornementation plus soignée, et bien qu'entièrement bâtie en granit, elle a trouvé des ouvriers qui sont parvenus à tirer quelque parti de cette matière rebelle. Les colonnettes qui flanquent le portail, par exemple, surmontées de chapiteaux à palmettes, ne manquent pas d'élégance.

On observe un travail aussi péniblement soigné, mais dans un style plus ancien, à l'extérieur des sept chapelles qui entourent le chœur. Des fenêtres en plein cintre ornées de tores et de colonnettes, des colonnes ou des piliers cylindriques, disposés aux angles rentrants des sept chapelles en guise de contreforts; des modillons historiés; des chapiteaux à rinceaux; la profusion des moulures indiquent l'époque bysantine; et si toute cette ornementation ne prouve pas une grande adresse de la part des ouvriers, elle annonce du moins le goût et le désir de donner à l'église une apparence de richesse. Là de même que dans la façade et dans tout le reste de l'église les sculptures sont exécutées en granit, à l'exception pourtant de quelques petits détails travaillés avec un soin particulier sur de la pierre calcaire, incrustée çà et là, de même qu'en d'autres provinces on met en évidence des morceaux de marbre précieux. Mais en examinant ces incrustations on demeure convaincu que le changement de la matière n'a pas changé l'habileté des ouvriers, qui partout se sont montrés fort médiocres.

Ce n'est que dans le porche du Nord que j'ai trouvé des chapiteaux historiés. D'ailleurs, la fantaisie et la variété des compositions les rendent beaucoup plus remarquables que leur exécution, et pour en finir avec l'ornementation de Saint-Léonard, je dirai qu'elle est en tout point inférieure à celle de la plupart des églises bysantines bâties dans les XIe et XIIe siècles. La tour a quatre étages: le premier carré et percé de fenêtres en ogive émoussée surmontées de pinacles fort aigus, qui sont peut-être des additions relativement modernes. A partir de cet étage la tour devient octogone, mais ses fenêtres sont en plein cintre. Le couronnement présente une arcature plaquée qui soutient un toit très aplati, d'un effet agréable. Suivant toute apparence, il n'entrait pas dans le plan des premiers architectes de Saint-Léonard, de donner à la tour une si grande hauteur, peut-être même d'en construire une, car il est douteux que le porche ait été destiné à la recevoir. Du moins il est contraire à toutes les pratiques de l'architecture bysantine de placer une tour sur une base évidée de la sorte. Enfin, bien qu'on puisse arguer du rapprochement des piliers qui forment cette base, qu'ils ont été disposés pour soutenir un poids considérable, la comparaison que l'on peut faire entre l'ornementation du premier étage de la tour et celle du porche prouve sans réplique, je pense, qu'il s'est écoulé un intervalle de temps considérable entre la construction de ce dernier et celle de la tour.

L'aspect de la nef est des plus bizarres. A défaut des traces évidentes de réparations plus ou moins anciennes, son extrême irrégularité prouverait seule qu'elle a subi de notables altérations. Toute la partie de cette nef à l'Ouest du porche me paraît sensiblement plus moderne que le reste, et je la crois contemporaine de la façade gothique. Là de lourds piliers carrés saillant des murailles latérales, et que l'on peut considérer comme des contreforts intérieurs, occupent l'emplacement des bas-côtés, et forment actuellement des chapelles. Près du porche, un escalier rampant, appuyé à une arcade en ogive, conduit au premier étage de la tour; autre preuve, ce me semble, que celle-ci n'est qu'une addition au plan primitif. La partie orientale de la nef n'a point non plus de bas-côtés, à moins qu'on ne donne ce nom à un passage très étroit entre des piliers (1) détachés de la muraille, mais qui s'y lient par une espèce de pont ou d'arcade; d'ailleurs il n'y a point de voûtes au-dessus de ce passage, et l'on peut le comparer à cette suite d'arcades pratiquées à la base des piliers butans à l'extérieur de certaines églises gothiques. L'office de ces piliers est encore sensiblement le même que dans la partie occidentale de la nef. De cette différence dans la disposition des travées en deçà et au delà du porche, on peut inférer, ce me semble, que primitivement l'entrée principale de l'église se trouvait sous ce même porche, et que peut-être même la nef ne s'étendait pas au-delà du côté de l'Ouest,

(1) Il y en a trois de chaque côté, deux carrés et un cylindrique au milieu.

supposition que vient encore fortifier la largeur de la travée correspondant au porche, sensiblement plus grande que les autres. Or, comment expliquer cette irrégularité, si ce n'est en admettant qu'il a existé primitivement sur l'emplacement de cette travée un vestibule ou narthex intérieur (1)?

Le chœur a eu sa part de réparations, comme le reste de l'église. Son enceinte est formée par des arcades ogivales qui s'appuient sur des piliers carrés. Entre chacun de ces piliers est une colonne, et de son chapiteau s'élève une espèce d'entablement qui vient se souder verticalement à la pointe des ogives, formant ainsi deux nouvelles arcades très bizarres et difformes. Il faut noter que ces colonnes sont bien évidemment bysantines, et aussi anciennes que les piliers; leurs chapiteaux à rinceaux grossiers se rapportent sensiblement à la même époque que ceux du porche et des apsides. S'il paraît difficile de penser que ces arcades, décrites par une courbe et une ligne droite, appartiennent à la construction primitive, on s'expliquera tout aussi difficilement comment elles auraient pu devenir le résultat d'une restauration; car, com-

(1) Il y a bien encore une autre explication, mais elle entraîne à des hypothèses trop hasardées, ce me semble, pour qu'on puisse l'accueillir. Cette travée, plus large que les autres, aurait été primitivement un transsept, mais alors le chœur n'aurait pas existé. Or, le chœur étant aujourd'hui la partie la plus ancienne de l'église (probablement du XIe siècle), on voit à quelle date reculée il faudrait reporter la construction de la nef.

ment alors se seraient conservées ces fenêtres en plein cintre percées dans le haut du chœur, fenêtres, en apparence, du même temps que les piliers et les colonnes? Un problème analogue existe à Saint-Julien du Mans; mais on en a la solution, car l'appareil prouve évidemment une réparation en sous-œuvre, qui a changé la forme primitive des arcades. A Saint-Léonard, au contraire, tout le chœur est tellement plâtré et badigeonné, qu'il est impossible d'examiner les détails de la construction. Puisqu'on en est réduit à chercher des hypothèses pour expliquer la forme insolite de ces arcades, voici celle qui me paraît la moins invraisemblable: Je suppose que dans le principe, il y avait entre chaque pilier et chaque colonne une arcade destinée à augmenter la résistance de la maçonnerie; je suppose encore qu'au-dessus de ces arcades on en avait établi d'autres qui s'appuyaient sur les piliers carrés seulement, et qui, vis-à-vis des premières, avaient le même rôle que l'ogive maîtresse à l'égard des ogives secondaires. Cette ogive maîtresse, qui existe encore aujourd'hui, était autrefois bouchée par la maçonnerie. Or, si dans une restauration on a supprimé les arcades inférieures et détruit le tympan de l'ogive maîtresse, en conservant seulement une espèce d'étai au-dessus de la colonne, on aurait justement produit la disposition bizarre qu'il s'agit d'expliquer. J'avoue que le *cui bono* de la restauration qui aurait fait ces changements, me paraît tout aussi inexplicable, et peut-être, après tout, faudra-t-il rendre responsable de ces ogives extravagantes le premier architecte de Saint-Léonard.

Je noterai encore une autre singularité du chœur de cette église; c'est la forme des chapelles latérales situées à l'entrée du chœur, qui prennent une direction oblique à l'Est, au lieu d'avoir, comme il est ordinaire, leur axe perpendiculaire aux bas-côtés du chœur. Il semble qu'en cela, l'on ait cherché à se rapprocher de l'orientation consacrée par l'apside centrale.

Les stalles de Saint-Léonard en bois sculpté, d'un travail curieux, offrent une suite de fantaisies très bizarres et souvent fort obscènes; je les crois du commencement du XVIe siècle. On y voit un porc prêchant devant des oies, ailleurs un moine embrassant fort amoureusement une femme qu'à son costume on pourrait prendre pour une religieuse. Plus je vois d'exemples de ces bouffonneries sacriléges, plus l'explication m'en semble difficile. A l'époque surtout où ces boiseries ont été sculptées, on n'a pas la ressource d'attribuer à la simplicité et à la naïveté des mœurs l'indécence de ces sujets, que dans un siècle plus reculé on eût peut-être exécutés sans malice. Alors commençait une opposition religieuse, la critique se déchaînait contre les mœurs du clergé, et quelle bonhomie ou quelle indifférence ne lui faut-il pas supposer pour qu'il admît sans scrupule les traits les plus satiriques dirigés contre lui-même !

Je n'ai pu me procurer de renseignements historiques sur la fondation et sur l'histoire de Saint-Léonard, et j'hésite à proposer les dates que semble indiquer l'examen de son architecture; pourtant la façade occidentale appartient sans difficulté au XIIIe siècle. Le porche, les apsides, toute la partie basse du chœur, les voûtes de ses collatéraux (sans nervures et très grossières), tout cela semble remonter à une époque encore très barbare, et je ne pense pas m'éloigner beaucoup de la probabilité en l'attribuant au milieu du XIe. Vraisemblablement c'est dans le cours du XIIe siecle que l'on a élevé la tour, et sans doute en même temps le chœur a reçu quelques réparations. J'attache peut-être un peu trop d'importance à la grossièreté de l'ornementation, et si l'on tient compte de la nature des matériaux et de la maladresse des ouvriers, on peut être conduit à proposer une date moins ancienne. Resterait alors à expliquer dans cette hypothèse la construction de la tour, addition qui remonte nécessairement au XIIe siècle, et qui est assez importante pour qu'il se soit écoulé un laps de temps considérable entre la fondation de l'église et l'érection de cette bâtisse qui altérait si notablement le plan original.

LIMOGES.

(Augustoritum.)

SAINT-ÉTIENNE, CATHÉDRALE.

Peu de villes ont eu un aussi grand nombre d'églises que Limoges, mais la révolution les a détruites pour la plupart, et malheureusement les plus anciennes et partant les plus curieuses. C'est ainsi que de l'antique abbaye de la Règle (fondée en 814,) il ne reste plus que quelques fragments sculptés, épars çà et là par la ville; et sur l'emplacement de Saint-Martial, la plus ancienne basilique de Limoges (elle datait de 804), on travaille à élever un théâtre (1).

Aujourd'hui l'église la plus remarquable à tous

(1) On trouve dans tous les quartiers de la ville des débris provenant de ces églises et de beaucoup d'autres. Sur la place de l'hôtel de ville, devant l'ancien hôtel de l'Aigle-d'Argent, on a placé en guise de bornes plusieurs chapiteaux bysantins d'un travail assez curieux. On trouve entassés pêle-mêle, dans les cours du séminaire, des chapiteaux, des clefs pendantes, des morceaux de corniche, etc.; provenant de l'abbaye de la Règle; enfin, pour ne citer qu'un seul des nombreux bas-reliefs dispersés aujourd'hui, et dont l'origine s'oublie tous les jours, je choisirai le plus ancien en apparence. Il se voit à l'angle d'un chantier, près du pont Saint-Étienne, et représente saint Jean baptisant le Christ. Je le crois du commencement du XIe siècle. Les travaux de terrassements qui

égards, c'est la cathédrale. Commencée sur un plan grandiose au XIIIe siècle (1), elle est restée inachevée au XVIe, époque à laquelle les travaux poursuivis avec beaucoup de lenteur s'arrêtèrent définitivement. Cette cathédrale gothique remplaçait une église plus ancienne commencée au XIe siècle, laquelle succédait elle-même à la première cathédrale bâtie, dit-on, par saint Martial, car on sait que l'histoire de toutes les églises considérables offre une suite de constructions plus ou moins complètes et toujours sur le même emplacement. Hilduin, qui mourut en avril 1012, avait jeté les fondements de la seconde cathédrale qui ne fut dédiée qu'en 1095. Quelques portions de cet édifice subsistent encore enclavées dans la cathédrale moderne, et ce n'en sont point les moins intéressantes pour l'antiquaire.

Dans son état actuel, Saint-Étienne se compose d'un chœur qui paraît avoir été terminé dans le XVe siècle et d'une nef du XVIe, dont deux travées

se faisaient lors de mon passage à Limoges pour la construction du théâtre, avaient mis à découvert les fondations de l'apside de Saint-Martial, autour de laquelle on trouvait un assez grand nombre de tombeaux, presque tous d'une seule pièce, ayant la forme d'un trapèze allongé. Dans plusieurs, on voyait la place de la tête, marquée par un creux particulier. De tous ces tombeaux, le seul qui se distinguât par quelque richesse, était taillé dans un bloc de serpentine polie, avec un couvercle en dos d'âne, portant des imbrications figurées; une croix grecque était sculptée du côté de la tête; d'ailleurs nulle inscription ni indice quelconque qui pût faire connaître le rang de la personne qui y fut ensevelie.

(1) En 1273.

seulement attenant au transsept, ont été achevées. Puis, des fondations se prolongent dans l'alignement des bas-côtés Nord de la nef, jusqu'à ce qu'elles se lient à un porche bysantin surmonté d'une tour très élevée. Là était la façade de l'église ancienne, et il en reste assez pour montrer que sa largeur était moindre que celle de la cathédrale gothique. On voit aussi qu'elle n'avait pas le même axe; le sien passerait dans l'alignement des piliers Nord de la nef moderne. Quelques arcades ou portes en plein cintre engagées dans la clôture grossièrement maçonnée, qu'on a bâtie au XVIe siècle à l'entrée de la nef, ont peut-être appartenu au transsept de l'église bysantine ou bien à des bâtiments de sa dépendance. Ce porche et ces arcades, voilà tout ce qui reste de la construction du XIe siècle.

Le porche forme une espèce de vestibule carré, au milieu d'un énorme massif, renforcé, suivant toute apparence, à l'époque où l'on a bâti la tour, ou plutôt lorsqu'on l'a surélevée. Quatre grosses colonnes occupent les angles rentrans du carré. Hormis un seul, tous leurs chapiteaux ont été mutilés à plaisir; mais celui qui reste est assez bien conservé. Deux têtes en bas-relief sont appliquées sur la corbeille, et séparées par une palmette; malgré le badigeon, on reconnaît un travail assez soigné et un style qui ne manque pas d'une certaine noblesse; je trouve même à ces têtes un caractère antique, et quelques archéologues mêmes ont cru que ce chapiteau provenait d'un édifice romain; pour moi je ne le pense pas, et pour expliquer l'apparence singulière de ces sculptures, il suffit de se rappeler que Limoges a été une ville romaine très importante, et qu'au XIe siècle elle devait avoir conservé encore quantité de modèles antiques, pour inspirer les sculpteurs du moyen âge. Les voûtes du porche sont ogivales. Quant aux portes, il faut remarquer leur étrange amortissement, qui se compose de deux arcs; le premier, en retraite, ogival; l'autre, au-dessous, en plein cintre. A-t-on voulu réunir dans ces portes la solidité de l'ogive, et la forme noble et *consacrée* du plein cintre? c'est ce qu'il est difficile d'affirmer aujourd'hui, car rien de moins certain que la date de ces arcs, tout le porche ayant été retouché évidemment à plusieurs reprises, et n'ayant conservé, à l'exception du chapiteau dont j'ai parlé, aucune trace d'ornementation qui aurait pu fournir quelques lumières sur l'âge de ses différentes parties.

Carrée à sa base, la tour prend dans les étages supérieurs la forme octogone. Quatre tourelles, qui s'élèvent des angles du carré, cachent assez heureusement le passage d'une forme à l'autre et se prolongent jusqu'au sommet de la tour; en même temps elles servent de cage d'escalier. On dit que cette tour fut bâtie au XIIe siècle; mais elle fut trois fois considérablement endommagée par la foudre, et successivement restaurée en 1483, 1484 et 1571.

Toute la partie octogone a conservé les caractères de l'époque de transition. Sa flèche est détruite depuis long-temps, et toute la masse de la tour, fort délabrée et hors d'aplomb, penche d'une manière réellement effrayante.

Je trouve l'église gothique assez médiocre, et je ne vois rien dans sa disposition qui la distingue de la plupart des grandes églises de la même époque (1). Bâtie en granit, je n'ai pas besoin de dire que l'ornementation y est fort commune. Les chapiteaux, composés en général de larges feuilles à double bouquet, n'ont point la grâce ni la légèreté qui caractérisent souvent l'ornementation gothique. Les frontons et les autres ornements extérieurs ne prouvent que l'impossibilité de tirer parti de matériaux sur lesquels les sculpteurs ont usé leur patience sans produire de résultats satisfaisants. Il faut pourtant faire une exception à ces critiques, en faveur de quelques statues placées dans les contreforts au Nord du chœur, entre autres un groupe représentant le Martyre de saint Étienne, d'un très beau travail. Ces statues, en pierre calcaire, m'ont paru appartenir à la fin du XIIe siècle; elles prouvent que ce ne sont pas les

(1) Les meneaux des fenêtres semblent se prolonger dans les galeries qu'elles surmontent, et en pénètrent les encadrements horizontaux. Je n'aime pas ce système qui a prévalu en Angleterre, et dont on trouve de nombreux exemples en France, surtout dans les provinces qui ont appartenu aux Anglais. Il faut louer la hardiesse des voûtes et des arcades, mais il n'y a point d'église gothique qui n'ait ce genre de mérite.

ouvriers qui ont manqué à l'ornementation de Saint-Étienne, mais seulement des matériaux convenables.

On voit également la pierre calcaire employée pour quelques tombeaux adossés aux piliers du chœur. Le plus ancien (il remonte, je crois, au commencement du XIVe siècle) passe pour celui de l'évêque Regnault de la Porte, qui prit une grande part à la construction de la cathédrale. Sa statue, dont la tête est en marbre, est couchée dans une niche, et placée sur un soubassement orné de huit figurines admirablement sculptées. Dans la niche, plusieurs cartouches, malheureusement fort mutilés, contiennent des bas-reliefs d'un travail précieux, et que l'on peut comparer aux meilleures sculptures gothiques (1). Plus loin on trouve le tombeau d'un autre évêque, Bernard Brun, neveu de Regnault de la Porte (2), d'une disposition à peu près semblable, mais bien inférieur quant à l'exécution des bas-reliefs et des ornements. Deux anges, placés à droite et à gauche de la niche, tirent un rideau (de pierre) pour laisser voir la statue. Ces figures, et celles des bas-reliefs qui garnissent l'intérieur de la niche, sentent déjà la manière, et sont loin de la naïveté gracieuse des précédentes.

(1) Ils représentent le Christ couronnant la Vierge; — le Christ entre saint Martial et sainte Valérie; — le Christ crucifié; — saint Martial administrant la communion à sainte Valérie.

(2) Il était évêque de Noyon.

Un troisième tombeau, beaucoup plus moderne, en dépit des mutilations dont il porte de cruelles traces, se fait encore remarquer par la richesse et l'élégance de sa décoration; c'est le tombeau de l'évêque Jean de Langeac, mort en 1541. Lui-même le fit élever de son vivant, et mit un soin particulier à en diriger la construction. J'ai vu peu de monuments de la Renaissance qui m'aient frappé davantage. Des arabesques délicieuses, et qui me rappelaient celles de la maison Lallemand, à Bourges, des attributs heureusement agencés, plusieurs bas-reliefs d'une composition et d'une exécution admirables, attestent le goût de ce prélat, et le talent rare des artistes qu'il sut employer. Dans les bas-reliefs, je reconnais plusieurs sujets tirés de l'Apocalypse, et le sculpteur, avec une merveilleuse énergie, en a rendu les scènes les plus terribles. On ne peut voir sans émotion le bas-relief qui représente la Mort sur le cheval pâle, accompagnée de ses terribles acolytes, chargeant bride abattue une multitude d'hommes fuyant épouvantés. Bien qu'un pareil sujet semble prêter davantage à la peinture qu'à la sculpture, le tableau de West perdrait assurément beaucoup à être mis en regard du bas-relief de Limoges. J'ai fait de vains efforts pour trouver le nom du sculpteur: quel qu'il soit, ses ouvrages méritent une place honorable dans nos musées, et je vous proposerai de les faire mouler pour la collection de l'école des Beaux-Arts.

Le même évêque avait fait construire un grand jubé à l'entrée du chœur, mais en 1789 on eut la malheureuse idée de le déplacer pour l'appliquer contre le mur qui ferme la nef à l'occident, et dans ce déplacement il a beaucoup souffert. On lit sur un petit écusson la date de 1433. Pour une église les motifs principaux de l'ornementation paraîtront assez singuliers, car on y voit représentés les travaux d'Hercule, mais ils font allusion à la devise du prélat : IN OCIO MARCESSIT VIRTUS. Quatre colonnes soutiennent une tribune qui s'avance en encorbellement, et six grandes niches occupent les intervalles qu'elles laissent entre elles. Aujourd'hui les statues qu'elles renfermaient ont disparu, et le vandalisme révolutionnaire n'a pas respecté les bas-reliefs païens. Si l'on compare ce jubé au tombeau de J. de Langeac on le trouvera certainement très inférieur pour la composition et même pour le travail. Les bas-reliefs sont maniérés, et les arabesques n'ont ni la grâce, ni la fantaisie de celles que j'admirais tout à l'heure. En général les rinceaux et les ornements courants semés sur tout le monument manquent de relief, et l'effet en est perdu à distance. De plus ils sont mêlés de têtes d'animaux d'une très forte saillie, et il en résulte un contraste qui n'a rien d'agréable. Je ne trouve point non plus de système arrêté dans l'ordonnance générale. On ne sait à quel style la rapporter, ou plutôt on y voit un combat entre le goût gothique et celui de la renaissance. L'extrême division des parties rappelle le système gothique, mais tous les détails pris en eux-mêmes appartiennent à l'architecture classique; or, on le sait, elle se prête mal aux caprices qui conviennent au style flamboyant. Au lieu de pinacles par exemple, de dais et de clochetons, ce sont des frontons contournés, de petits temples à colonnes corinthiennes d'un effet assurément beaucoup plus bizarre qu'agréable. Du contraste entre ces ornements et leur position résulte pour le spectateur une espèce de mécontentement du même genre que celui que l'on éprouve à la vue d'une mascarade inconvenante. Je terminerai ces observations en citant une des nombreuses bizarreries de ce jubé. Le dessous de la tribune, son soffite si l'on veut, est oblique, et les rosaces et les clefs pendantes qu'on y a semées à profusion sont obliques aussi, et leurs formes, au lieu d'être cylindriques, deviennent légèrement elliptiques. En un mot, il semble qu'on ait cherché à produire une illusion d'optique, et par une perspective simulée à faire paraître ces objets beaucoup plus grands qu'ils ne sont en réalité.

Quelques chapelles du chœur autrefois peintes à fresque contenaient de grandes compositions que le temps a effacées ou rendues à peu près méconnaissables. Mieux conservées, les nervures du chœur sont encore couvertes de jolis arabesques entremêlés de petits anges.

SAINT-MICHEL-AUX-LIONS, SAINT-PIERRE, SAINT-AURÉLIEN.

Situé dans la partie la plus élevée de la ville, Saint-Michel s'annonce au loin par sa haute tour d'où la vue s'étend sur tous les environs. Cette tour à cinq étages, et d'une singulière légèreté, est la copie évidente de celle de la cathédrale, et ne s'en distingue que par une flèche fort élégante, surmontée d'une grosse boule en bronze doré (1). L'église, construite vers la fin du XIVe siècle (en 1364. V. Description des monuments de la Haute-Vienne, par M. Allou), porte tous les caractères d'une architecture en décadence; plan bizarre, nul système arrêté dans toute la fabrique. Sa forme est un rectangle, qui se rapproche fort d'un carré, sans apsides, et divisé en trois nefs à peu près égales en longueur et en largeur, en sorte qu'en y entrant on ne sait de quel côté se tourner pour trouver le maître-autel. On est d'abord surpris de la légèreté des piliers, formés de huit colonnettes longues et excessivement grêles; mais leur résistance a été mal calculée; car, malgré le peu

(1) Cette flèche a été plusieurs fois endommagée par la foudre, notamment en 1810. La pointe en fut détruite sur une longueur de 20 pieds. On l'a rétablie, mais sans lui conserver la même hauteur.

d'épaisseur de la voûte, plusieurs de ces piliers sont tout déjetés et sensiblement hors d'aplomb. J'ai peine à concevoir qu'ils existent encore. La voûte est probablement construite en poteries ou en pierre ponce; mais elle a des nervures de pierre fort saillantes, bien que très minces. Les chapiteaux, taillés dans le granit, écrasés et garnis de doubles bouquets, m'ont paru médiocres. —On voit dans le chœur quelques verrières du XVe siècle, éclatantes de couleur, mais assez mal ajustées. Carrées, sans bordures, et de proportion trop petite, les compositions peintes sur ces fenêtres ressemblent de loin à un jeu de cartes étalé sur une table.

A l'entrée d'un petit parvis qui précède le portail Sud, on a placé plusieurs lions en granit très grossièrement sculptés et qui semblent fort anciens. On dit qu'ils proviennent de l'ancienne église de Saint-Michel ou de celle de Saint-Martial. Ce qu'il y a de certain, c'est qu'ils sont fort antérieurs à l'église actuelle. Un autre lion, qui faisait pendant aux premiers sans doute, se trouve encastré dans un mur à l'angle d'une rue voisine de Saint-Michel. Sa gueule, et peut-être tout son corps, est creusée comme pour recevoir un tuyau.

Au milieu des réparations et des additions nombreuses qu'a subies l'église de Saint-Pierre, il est difficile aujourd'hui d'en démêler le plan primitif.

Sur la facade, quelques arcs en plein cintre avec des tores aux archivoltes ; dans l'intérieur, les fenêtres également en plein cintre, les colonnes massives et lourdes de la nef, leurs chapiteaux écrasés ornés de palmettes ou de végétaux fantastiques, tels sont les indices qu'on trouve d'une construction évidemment assez ancienne, et qui paraît se rapporter au XIIe siècle ; d'un autre côté, les nervures prismatiques qui tapissent presque toutes les voûtes, l'addition de chapelles au Nord, et d'un collatéral tout entier au Sud, enfin, çà et là des placages ou des réparations gothiques, exécutés à l'intérieur ou à l'extérieur, ont enlevé à Saint-Pierre le caractère bysantin qu'il devait avoir autrefois. Dans son état actuel, l'église forme un carré divisé en cinq nefs, dont la dernière du côté du Sud est évidemment une addition assez moderne ; il n'y a point de chœur, du moins indiqué par l'architecture, et de même qu'à Saint-Michel point d'apside orientale. De ce côté, le maître-autel s'appuie à un mur perpendiculaire à l'axe de l'église, et percé de grandes fenêtres flamboyantes ornées de vitraux d'une riche couleur. Je pense que l'église bysantine avait cinq nefs, et j'en juge par les grosses colonnes dont j'ai parlé qu'on voit encore disposées sur quatre lignes parallèles. Dans une restauration qui probablement eut lieu vers la fin du XIVe siècle, le dernier collatéral du côté du Nord fut divisé en plusieurs chapelles, et en même temps on en construisit un autre au Sud; de la sorte, la nef principale se trouva déplacée et transportée au premier collatéral Sud, transformation d'autant plus facile que la largeur des cinq nefs était la même autrefois.

A droite de la porte occidentale s'élève une tour de tout point semblable à celle de Saint-Michel, si ce n'est qu'elle a un étage de moins; on voit qu'il n'y a qu'un seul modèle pour toutes les tours de Limoges.

Je ne mentionne ici l'église de Saint-Aurélien, fort insignifiante d'ailleurs par son architecture, que pour une croix en granit assez bien ou plutôt assez richement sculptée et plantée devant la porte d'entrée; elle est d'une légèreté surprenante, et malgré la difficulté de mettre en œuvre le granit, on est parvenu à la couvrir d'ornements vraiment assez délicats. Malheureusement on s'est avisé depuis peu de la peindre à l'huile de la façon la plus ridicule. Le style des sculptures se rapporte au xve siècle.

ANTIQUITÉS ROMAINES.

Je suis surpris de trouver à Limoges aussi peu d'antiquités romaines; il ne reste des arènes que leur nom conservé à un quartier de la ville. Hors de Limoges, sur les bords de la Vienne, on voit quelques substructions antiques trop informes pour qu'on s'y arrête. Auprès de la cathédrale, au milieu de la rue qui conduit au pont Saint-Étienne, un énorme cippe en granit avec une inscription illisible de vétusté, quelques tombeaux et inscriptions rassemblés et conservés, ou plutôt jetés pêlemêle dans le jardin de la Pépinière, voilà les seuls monuments antiques que j'aie observés à Limoges; je ne parle pas, bien entendu, des médailles, des statuettes, marbres, etc., que renferment plusieurs cabinets particuliers. Je transcris les plus remarquables des inscriptions de la Pépinière :

N° .1. Au-dessus d'un bas-relief très grossièrement sculpté, représentant un homme barbu, en buste, tenant d'une main un rouleau, de l'autre une boule; sur une tablette à sa droite, on lit les lettres M C B B C. Granit.

ARTIS GRAMMATICES
DOCTOR MORVMQ MAG magister
BLAESIANVS BITVRIX M
VSARVM SEMPER AMTOR amator
HIC IACET AETERNO DEVi
NCTVS MEMBRA SOPORE.

L'interprétation proposée par quelques antiquaires pour les sigles de la tablette est *Magister Caius Blæsianus Biturix condidit*, mais *condidit* est un mot tout à fait inusité, impropre d'ailleurs dans cette occasion. Au reste, ce monument appartient à une époque de décadence très prononcée;

tout le prouve, et le style de l'inscription, et la forme des lettres, et la grossièreté de la sculpture. La fin du IIIe siècle est la date la plus reculée qu'on lui puisse donner.

N° 2.

D M IVLI
INSIDIOL
AE INSIDI
ATOR PATER
VIV ET SI
BI POSVIT.

N° 3.

DM ET M
PAET PAETINI
DECVRIONIS
CIVITATIS AV
LERCORVM EBv
R IPSE SIBI VIVS eburovicum
POSVIT.

N° 4.

DM
ET MEMORI
C SVLPI FIDI
NATO ANN III
SVL AVGILO PATER
PO SV IT.

N° 5.

DM ET M
IVL ANNONIAE
MAGNVS FIL ET
SIBI VIVS POSVIT.

N° 6.

DM ET MEMOR
CANNITOGI MARI mariti
MAEVIA PAVLINA
CONIVNX SIBI ET
SVIS VIVA POSVIT.

N° 7.

DM
ET M
SVLPIC
REGINAE
SVLPI REGENVS
PATER ET IVL LITTA
MATER VIVI ET SIBI
POSVER. (1)

On conserve dans l'hôtel-de-ville quelques mémoires de l'acteur Beaumesnil qui avait, dit-on, embrassé la profession de comédien ambulant, seulement afin de voir du pays et de satisfaire sa passion pour l'étude de nos antiquités nationales. Ces mémoires très volumineux et accompagnés de nombreux dessins d'ailleurs fort incorrects, renferment quelques faits curieux; mais leur auteur y fait preuve

(1) Dans le même lieu, parmi les orties et les décombres, on m'a montré un tombeau de pierre assez semblable à ceux de saint Martial, et qui passe pour être celui du fameux duc Vaifre. Rien d'ailleurs ne vient à l'appui de cette tradition que tous les renseignements historiques contredisent formellement. Aucun ornement, nulle inscription.

ou d'une crédulité si grossière ou plutôt d'une si insigne mauvaise foi, que tous les faits qu'il rapporte, probables ou non, doivent inspirer une égale défiance. Peut-être avait-il l'intention de publier ses manuscrits, peut-être les destinait-il seulement à quelques antiquaires qu'il voulait mystifier. Entre autres inventions qui montrent la tournure de son esprit, il dessine toute une série de tombeaux et de bas-reliefs accompagnés de caractères bizarres, grecs, étrusques, romains, et surtout de quantité de phallus de toute forme. L'immodestie de ces ornements, a-t-il soin d'ajouter, scandalisèrent l'évêque de Limoges qui fit détruire les inscriptions et les bas-reliefs ; on les avait trouvés dans des fouilles faites aux environs de l'archevêché. Ces emblèmes érotiques paraissent amuser fort M. Beaumesnil, car il en voit partout, mais toujours dans des monuments détruits. — Il donne, d'après un parchemin *peu gothique du deuxième siècle*, dit-il, la description d'une idole gauloise qu'il appelle Ghrovinna ; il fait un plan, une coupe et une explication détaillée d'un *temple souterrain de forme sphérique* (1), ouvrage des Gaulois, et n'oublie qu'une chose, c'est d'indiquer le lieu où il se trouve. — Il veut donner une origine illustre aux arènes de Limoges, et fabrique l'inscription suivante qui fera connaître la grossièreté de ses im-

(1) L'invention n'en appartient pas à Beaumesnil ; et son souterrain me paraît un réchauffé de la grotte sphérique de Zoroastre.

postures. Elle fut trouvée à Rome, dit-il, en 1789 par M. de Troy, directeur de l'académie.

IMP CAES · DIVI · TIT · AEL · HADRIANO ANT
DIVI TRAIANI PARTHICI MAX · FIL
DIVI · NERVAE · NEPOTI · AVG · PONT
MAXIM · PP · TR · P II COS I
ARENAE LEMOV · AEDIF · LEG
XX ET LEG XIIII PER PM II
DD.

Le non-sens choquant de ces mots *arenæ* et *ædificatæ* suffit pour montrer la maladresse de l'invention. Pirro Ligorio s'y entendait mieux.

COLLECTIONS PARTICULIÈRES.

J'ai vu à Limoges plusieurs belles peintures sur verre et sur émail, conservées dans quelques collections particulières. M. Germeau, préfet de la Vienne, qui s'occupe avec le zèle le plus louable à recueillir et à conserver tous les objets d'art de la province, possède plusieurs émaux magnifiques et des meilleurs artistes de l'école limousine. M. Maurice Ardent, correspondant du ministère de l'intérieur, en a également réuni un assez grand nombre pour former en quelque sorte toute une histoire de l'art de l'émailleur. Parmi les émaux qu'il m'a montrés, j'en ai remarqué quelques-uns du commencement du XVe siècle dont le travail m'a paru singulier. La feuille de cuivre, avant de recevoir l'émail, est d'abord repoussée et présente comme un bas-relief, en sorte que le peintre profite de cette saillie réelle pour produire une plus grande illusion: tel est du moins, je crois, le motif de cette préparation; quant au mérite de l'invention, on n'en peut guère juger, car le peintre était évidemment trop peu exercé pour en tirer parti. Le cabinet de M. Ardent renferme encore un assez grand nombre de fragments curieux et une très-belle suite de médailles antiques et du moyen-âge. Je terminerai en citant le morceau le plus intéressant de cette collection dont le propriétaire fait les honneurs avec la plus grande complaisance; c'est une charmante statuette en bronze représentant un jeune homme, probablement un Mercure, drapé avec grâce d'un léger manteau. Le travail annonce un artiste très habile, et se rapporte, je crois, à la plus belle époque de la sculpture romaine.

SAINT-JUNIEN.

(Comodoliacum.)

ÉGLISE DE SAINT-JUNIEN.

Dans une lettre que j'ai eu l'honneur de vous adresser de Limoges, je vous ai rendu compte de la situation déplorable où se trouvait l'église de

Saint-Junien, et vous avez bien voulu sur ma demande lui accorder un secours. Je complèterai mon rapport par une description de cet intéressant édifice.

Son plan représente une croix latine, dont les croisillons fort courts divisent l'église à peu près par la moitié; il n'y a point d'apside ni de chapelles latérales. Le transsept est large, mais divisé dans le sens de sa longueur par une ligne de piliers qui lui forment une espèce de collatéral du côté de l'Est. Bien que les voûtes et les arcades soient partout ogivales, le caractère de l'église se rapporte à la première période bysantine, et je ne recommencerai pas ici une discussion à laquelle je me suis livré plusieurs fois pour prouver combien peu d'importance on doit attacher à la forme des arcs lorsqu'il s'agit de déterminer la date d'un monument. L'épaisseur des piliers, le style des chapiteaux, la simplicité du plan, et je ne sais quelle rusticité dans l'ensemble, m'engagent à penser que la construction de Saint-Junien est antérieure à la fin du XIe siècle.

Les piliers de la nef se composent d'un massif carré épais, flanqué d'une colonne sur la face principale, et sur les autres côtés d'un pilastre, ou pour mieux dire d'une espèce de contrefort : il faut en excepter les deux piliers à l'Ouest, d'un diamètre double des autres, et dépourvus de colonnes et de toute ornementation; à leur épaisseur, on conjecture qu'ils étaient destinés à supporter un poids considérable, probablement celui des tours qui devaient flanquer la façade. Tous les piliers du chœur sont de forme carrée avec une colonne sur chaque face; en général, les chapiteaux de ces colonnes sont historiés, quelques-uns à feuillage de galbe corinthien, un très petit nombre ornés de rinceaux, tous d'une médiocre saillie et péniblement travaillés. A l'Est du chœur deux piliers se distinguent des autres par des chapiteaux plus simples que les précédents, n'ayant autour de leurs corbeilles que des feuilles ou plutôt des crochets grossièrement épannelés; en outre, les colonnes qui flanquent ces deux piliers, ont une base, tandis que les autres n'en ont point. Doit-on conclure de ces légères différences que deux arcades du chœur sont postérieures à la première construction de l'église, ou pour parler plus exactement, postérieures aux autres arcades? L'examen de l'appareil à l'intérieur et à l'extérieur, la décoration très-ancienne du mur oriental du chœur attenant à ces arcades semblent se réunir contre cette supposition; je n'ose cependant la rejeter tout à fait. Au surplus, en admettant que les dernières travées orientales du chœur soient ajoutées après coup, il n'est pas vraisemblable que ses dispositions primitives en aient été altérées, par exemple, qu'il en soit résulté la suppression de l'apside. Ce changement si toutefois il avait eu lieu serait fort ancien; car la muraille orientale du chœur, si elle n'est pas contemporaine de la construction primitive, ne peut être postérieure à la première moitié du XIIe siècle (1); voilà donc un exemple ancien de la suppression de l'apside. Sous ce rapport l'architecture de Saint-Junien se rattacherait à celle du Poitou, et l'on trouverait un rapport de plus dans la disposition des collatéraux, très-étroits, et en quelque façon sacrifiés à la nef. Quant à l'ornementation, on ne peut en arguer, car elle n'a rien de caractéristique, et n'est ni plus riche ni moins grossière que celle des pays où l'on emploie exclusivement le granit dans les constructions.

Latéralement, l'église ne reçoit de jour que par les fenêtres des bas-côtés; car il n'y en a pas dans le haut de la nef, et les voûtes s'appuient immédiatement sur les arcades inférieures; par contre, ces dernières sont plus hautes qu'il n'est ordinaire dans les églises bysantines; outre ces fenêtres toutes en plein cintre, les extrémités Est, Sud et Nord de la croix ont des roses en forme de roue, d'un médiocre diamètre.

J'ai dit que les voûtes et les arcades étaient ogivales. Les voûtes de la nef sont en berceau, renforcés d'arcs doubleaux épais. Celle des collatéraux

(1) Cette muraille est percée de trois fenêtres en plein cintre, avec une rose au-dessus, en forme de roue. Deux tourelles encadrent cette façade orientale que surmonte un fronton. Le tout s'appuie sur un soubassement de peu de saillie. L'ornementation est presque nulle ou tout au plus se réduit à quelques moulures d'un caractère bysantin.

sont d'arêtes, quelques-unes garnies de nervures que je crois ajoutées dans quelque restauration. On observera dans les bas-côtés que la pression des voûtes a déformé la plupart des arcs doubleaux; quelques-uns menacent ruine. L'appareil partout est moyen, et présente des assises bien régulières. Les contreforts sont épais, mais d'une médiocre saillie.

Je crois la façade occidentale restaurée à la fin du XIIe siècle. Une porte en ogive avec plusieurs archivoltes en retraite, et flanquée de colonnes, donne accès dans la grande nef. A droite et à gauche, deux espèces de meurtrières, au fond d'une niche figurée, correspondent à l'axe des collatéraux. Au-dessus de la porte règne une corniche soutenue par des modillons fort simples, à demi détruits maintenant. Vient ensuite une fenêtre en plein cintre, occupant le centre d'un grand fronton. Ce fronton a été sacrifié par l'addition d'une tour qui surmonte la façade, et de deux petites tourelles bâties à l'extrémité de ses côtés rampants. La tour, les tourelles et la porte, ont le caractère de l'époque de transition; tout le reste de la façade me paraît aussi ancien que l'église.

Saint-Junien a été fondé vers le commencement du VIe siècle. Ce fut d'abord un monastère. Supprimé à la fin du Xe siècle, il devint collégiale. On rapporte que l'église fut détruite par les barbares vers 850, puis rebâtie en 880. Toutefois je ne pense pas qu'il subsiste rien des constructions de cette époque. A mon avis, l'église actuelle, du moins la plus grande partie, daterait du milieu du XIe siècle. A la fin du XIIe siècle, on aurait retouché la façade et peut-être encore les dernières travées du chœur. Voilà les conclusions les plus probables que fournissent les caractères de l'architecture.

Au milieu du chœur, derrière le maître-autel, et fort maladroitement scellé à celui-ci, on voit un tombeau en pierre calcaire très fine, fort orné de sculptures, qui, d'après la tradition, renferme les reliques de saint Junien. On ne les montre qu'en certaines occasions solennelles. Trois des faces latérales du tombeau sont à découvert; la quatrième est cachée par le maître-autel; je ne sais si elle est aussi ornée que les autres. Le côté gauche du tombeau représente la Vierge dans une *vesica piscis*, entourée de rinceaux et d'arabesques bysantines, d'une grande richesse et d'un beau travail. Sur ses genoux est l'enfant Jésus, debout et la main élevée pour bénir. Il y a de la grâce dans la position de la Vierge et dans l'ajustement de ses draperies qui, bien qu'un peu raides, ne manquent pas d'une certaine élégance. On remarque aux deux pointes de la *vesica piscis* deux anges les mains élevées, dans des attitudes tellement forcées qu'on les prendrait, n'étaient leurs ailes, pour des bateleurs faisant le saut périlleux; mais on sait que dans les principes de la sculpture bysantine, l'important est de ne pas laisser de surface lisse; la vérité des poses ne vient qu'après. Sur la face du tombeau opposée à celle-ci, vingt-quatre figurines, dans des niches ornées, représentent, je crois, les vingt-quatre vieillards de l'Apocalypse. Tous sont assis, mais chacun dans une attitude différente. Ils tiennent d'une main un instrument de musique à cordes, une espèce de guitare ou de vielle; de l'autre, quelque chose qui doit être une lampe. La dernière face du tombeau, tournée vers l'Ouest, présente le Christ entouré des attributs des évangélistes, aussi remarquable que la Vierge par l'exécution des draperies et des détails.

Sur les bords de la *vesica piscis* de la Vierge, on lit l'inscription suivante, tracée en lettres onciales :

AD : COLLVM : MATRIS : PENDET : SAPIENTIA : PATRIS :
ME : XPI : MATREM : PRODO : GERENDO : PATREM :
MVNDI : SALVATOREM : GENITRIX : GERIT : ET GENITOREM
MATERNOSQ : SINVS : SARCINAT : . . . . . OMINUS :

Quelques lettres manquent à la fin du dernier vers, et j'avoue que je ne saurais les suppléer. A en juger par la forme des caractères, surtout par le style des figures et des ornements, ce tombeau se rapporte à l'époque du bysantin fleuri, ou vraisemblablement, à la fin du XIIe siècle. Le travail en est très fin, et l'on verrait difficilement une sculpture du même temps plus élégante ou plus riche. Une grande pierre sans aucun ornement couvre ce sarcophage. Je ne sais si, comme le pensent quelques personnes, elle remplace un couvercle sculpté, lequel aurait été détruit. C'est avec peine que j'ai vu combien peu de soins on prend de ce magnifique tombeau. On a pratiqué, dans une de ses faces, une ouverture carrée, qui mutile une partie des sculptures, et on y a scellé aussi maladroitement que possible je ne sais combien de serrures et de cadenas qui ferment une porte de fer. Il est vrai que sous tous ces cadenas sont les reliques de saint Junien. Ce n'est pas tout, la piété des fidèles, qui paraissent avoir ce saint en grande vénération, entoure souvent le tombeau de cierges qui le couvrent de cire et de noir de fumée. A Dieu ne plaise que je trouve à redire aux cierges! mais ne pourrait-on pas les placer un peu plus loin?

On m'a fait voir encore un autre tombeau dans une chapelle basse et presque souterraine. Il est orné de deux têtes de lions tenant un anneau dans leur gueule et d'un assez beau caractère pour qu'on puisse les regarder comme antiques. Dans la même chapelle, on a réuni autour de ce sarcophage plusieurs statues, toutes fort mutilées, qui paraissent avoir fait partie d'un calvaire du xve siècle. Les débris de ces statues, autrefois peintes et dorées, méritent quelque intérêt, non seulement sous le rapport des costumes curieux qu'elles conservent, mais encore pour leur exécution qui révèle un artiste assez habile.

Au-dessus de cette chapelle basse, il y en a une autre dans laquelle on ne peut pénétrer aujourd'hui qu'au moyen d'une échelle; toutes les deux sont bien évidemment ajoutées longtemps après la construction de l'église.

Par suite d'une négligence prolongée, les toits et les voûtes de Saint-Junien ont beaucoup souffert et nécessitent des réparations fort considérables. Un arc doubleau brisé dans le chœur présente un écartement dans ses claveaux qui doit inspirer de sérieuses inquiétudes. Le secours que vous avez bien voulu accorder suffira, je l'espère, pour arrêter les progrès de la destruction ; mais il faudra, je pense, le renouveler l'année prochaine, et je crois devoir dès à présent recommander cette demande à votre bienveillante attention.

CHAPELLE NOTRE-DAME;

RUINES DE SAINT-AMAND.

Dans la partie basse de la ville, à l'entrée du pont, s'élève une jolie petite église du xve siècle, qu'on nomme la chapelle Notre-Dame. Quatre légères colonnes octogones reçoivent les nombreuses nervures de la voûte, qui viennent s'y réunir et se prolongent jusqu'à terre. Sur quelques-unes j'ai observé les emblèmes peints de plusieurs corps de métiers qui sans doute ont contribué à l'érection ou à la fondation de la chapelle. L'ornementation est médiocre, composée principalement de larges feuilles frisées, péniblement sculptées dans le granit.

J'ai visité les ruines de l'ancienne église de Saint-Amand sur les bords de la Vienne, éloignée d'un quart de lieue de Saint-Junien. Autrefois cette église et celle de Saint-Junien appartenaient au même monastère, et, lorsque Saint-Junien fut donné au chapitre de Limoges, l'église de Saint-Amand partagea son sort. Je ne sais à quelle époque elle fut ruinée, mais l'absence de toute réparation moderne me fait penser qu'elle est abandonnée depuis fort long-temps. Le plan est encore reconnaissable: c'était une croix latine avec trois apsides à l'Est, mais seulement une seule nef. Nulle apparence de colonnes et pas la moindre trace d'ornementation. Ses arcades, qui subsistent encore, sont en ogive; les fenêtres en plein cintre, celles du Midi beaucoup plus basses que celles du Nord, en raison de la pente très rapide sur laquelle l'église est bâtie. De même qu'à Saint-Junien l'appareil est moyen et irrégulier; une seule apside au Sud, construite de petites pierres noyées dans le mortier, paraîtrait indiquer une réparation très ancienne, ou du moins plus ancienne que le reste; car sur l'âge de pans de murs tout délabrés on ne peut établir que des conjectures. Ainsi, ce n'est qu'avec une extrême réserve que je proposerai la date de l'église: son appareil, ses fenêtres et le mélange d'ogives et de cintres m'ont fait présumer qu'elle remontait au XIIe siècle.

J'observai dans le transsept un petit bassin creusé dans le roc et alimenté par une source; il était rempli de morceaux de pain, quelques-uns tout moisis, d'autres paraissaient y avoir été jetés le jour même. On me dit que ce pain est une offrande des paysans des environs à saint Amand qui fait encore des miracles, bien que sa demeure soit détruite. Cela ressemble fort à une coutume païenne, et l'origine de cette superstition remonte peut-être à une haute antiquité. Le Limousin fournit, m'assure-on, plus d'un exemple de ces pratiques bizarres qui peuvent avoir survécu au paganisme. A Cressac deux pierres plantées en terre et très rapprochées (ce sont peut-être des peulvens), procurent des accouchements heureux aux femmes qui s'y frottent le nombril. Ailleurs, c'est je crois à Thiezac, une statue de saint guérit toutes les maladies de ceux qui ont l'adresse, en lui jetant d'une certaine distance des pelotons de laine, de toucher le membre de la statue correspondant à celui dont ils souffrent. Il n'est pas permis de ramasser les pelotons qui s'égarent; ils appartiennent au desservant du lieu. On le voit, les poètes ont tort d'accuser les progrès de la civilisation.

CHATEAU DE CHALUSSET.

Bien que ruiné depuis longtemps, le château de Chalusset, à trois lieues de Limoges, offre encore dans son plan, dont on retrouve facilement les dispositions principales, un type très curieux à étudier, de l'architecture militaire au moyen-âge. Il est bâti sur une colline couverte de rochers, qui forme un triangle fort allongé, ayant sa base au Sud-ouest. D'un accès déjà très difficile, en raison de l'escarpement de ses pentes, cette colline est encore défendue par deux ruisseaux, la Bréance et la Ligoure, qui, en se réunissant au Nord-est, à la pointe du triangle, en font une espèce de presqu'île étroite. C'est au Sud-ouest que le terrain est le plus élevé; de là, il s'abaisse graduellement jusqu'à un pont, dont on voit encore les ruines dans le lit de la Bréance. En examinant ce site, on reconnaît qu'il n'est guère accessible que de deux côtés: soit au Sud-ouest; soit à la pointe opposée, en traversant l'un ou l'autre des ruisseaux, qui sont guéables pendant presque toute l'année. Il paraît qu'à l'époque où le château fut construit, on regardait ce point comme le plus faible, car on y a multiplié les moyens de défense.

Lorsque, après avoir traversé la Bréance, on arrive à la pointe du triangle, on aperçoit des murs à moitié détruits, suivant les contours du terrain qui, dès lors, commence à s'élever rapidement. Au milieu de ces ruines se présente une entrée oblique, et quand on l'a franchie, on a devantsoi toutes les parties du château, s'élevant l'une au-dessus de l'autre comme sur des gradins. D'abord, c'est une haute tour, précédée d'un fossé ou d'une coupure; derrière, les substructions d'une redoute carrée, dont la tour formait sans doute le centre autrefois. Dans le pays, cette tour se nomme la Jeannette; je n'ai pu trouver l'origine de ce nom; elle est carrée, avec un contrefort au milieu de chacune de ses faces. La porte, élevée d'une douzaine de pieds, n'a point d'escalier qui y conduise, soit que jadis la plateforme de la redoute fût au niveau de cette porte, soit qu'on y parvînt au moyen d'une échelle, qu'en cas de danger la garnison retirait à l'intérieur. Telles sont la plupart des tours bâties dans le midi de l'Espagne, pendant les guerres continuelles des Maures et des chrétiens. L'appareil de celle-ci est régulier, mais l'amortissement est détruit. Elle n'a d'autre ouverture que la porte au Nord-ouest, et une fenêtre, ou plutôt une meurtrière, du côté opposé. N'ayant point d'échelle, je n'ai pu pénétrer dans l'intérieur, mais on m'assure que les différents étages sont ruinés aujourd'hui. La Jeannette était destinée évidemment à éclairer les approches de l'ennemi; en outre, pour parvenir au corps de la place, au château proprement dit, il devait nécessairement passer à portée de la tour, en sorte qu'il avait à forcer ce premier ouvrage, avant de pousser plus loin ses attaques.

A partir de la Jeannette le terrain s'élève de plus en plus, et, à soixante mètres environ de la tour, on franchit un nouveau retranchement, perpendiculaire à l'axe de la colline, dont il ne reste plus que quelques pans de murs et une porte ogivale sans ornement, du côté de la Bréance. J'ai cru reconnaître qu'il s'étendait d'un versant à l'autre, barrant ainsi tout le plateau. Sur le bord des pentes, les substructions se dirigent parallèlement à celles-ci, et je crois qu'elles se lient à l'enceinte principale.

L'entrée du château (car nous n'en sommes encore qu'aux ouvrages avancés) regarde le Nord-est; mais avant d'y arriver, il faut encore surmonter d'autres obstacles. En avant de la porte se présente une espèce de redoute, dont l'entrée est percée obliquement, par rapport à celle du château. La muraille d'enceinte de cette redoute décrit une courbe, et se perd sous des monceaux de décombres, en se dirigeant vers les substructions dont je parlais tout à l'heure.

Nons voici enfin devant le château. La porte, ogivale, est percée à la base d'une haute tour carrée, couronnée de machicoulis, et se liant, à droite et à gauche, à des courtines également fort élevées, et sur lesquelles les machicoulis se continuent. Dans ces murailles, de longues meurtrières, destinées sans doute à des archers et percées un peu obliquement, paraissent destinées à battre les approches de la porte, et même l'intérieur de la redoute, si elle tombait au pouvoir de l'ennemi. Malgré le délabrement de la forteresse, on reconnaît encore au-dessus de la porte les rainures d'une herse, et un machicoulis au-dessus du passage, d'où l'on pouvait assommer l'assaillant au moment même où il aurait cru pénétrer dans l'enceinte. Deux tours, presque entièrement détruites aujourd'hui, flanquaient le château du côté gauche de la porte. A droite, le pied des murs est tellement obstrué de décombres, que je n'ai pu m'assurer si, comme je le suppose, cette disposition était répétée.

Passant sous la porte, on entre dans une cour oblongue, assez étroite, bordée à droite et à gauche par les murs élevés de quelques salles qui n'ont point aujourd'hui de communication directe avec cette cour. A gauche, c'est-à-dire du côté qui regarde la Bréance, est une vaste salle, autrefois à deux ou plusieurs étages, mais dont les voûtes sont entièrement détruites, et ce n'est que dans les angles qu'on en retrouve les amorces. J'y ai remarqué quelques fenêtres en plein cintre, et des colonnes engagées, fort grossières, de style bysantin; à côté, une cheminée toute moderne. La salle opposée, qui fait face à la Ligoure, est encore plus complètement ruinée; cependant, des fenêtres en ogive, et d'autres divisées par des meneaux de pierre en croix, annoncent qu'elle a dû être réparée à une époque plus rapprochée de nous.

Entre ces deux salles, à l'extrémité de la cour on trouve un plan incliné (peut-être était-ce autrefois un escalier) (1), et au-delà une masse de décombres et de substructions confuses dont j'ai dû renoncer à chercher les dispositions. On voit seulement qu'elles entourent un donjon très élevé qui, de toute la forteresse, est aujourd'hui la partie la mieux conservée. Plusieurs pans de murs s'en rapprochent, mais on ne comprend pas bien quelle liaison ils avaient avec ce donjon, qui, autant que j'en ai pu juger, était isolé dans l'origine.

Le plan du donjon forme un carré long, assez peu régulier, et dont les deux grandes faces regardent le Nord-est et le Sud-ouest. Trois de ses faces sont unies, mais celle du Sud-ouest présente des saillies et des angles rentrants dont je ne puis deviner le motif. Au Nord-ouest, deux étages d'arcades ruinées en plein cintre, adossées au donjon, semblent les restes d'une galerie détruite.

A l'intérieur, le donjon est partagé dans le sens de sa longueur par un mur de refend, et, quoique chacune de ses divisions ait un escalier distinct (en hélice), on voit que leurs appartements se communiquaient à tous les étages. Les portes percées dans le mur de refend, presque toutes en plein cintre, un petit nombre en ogive, toutes fort étroites, n'offrent pas le moindre ornement caractéristique. De simples planchers, aujourd'hui démolis, formaient les

(1) Je n'ai reconnu aucune autre entrée; mais il est probable qu'il en existait autrefois, soit au Nord, soit au Sud du château, peut-être des deux côtés.

étages, mais le haut du donjon était recouvert par une voûte en berceau dont le sommet s'appuie au mur de séparation. On ne peut plus monter sur la plateforme appuyée sur cette voûte, et, d'ailleurs, tout le haut de la tour est tellement mutilé qu'on ne peut reconnaître si elle avait des créneaux ou des machicoulis. De grandes ogives appliquées sur la face tournée au Nord-ouest sont peut-être des machicoulis énormes du même genre que ceux qu'on voit à Avignon dans le palais des papes.

L'appareil est régulier et fort semblable à celui de la Jeannette. Il n'y a qu'un petit nombre de fenêtres toutes étroites et carrées pour la plupart. A gauche du donjon les murs du château sont rasés, mais on en peut suivre les substructions sur le sommet des pentes dont la Bréance baigne le pied. De ce côté il y avait une suite de vastes appartements, et l'on distingue plusieurs salles carrées, avec des amorces de voûtes retombant sur des colonnes en granit du même style que celles que j'ai décrites tout à l'heure. Les fenêtres et les portes sont en ogive, mais à pointe très obtuse. Enfin, on voit une cheminée moderne comme la précédente. Il est évident qu'un objet aussi nécessaire a dû changer de forme plusieurs fois avant la destruction du château.

Cette suite d'appartements donnait au Nord sur un préau, borné au Nord-est par le donjon dont j'ai parlé; au Sud-ouest et au Nord-ouest par les remparts de l'enceinte principale. Au Sud-ouest, ces murs sont flanqués de trois tours rondes, toutes plus ou moins ruinées. Ils sont fort épais, et contiennent une galerie voûtée, éclairée par des meurtrières taillées en forme de croix, très longues, s'élargissant à l'intérieur et cintrées à leur amortissement. L'ouverture horizontale de ces meurtrières est si courte, qu'il me paraît difficile qu'elles aient pu servir à des arbalétriers. Au contraire, leur longueur convient au tir de l'arc, et cette distinction n'est pas sans importance; car l'usage de l'arc est, comme on le sait, antérieur à celui de l'arbalète. Quant aux plateformes, aux créneaux, à l'amortissement de ces remparts en un mot, là, comme ailleurs, il est détruit, et il n'en reste pas vestige.

Au-delà de ces murailles, qui formaient l'enceinte intérieure du château, paraissent les substructions d'une seconde enceinte extérieure, éloignée de la première d'environ vingt-cinq mètres, flanquée de tours, et bordée au Sud-ouest par un large fossé taillé dans le roc vif, et coupant le plateau d'une pente à l'autre.

Vers le milieu de l'escarpement, qui fait face à la Ligoure, à partir du fossé jusqu'à la hauteur de la porte principale du château, un second rempart s'étend parallèlement au premier, mais il est encore plus ruiné que celui-ci. Un seul pan de mur, assez élevé encore, a conservé deux fenêtres et une porte en ogive. Du côté de la Bréance où la pente est plus rapide, je ne puis affirmer qu'il existât une double enceinte.

Je vais repasser brièvement les dispositions principales du château de Chalusset. Le donjon forme comme la clé de la position. A l'entour se développe une enceinte en forme de carré long, flanquée de tours sur les points que ne défendent pas des escarpements naturels ; une seconde enceinte, bâtie sur un terrain plus bas, à portée du trait des remparts intérieurs, offrait à la garnison un double moyen de défense, et, si l'assaillant parvenait à s'en rendre maître, il s'y trouvait tout aussi exposé qu'auparavant.

Sur le seul point de la forteresse où un ruisseau ne formait pas une espèce de fossé naturel, on avait excavé profondément un sol rocheux. Enfin, à la partie la plus basse de la colline les ouvrages de défense avaient été multipliés : d'abord une porte fortifiée ; puis une redoute avec une tour servant en même temps d'observatoire ; derrière, l'enceinte extérieure ; enfin, une seconde redoute ; tels étaient les obstacles qu'il fallait emporter avant d'arriver au pied des remparts intérieurs. Je n'ai jamais vu de château du moyen-âge dans une situation plus avantageuse, aucun où l'art de l'ingénieur eût déployé plus de ressources.

L'épaisseur des murs est partout considérable ; plusieurs ont douze pieds et plus. En général, leur appareil est irrégulier, et se compose de grosses pierres brutes. Il n'y a d'exception que pour le donjon, la tour Jeannette et celle qui surmonte la porte d'entrée principale. Cette différence d'appareil pourrait faire supposer que ces tours sont postérieures aux autres ouvrages, mais il est possible que ce ne soit qu'un indice de réparations; enfin, comme ces tours sont les points les plus importants de la forteresse, elles ont été peut-être bâties avec un soin particulier. Il y a grande apparence que c'est au XIIe siècle que fut construit le château de Chalusset, du moins la plupart des détails caractéristiques se rapportent à cette époque. Évidemment, les bâtiments d'habitation ont été successivement modifiés jusqu'au XVIe siècle. Je soupçonne que dans l'origine, il n'a existé de double enceinte qu'au Sud-ouest, et que la muraille qui regarde la Ligoure, n'est qu'une addition du XIVe siècle, peut-être encore moins ancienne.

Je n'ai pas vu de puits ni de réservoir sur le plateau de Chalusset; mais il est tellement obstrué de décombres, qu'ils ont pu très facilement m'échapper. La même raison explique l'absence de caves et de souterrains, et la nature du lieu, où le granit presque partout affleure le sol, suffirait d'ailleurs pour rendre très difficile d'en pratiquer. Il est vrai que suivant une ancienne tradition, il aurait existé, dans l'intérieur du château, un passage souterrain qui conduisait de l'autre côté de la

Bréance. Je crois la tradition fausse de tout point; mais n'est-il pas surprenant d'en rencontrer partout de semblables? Il faut en conclure que ces souterrains, qui débouchaient au loin dans la campagne, ont été communs dans le moyen-âge.

UZERCHE.

Sur la route de Limoges à Tulle, je n'ai dû m'arrêter qu'à Uzerche, petite ville d'un aspect extrêmement pittoresque. Plantée au sommet d'une montagne en pain de sucre, elle sépare deux vallées sinueuses, arrosées par la Vezère. Du sommet de la montagne, cette petite rivière perdue au fond de la vallée ne paraît plus qu'un mince ruban blanc qui serpente sur un beau tapis vert. Autrefois l'abbaye d'Uzerche a été puissante, et son église, devenue paroissiale, est encore digne d'attention. Elle occupe précisément le point culminant de la montagne. Sa forme est une croix latine, dont la partie orientale est entourée de cinq apsides ou chapelles semicirculaires. Ce plan, l'insignifiance de la nef, la disposition du chœur, seule partie de l'église qui ait gardé son ornementation, m'ont vivement rappelé Saint-Léonard. A Uzerche, les arcades du chœur en plein cintre surélevé portent sur six colonnes isolées, dont les chapiteaux, bien qu'un peu trop largement sculptés, présentent des rinceaux d'un caractère assez noble. Les voûtes, du moins celles qu'on peut regarder comme anciennes, sont en plein cintre et d'arêtes, toutes en assez mauvais état. Ici le badigeonnage paraît avoir été poussé encore plus loin qu'à Saint-Léonard; c'est comme un replâtrage complet, car partout la couleur en détrempe a bien six lignes d'épaisseur.

Les arcs doubleaux de la nef sont en ogive à pointe obtuse; les arcades des bas-côtés en plein cintre: du moins, telle est la forme de leur intrados, car quelques arcades décidemment ogivales, sont doublées intérieurement par un arc en plein cintre, un peu en retraite sur le premier. Ainsi, il semblerait que l'ogive aurait été employée ici pour ses propriétés de résistance, et le plein cintre réservé pour la décoration. Les exemples de l'emploi simultané des deux arcs sont assez fréquents, et partout on n'en trouve d'autre explication, que je sache, sinon celle que je viens de présenter.

Le reste de la nef n'offre presque aucun intérêt; il faut seulement remarquer le resserrement exagéré des collatéraux et les dimensions considérables des piliers, carrés, sans colonnes engagées, et dépourvus de tout ornement. Il est vrai qu'ils portent une tour, mais peu élevée, placée vers le milieu de la nef, et *non point au milieu du transsept.* Elle est carrée, et surmontée d'une espèce de lanterne octogone. Le dernier étage dont chaque face et chaque angle se termine par un fronton aigu, rappelle le clocher d'Ainay à Lyon. Les fenêtres inférieures de la tour sont ogivales, mais en renferment d'autres en plein cintre et géminées, séparées par des colonnes à chapiteaux historiés, d'un assez bon travail. J'oubliais de dire que l'église ne reçoit de jour que par des fenêtres en plein cintre percées dans les bas-côtés.

J'ai remarqué dans le transsept deux grands bénitiers creusés dans deux très beaux chapiteaux bysantins, l'un historié, l'autre à feuillages, tous les deux d'un profil élégant, et parfaitement refouillés. On n'a pu m'indiquer leur origine. Je suppose qu'ils proviennent d'un porche détruit aujourd'hui.

La partie la plus curieuse de l'église, c'est la crypte, dans laquelle on entre aujourd'hui par une porte qui s'ouvre en dehors, au pied de l'apside principale. Contrairement à la disposition la plus ordinaire, cette crypte ne reproduit point exactement le plan du chœur; car ses quatre apsides, ou plutôt les galeries à l'extrémité desquelles sont percées les fenêtres, ne correspondent pas aux chapelles du chœur. Au centre du souterrain, cinq piliers, ou pour mieux dire, cinq massifs épais, rangés en hémycicle soutiennent la voûte; un sixième pilier, dont le plan serait un losange, est placé au milieu des premiers. Toute la crypte me paraît taillée dans le roc; mais je ne saurais l'affirmer, car le badigeon la recouvre de telle sorte, qu'on ne pourrait voir les interstices des pierres, s'il y avait de la maçonnerie. J'ai interrogé le sacristain de l'église; mais je ne suis pas sûr qu'il m'ait compris. Au fond de la crypte, un passage se dirigeant au Sud, et condamné aujourd'hui, conduit dans le collége: c'était autrefois une des dépendances de l'abbaye. En face de la porte d'entrée, à l'Ouest, on voit au fond de la crypte une niche assez profonde, avec un tombeau sans ornement. Devant la niche est une forte grille en bois. Ce tombeau, me dit le sacristain, est celui de saint Coronat, et il jouit de la propriété de rendre la raison aux fous que l'on y enferme pendant une nuit: la grille en bois sert à cet effet. Mais, ajouta mon guide, toutes les expériences qu'il avait vu tenter n'avaient eu que de mauvais résultats. On ne peut songer, sans un vif sentiment de honte et de tristesse, combien de sottes pratiques aussi dangereuses que celle-là existent encore dans cette France, dont on ose vanter tous les jours l'étonnante civilisation.

L'abbaye d'Uzerche fut fondée par Hildegaire, évêque de Limoges, sur la fin du xe siècle. Peut-être dès lors la crypte existait-elle, et faisait des miracles. En effet, c'est presque toujours la sainteté particulière d'une localité, qui l'a fait choisir pour une pieuse fondation. En 1028, un incendie détruisit le monastère, que l'abbé Richard commença à rebâtir deux ans après le désastre, mais ce ne fut qu'en 1048, qu'une nouvelle dédicace eut lieu, et, à l'exception de la tour que surmonte la nef, il est probable que l'édifice actuel est le même que construisit l'abbé Richard. Toutefois, on peut croire que la nef, sa voûte du moins, a été retouchée au XIIe siècle, époque où la tour fut élevée.

TINTIGNAC, NAVET, ETC.

Depuis longtemps on découvre quantité de débris antiques aux environs de Tintignac, petit village éloigné de deux ou trois lieues de Tulle. En cultivant la terre, on trouve tous les jours des tuiles, des poteries, quelquefois des fragments sculptés. Baluze (*Historia Tutelensis*) donne en peu de mots la description d'un amphithéâtre antique existant dans cette localité, et l'accompagne d'une gravure, dont l'auteur, à ce qu'il me semble, n'avait non-seulement jamais visité Tintignac, mais n'avait même jamais vu de cirques romains. En copiant Baluze, Beaumesnil (manuscrits de Limoges), n'ajoute aucun détail, et vraisemblablement ne s'est pas donné la peine de vérifier son auteur, car son dessin n'est que la répétition de la gravure publiée par Baluze. Or, en admettant que du temps de ce dernier, le plan de l'amphithéâtre fût exact, il serait bien surprenant qu'aucun changement n'y fût survenu dans l'espace de près d'un siècle. Aujourd'hui ce cirque, connu dans le pays sous le nom des Arènes (dénomination qui paraît avoir été générale au moyen-âge), ne se distingue plus au milieu des champs cultivés que par une élévation régulière qui en accuse le périmètre, et par quelques massifs d'*opus incertum* qui percent la terre çà et là. Il se trouve à droite, et non loin de la route qui mène à Tulle, à quelque trois cents pas du village. Son plan est un ovale arrondi dont le grand axe s'étend du Nord au Sud. Il me semble que Baluze s'est mépris sur ses dimensions quand il lui donne deux cents pieds pour le grand axe, et cent cinquante pour le petit; et je m'explique son erreur en supposant qu'il a mesuré le premier sans compter les gradins, et le second en les comptant. J'ai trouvé environ soixante mètres du Nord au Sud, et cinquante-cinq de l'Est à l'Ouest. On voit que, dans la construction du cirque, on a profité d'un mouvement de terrain, qui dispensait d'élever partout des murs d'une hauteur égale. Il est impossible de remuer la terre sans rencontrer des substructions; mais nulle part on n'a trouvé de parement, et, chose étrange, on n'aperçoit aux environs ni grandes ni petites pierres taillées, qui ailleurs se présentent de tous côtés à l'entour des monuments romains. Une tradition, que rien ne justifie, prétend que ce parement était en pierres de taille; mais ce luxe pour une localité aussi inconnue ne me paraît nullement vraisemblable. Si, comme on le prétend, on avait transporté à Tulle les pierres taillées de Tintignac, on en trouverait quelques vestiges, et je n'en ai rencontré nulle part. Je ne doute point que ces pierres de taille ne soient une invention du graveur de Baluze.

Il serait intéressant de fouiller les arènes de Tintignac, et le travail en serait facile et peu coûteux. M. le docteur Vidalin, propriétaire du sol, m'a non seulement promis de permettre les fouilles, mais s'est offert même pour diriger les ouvriers. J'estime qu'après la moisson dix terrassiers retrouveraient, en moins de quatre à cinq jours, toutes les substructions de l'amphithéâtre, et pourraient recueillir les débris qu'il renferme.

A peu de distance des arènes, on voit, dans un champ en friche, d'autres substructions qui m'ont paru celles d'une maison de quelque importance; car on y trouve des fragments de marbre et les débris d'un pavé en mosaïque, ou plutôt d'un *composto* fort semblable à une brèche naturelle. J'ai trouvé moi-même, en me promenant dans ce lieu (on le nomme *les Baraques*), un fragment d'une corniche en marbre, et la moitié d'un disque en granit poli, qui a toute l'apparence d'une meule; mais la nature de la pierre ne permet guères de supposer qu'il ait eu cet usage.

L'église de Navet, village éloigné de deux cents

pas de la route qui mène de Tintignac à Tulle, est remarquable par un magnifique retable en bois de châtaignier d'un travail précieux et d'une très grande proportion, car il couvre toute la paroi orientale de l'église. C'est, suivant l'ordinaire, une espèce de façade soutenue par des colonnes torses, richement ornées, avec des bas-reliefs dans les entrecolonnements.

Dans le fronton qui surmonte cette façade, on voit la Résurrection; les autres compositions sont tirées de la vie de saint Pierre à qui l'église est consacrée. Le travail se rapporte au commencement du XVIIe siècle, et la conservation en est parfaite. Il est rare de trouver une boiserie plus riche et de meilleur goût.

TULLE.

(*Tutela.*)

Petite ville, resserrée au fond d'un vallon étroit, par des montagnes abruptes qui semblent lui interdire tout accroissement. L'église cathédrale est mutilée. Suivant Baluze, elle était autrefois terminée à l'Orient par *quatre* chapelles, disposition assez remarquable, car presque toujours les chapelles qui entourent le chœur se présentent en nombre impair (1). Aujourd'hui la nef seule subsiste; les transsepts et le chœur ont été détruits. L'ancienne nef, fermée maintenant par un mur bâti à l'entrée du transsept, et altérée par des réparations modernes, ne paraît pas avoir été jamais bien remarquable par son architecture. Un vaste porche la précède, ouvert de trois côtés et surmonté d'une tour à trois étages, dont les deux derniers appartiennent probablement à la fin du XIVe siècle. Aux colonnes engagées dans les piliers épais qui contiennent le porche, à l'ogive découpée en festons de la porte d'entrée, au caractère général de l'ornementation en un mot, on reconnaît le style bysantin fleuri, tandis que les étages supérieurs du clocher annoncent, comme je le disais, une époque déjà avancée de l'art gothique. L'intérieur de l'église, ou plutôt la nef, se rapporte à cette période de transition, où le système bysantin montre déjà quelque tendance à se transformer en une architecture nouvelle. C'est en 1103 que l'église fut commencée, et je crois qu'elle ne fut achevée que dans les dernières années du XIIe siècle. Toutes les arcades sont en ogive; les voûtes garnies de puissantes nervures dont quelques-unes, peut-être les seules originales, sont ornées de chevrons. Les fenêtres sont en plein cintre, un petit nombre festonnées comme la porte d'entrée. Je crois qu'on

(1) V. l'Egl. de N.-D.-du-Port.

à retouché ou plutôt rasé les chapiteaux des colonnes engagées, car leur corbeille absolument lisse m'a paru toute moderne. Telle ne devait pas être leur forme primitive, et l'on peut s'en convaincre en les comparant à d'autres chapiteaux de style purement bysantin et d'un assez bon travail, qu'on voit à l'extérieur de l'église, sur le quai de la Corrèze. Ils étaient autrefois engagés dans le transsept dont il ne subsiste plus qu'une portion de mur du côté du Sud. Ce bras du transsept communiquait à un cloître dont il ne reste qu'une travée et quelques amorces de voûtes. D'après ces vestiges, on peut juger que ce cloître, un peu plus bas que la nef, avait une architecture du même genre que l'église, et seulement peut-être un peu plus moderne.

On voit à Tulle quantité de maisons anciennes du XVe et même, je pense, du XIVe siècle, avec leurs portes et leurs fenêtres en ogive, quelques-unes avec de longues corniches soutenues par des modillons fantastiques. Dans d'autres maisons construites à l'époque de la Renaissance, on trouve des détails d'ornementation très gracieux, mais, malheureusement, je n'en connais point qui ne soient fort altérés par des aménagements modernes. L'édifice le plus remarquable de la ville, à tous égards, est connu sous le nom de *Maison de l'Abbé*. Il ne faut pas croire pour cela qu'il soit antérieur à l'institution du siége épiscopal à Tulle (1317); sa date probable ne remonte au contraire qu'aux premières années du XVIe siècle, et sa décoration porte le cachet de l'époque de Louis XII, si chérie des amateurs. Des porcs-épics, sculptés au-dessus des chambranles, donnent même à cette date un nouveau degré de certitude, et sont moins contestables que les moulures qui se penètrent perpendiculairement, les fenêtres surbaissées du rez-de-chaussée, les feuillages frisés et toutes les fantaisies qui couvrent la façade. L'édifice a quatre étages percés chacun de deux fenêtres (1); celles du rez-de-chaussée étant très larges, la plus grande partie de la façade se trouve porter à faux; mais l'épaisseur et la solidité des murs ont prévenu les accidents que devait entraîner ce vice de construction. Deux tourelles flanquaient l'édifice; mais elles ont été rasées au niveau du toit, aussi bien que la galerie qui les réunissait selon toute apparence. Quant aux dispositions intérieures, elles n'offrent plus le moindre intérêt. Il faut en excepter une chambre du dernier étage où j'ai aperçu des fresques plus qu'à demi effacées par la poussière et l'humidité, et auxquelles les propriétaires de la maison n'avaient jamais fait attention. Sur la paroi la mieux conservée, on voit un saint Christophe portant l'enfant Jésus. Sur les autres, on distingue avec peine comme une procession de guerriers à cheval conduits chacun par un page. Toutes les figures sont au moins de grandeur naturelle. Au-dessus de l'une

(1) Il y a en outre deux fenêtres au rez-de-chaussée et deux autres pour éclairer l'escalier.

d'elles, j'ai lu le nom de Roland, ce qui m'a fait supposer que peut-être le peintre avait voulu représenter les pairs de Charlemagne. Je doute fort que, même avec tous les soins possibles, on parvînt à raviver les couleurs; mais il serait intéressant de l'essayer.

Vaste et située au centre de Tulle, cette maison serait bien appropriée à un hôtel de ville. Le propriétaire, M. Sage, consentirait à la céder pour la faible somme de 17,000 fr. D'un autre côté, on se plaint tous les jours de l'incommodité et de l'insuffisance de la Maison commune actuelle; en sorte que cette translation serait agréable à tout le monde. Je vous prierai, Monsieur le ministre, de vouloir bien appeler sur cette affaire l'attention de M. le préfet de la Corrèze, qui, d'ailleurs, apprécie tous les avantages que présente la *Maison de l'Abbé*. Au besoin même, je n'hésiterais pas à vous proposer de prendre, à votre charge, une partie de la dépense; car la nouvelle destination donnée à ce monument serait la meilleure manière de le conserver; ce serait aussi une occasion de le réparer convenablement, ce qui pourrait se faire à très peu de frais.

Tout près de cette maison, on montre la base d'une très ancienne tour ronde (on la dit du IXe siècle), seul vestige des anciennes fortifications de Tulle. Rien de remarquable, si ce n'est la grossièreté de l'appareil et l'épaisseur de la maçonnerie.

DOLMEN DE CLAIRFAGE,

ENCEINTE DE ROC-DE-VIC.

Mon désappointement, dans la recherche des monuments celtiques, aux environs de Mehun, ne m'empêcha pas d'entreprendre une excursion dans le même but, à quelques lieues de Tulle. On m'annonçait une foule de monuments gigantesques, plusieurs cromlech's, des rochers taillés de main d'homme, etc. Je vis, en effet, quantité de pierres, quelques-unes fort pittoresquement groupées ou remarquables *de loin* par leur forme, mais toutes incontestablement l'œuvre de la nature : non point toutes pourtant, et ma longue promenade ne fut pas aussi infructueuse que celle de Mehun ; car je vis un dolmen bien authentique et assez bien conservé, et en outre, une enceinte d'origine inconnue, fort curieuse et différant, à plusieurs égards, de tous les camps que j'avais observés jusqu'alors.

Le dolmen (au hameau de Clairfage) est connu sous le nom de *Peyre levade*, c'est le nom générique dans le pays de tous les monuments de cette espèce. Il est fort enterré, n'ayant pas plus de trois pieds au-dessus du sol; mais on l'a récemment creusé à l'intérieur, sans arriver pourtant à la base des impostes, de manière qu'on peut se tenir facilement debout sous la pierre horizontale. Quatre pierres le composent, trois enfoncées en terre, et fortement inclinées en dedans, assemblées à angle droit et recouvertes par une quatrième un peu inclinée vers l'entrée du dolmen. Cette dernière a sept pieds dans son plus grand diamètre ; mais la forme en est tout à fait irrégulière : son épaisseur varie de deux pieds à dix pouces. Suivant l'usage, le dolmen est fermé à l'Ouest et ouvert à l'Est. Peut-être autrefois était-il plus considérable, car quelques fragments épars à l'entour me donnent lieu de croire que d'autres pierres existaient vers l'entrée. Nulle trace de travail sur les parois ni sur la table. Ce sont de larges blocs de granit à peu près plats, irréguliers et tout à fait bruts.

L'enceinte entoure le sommet d'une montagne qu'on dit la plus élevée du département et nommée le Puy-de-Roc-de-Vic. Elle se termine par un petit plateau tout hérissé de rochers et dont la forme se rapproche d'un cercle ou plutôt d'une ellipse. D'un côté, les pentes qui mènent au plateau sont couvertes de rochers éboulés, et confusément entassés les uns au-dessus des autres ; ailleurs, bien que raides, elles sont accessibles aux chevaux du pays. Sur ce plateau, je devrais dire, en raison de sa surface accidentée, sur ce sommet, se trouvent les ouvrages que je vais décrire. Un fossé l'entoure, large de quinze à vingt pieds, profond encore aujourd'hui de plus de cinq. Là, seulement, où les masses de rochers formaient une barrière naturelle et infranchissable, le fossé est interrompu, mais reparaît bientôt au-delà. Partout, les terres ont été rejetées à l'intérieur de l'enceinte, et son développement m'a paru d'environ six cents mètres. Un passage assez étroit qui traverse le fossé indique l'ancienne entrée.

Vu de loin, le Puy-de-Roc-de-Vic paraît avoir deux sommets très rapprochés, l'un formé par des masses de granit fendues et déchirées de cent manières bizarres; l'autre, par un mamelon conique assez régulier, ayant à peu près cinquante pieds de diamètre à sa base. Celui-ci, en face de l'entrée du retranchement, est élevé de main d'homme, et se compose de pierres toutes de moyenne grosseur, entassées pêle-mêle avec un peu de terre. Si l'on veut, ce sera la principale redoute du camp, une sorte de citadelle intérieure. On reconnaît, sur le sommet de cette éminence artificielle, les substructions d'une espèce de tour de forme singulière; c'est un carré tangent à un cercle. On peut prendre cela pour un observatoire; car, si cette tour eût été destinée à servir de défense, je doute qu'elle eût pu renfermer plus de quatre ou cinq combattants.

Jusqu'ici j'ai supposé que cette enceinte avait été un camp, ou bien un oppidum de refuge pour quelque peuple encore bien sauvage; mais cette supposition est à peu près gratuite, car elle ne s'appuie que sur une analogie assez vague avec quelques enceintes ou romaines ou barbares, que l'on considère généralement comme des ouvrages militaires. Celle-ci s'en distingue d'abord par son médiocre développement, par cet amas de pierres de forme conique, enfin par la tour qui le surmonte. Le choix du lieu, que son inégalité rend détestable pour camper, et l'éloignement de l'eau, sont des arguments assez forts contre sa destination militaire. Ce que j'ai d'abord appelé une redoute, pourrait fort bien être un tumulus, un gâlgâl, un tombeau ayant à son sommet une petite tour au lieu d'un stêle ou d'un peulvan, comme on en voit en Bretagne. Le fossé ne serait qu'une enceinte sacrée comme celle de Stone Henge. Il serait bien à désirer qu'on fouillât le cône de pierres. Jusqu'à ce qu'on ait découvert dans l'enceinte quelques objets caractéristiques, comme armes, poteries, ossements, etc., je crois prudent de s'abstenir de conjectures sur son origine.

A quelques lieues de Tulle, sur la route d'Aurillac, on voit, auprès d'une maison isolée, une pierre plate, d'un mètre à peu près de côté, inclinée sur une autre pierre verticale, mais très basse ou profondément enterrée. Ce lieu s'appelle Peyre Levade. Sans ce nom remarquable, je n'aurais fait aucune attention à ces pierres, qui peut-être ont fait partie d'un dolmen, détruit depuis long-temps, car on n'en connaît point d'autre aux environs qui ait pu donner un nom à cette localité.

Plus loin, entre Argentat et Saint-Mamet, j'ai observé, près de la route, deux éminences, qui m'ont paru des tumulus; mais la nuit venait et je ne pus les examiner convenablement. L'un, à gauche de la route, me semble bien authentique; l'autre, plus éloigné, m'inspire des doutes. Des pierres assez grosses, au sommet de ces petites éminences, sont peut-être les débris de dolmens ou bien de peulvens, comme on en trouve beaucoup sur les tumulus des champs de Carnac et d'Erdeven.

AURILLAC.

Dévastées pendant les guerres de religion, les églises d'Aurillac ont en grande partie perdu leur caractère primitif. Saint-Géraud, la plus ancienne (car la fondation de l'abbaye est fort antérieure à l'existence de la ville), rebâtie vers la fin du xve siècle, ou au commencement du siècle suivant, offre tous les défauts du style gothique lors de sa décadence: piliers sans chapiteaux pénétrés par les nervures de la voûte, ornementation flamboyante, d'ailleurs des plus mesquines. Il ne reste de la première église d'Aurillac, ou plutôt de l'église bâtie dans le xie siècle, que quelques portions de murs, et des colonnes engagées, oubliées dans la restauration du xve. Le chœur seulement et les dernières travées de la nef sont terminés, et un mur provisoire ferme l'église à l'Occident. En face, à l'autre extrémité de la place Saint-Géraud, trois arcades en plein cintre, entourées de billettes, et flanquées de colonnes bysantines à rinceaux, sont enclavées dans une maison toute moderne. On dit qu'elles faisaient partie autrefois de l'abbaye, et que là était le logement de l'abbé. Au style des chapiteaux, couverts de rinceaux médiocrement travaillés, je crois cette construction de la fin du XIe siècle. Je copie, avec un peu de défiance, ce fragment d'inscription tracé sur une corniche, car les lettres, oblitérées par une couche épaisse de badigeon et mutilées depuis long-temps, ne sont plus facilement lisibles :

S... ECCLE QUI ES HOMINV̄ DOMVS ATq : REFECLIO FRATRV̄ APTANTVR AD OS... QVICVMQVE. . . . .

Sur la place, en face de l'église, on voit une fontaine dont la vasque en serpentine polie me paraît très ancienne. Nulle ornementation, d'ailleurs, ne peut fournir de renseignement sur son origine. Les uns la croient antique, d'autres, avec plus de probabilité, selon moi, prétendent qu'elle provient de l'abbaye du XIe siècle.

Rien de remarquable dans l'autre église d'Aurillac (autrefois les Cordeliers), qui m'a paru de la fin du XIVe siècle, si ce n'est la forme des fenêtres, étroites comme des meurtrières, et de tout point semblables à celles que j'ai signalées dans plusieurs églises de la Creuse et du Limousin. Une Cène, attribuée au Bassan, est appendue dans la nef. Bien que ce tableau ait beaucoup souffert, et des injures du temps, et de retouches maladroites, il est impossible de n'y pas reconnaître un grand style. Saint Jean, la tête appuyée sur le sein du Sauveur, a tout l'air d'une femme, ce qui ne laisse pas de changer le caractère de la composition, au point qu'un étranger, me dit-on, crut qu'elle représentait une orgie de l'Enfant prodigue. En général, les têtes sont belles, mais manquent d'expression : le coloris est puissant, mais je le trouve médiocrement harmonieux.

Quelques jours avant mon arrivée, on avait découvert, au village d'Arpajon, à deux lieues d'Aurillac, un assez grand nombre de terres cuites antiques. Toutes celles qu'on me montra étaient d'une blancheur singulière, et d'abord je fus tenté de les prendre pour des plâtres. La terre qui, cependant, a été soumise à l'action du feu, est légère, dure, et d'un grain parfaitement égal. Parmi tous les objets que j'examinai, il n'y en avait pas un seul qui n'eût été moulé dans un moule composé d'une seule pièce ou de deux au plus. C'étaient des figurines, mutilées pour la plupart, hormis une Vénus, haute d'un pied environ, et fort bien conservée. On en trouve un grand nombre de semblables dans toute la France, et elles semblent la copie grossière d'un original précieux. La déesse est nue, le bras gauche tombant le long de la cuisse; la main droite relevée à la hauteur de la tête, semble rajuster les boucles de sa coiffure. Il y avait en outre quantité de petits animaux, des chiens ou des renards surtout, accroupis comme les chacals des monuments égyptiens; plusieurs bustes d'enfant, très petits et fort grossiers (1), des coqs, enfin, une figurine de femme tenant un lapin. Je ne sais trop comment expliquer la réunion dans le même lieu de toutes ces bagatelles, et l'on eût dit que toute la boutique d'un mouleur eût été enfouie à la fois.

M. le préfet du Cantal eut la bonté de me faire voir les collections particulières de la ville; mais je n'y observai rien de bien remarquable, si ce n'est une hache celtique, longue de deux pieds. Je n'en avais jamais vu d'aussi grande. Sur beaucoup de fragments de poteries rouges ou noires d'origine romaine, j'ai trouvé presque constamment ces deux noms de fabricants : MOKSIUS et FASIUS. Un seul fragment offrait l'inscription suivante, fort lisible, mais que je ne puis en aucune façon expliquer :

ACVI BILIAP

(1) Destinés peut-être à être appendus dans un temple comme ex-voto ?

ÉGLISE DE SAINT-SERNIN.

CHATEAU D'ANJONY.

Avant de quitter le département du Cantal, je désirais visiter le château de Tournemire, célèbre par la prise d'Aimérigot Marcel, fameux routier du XVe siècle, dont Froissart a si dramatiquement conté les aventures. Ma route me conduisit d'abord au village de Saint-Sernin, dont l'église, autrefois bysantine, a perdu presque tout son caractère par une réparation moderne. On ne reconnaît son origine que par un reste de portail au Sud, fort simple d'ailleurs et de plus mutilé, et par une rangée de modillons fantastiques autour du chœur. Il ne semble pas qu'il y ait jamais eu d'apside. Ce que Saint-Sernin offre de curieux maintenant, ce sont quelques boiseries du chœur, de la fin du XVe siècle, mais mal entretenues et *peintes à l'huile.* Il n'en reste aujourd'hui que quatre panneaux divisés, en plusieurs bas-reliefs, par un rinceau qui les sépare et les encadre, et dont le motif est la racine de Jessé. Rien de plus gracieux, de plus finement exécuté que ces petites figurines, et je désirerais qu'elles fussent nettoyées et moulées avec soin.

Arrivé au but de mon excursion, je ne trouvai que *la place* du château de Tournemire; mais en revanche, dans le même lieu, se présenta à moi un autre château, fort remarquable, celui d'Anjony, dont la conservation est encore parfaite.

Dans une de mes précédentes tournées, j'avais noté, comme un fait curieux, quatre châteaux bâtis sur la même hauteur (à Chauvigny, Vienne), presque contemporains, et très rapprochés les uns des autres. Mais à Chauvigny, on peut s'expliquer la réunion dans le même lieu de ces ouvrages militaires; car ils semblent avoir eu pour objet évident d'obliger l'assaillant à diviser ses forces, et à entreprendre quatre siéges successifs, au lieu d'un seul. Au milieu d'une ville, on conçoit sans peine un tel système de fortification.

Sur la montagne de Tournemire, il existait autrefois, dit-on, cinq châteaux possédés par cinq seigneurs différents, et ces châteaux sont autant, sinon plus rapprochés que ceux de Chauvigny. Celui d'Anjony seul reste debout: à une portée de fusil, on voit les ruines du château de Challier; le château de Tournemire, à même distance à peu près, s'élevait au milieu du village de ce nom. J'ignore le nom et l'emplacement des deux autres; mais ils ne pouvaient qu'être très voisins des premiers, comme on peut s'en convaincre en examinant le sommet de la montagne. Or, comment concevoir la construction de ces cinq forteresses, à une époque où tous les nobles vivaient, sinon en guerre les uns contre les autres, du moins en défiance continuelle? J'aurais vivement souhaité de consulter les archives du pays pour y trouver la solution de ce curieux problème, mais il m'a été impossible de me procurer le moindre renseignement à cet égard. Je suppose, et cela sans autre fondement que ce qui me semble une probabilité, je suppose, dis-je, que dans le principe les cinq châteaux ont appartenu à une même famille, dont l'héritage s'est divisé dans la suite au point d'avoir cinq maîtres différents. Toute gratuite que soit cette hypothèse, je l'admettrai plus volontiers, que je ne croirai à cinq seigneurs féodaux vivant en si bonne intelligence, que chacun laissât son voisin se fortifier tranquillement en vue de ses murailles. Quoi qu'il en soit, je n'ai à m'occuper que du château d'Anjony, car les ruines voisines n'ont plus aucun intérêt archéologique.

Il est situé sur une hauteur abrupte détachée de la chaîne du Cantal, sur une espèce de cap escarpé, séparant deux vallées profondes. On y monte par une pente fort raide qui serpente longtemps au milieu des rochers. Au sommet de la montagne est un plateau de forme triangulaire, et c'est à la pointe du triangle que s'élève le château d'Anjony. Son plan très régulier représente un petit carré flanqué à chaque angle d'une grosse tour ronde. Ses courtines sont très étroites et, de même que les tours, couronnées de machicoulis. Des bâtiments modernes ont un peu altéré l'aspect de l'édifice, en masquant la porte d'entrée primitive. Deux grandes salles, l'une au-dessus de l'autre (1), occupent le carré compris entre les courtines; dans trois tours il y a des chambres en communication avec ces grandes salles, la quatrième tour sert de cage à un escalier. Au rez-de-chaussée, dans l'intérieur d'une tour, est une petite chapelle, dont toutes les parois sont couvertes de fresques représentant les différentes scènes de la Passion. Bien que d'une incorrection choquante, ces peintures ne manquent pas d'une certaine grâce naïve; je les crois du XVe siècle. Tout l'édifice est fondé sur des caves profondes, qui s'étendent même sous un préau devant la porte d'entrée. Ces souterrains immenses servaient, je le suppose, de magasins à la garnison du château. Autant que j'en ai pu juger par le système général de la construction, par quelques ornements des voûtes, par l'appareil et le couronnement des murs, le château d'Anjony doit remonter au moins au XIVe siècle. Sa forme et ses dimensions médiocres le font ressembler à un donjon, et, si mon hypothèse sur les châteaux de Tournemire est exacte, il n'a pas eu peut-être d'autre destination dans l'ensemble des ouvrages militaires qui couvraient autrefois le plateau.

(1) La salle supérieure est voûtée; l'autre n'a qu'un plafond soutenu par de grosses poutres.

FIGEAC.

(Figiacum.)

Je me suis arrêté quelques heures à Figeac, en me rendant à Rodez. Toute la ville est remplie de maisons anciennes, avec portes et fenêtres en ogive. Quelques-unes, qui paraissent dater de la Renaissance, se font, moins que les autres, remarquer par l'élégance de leur architecture (1). Parmi les premières, la mieux conservée se trouve sur une place, dans la partie haute de la ville; sa façade présente trois fenêtres en ogive, avec des tympans très riches, dont l'ornementation m'a paru appartenir à la fin du XIVe siècle. J'y remarque le même vice de construction qui caractérise quantité de bâtisses de la même époque; ce sont les arcades supérieures en porte-à-faux sur celles du rez-de-chaussée. En dépit des théories, cela subsiste et durera long-temps encore.

Deux églises, fort intéressantes, ont surtout attiré mon attention. La première, sans doute à cause de sa situation au sommet de la hauteur à laquelle la ville est adossée, nommée *Notre-Dame-du-Puy*, paraît avoir passé par un grand nombre

(1) Il faut pourtant citer avec éloge la porte d'une maison qui passe pour avoir appartenu à François Galiot, seigneur d'Assier, grand-maître de l'artillerie, mort en 1544.

de réparations successives, depuis sa première construction, qui remonte à l'époque bysantine, c'est-à-dire, je crois, à la fin du XIe siècle. Le peu de soin avec lequel ces réparations ont été conduites a dénaturé l'église d'une manière bien fâcheuse, et les parties les plus anciennes se trouvent cachées comme à dessein, tantôt sous un placage gothique, tantôt par des dispositions tout à fait modernes. La forme de Notre-Dame est celle d'une basilique terminée par trois apsides. A l'entrée de la nef, et surtout au fond du chœur, on remarque quelques chapiteaux bysantins, d'un travail élégant, la plupart historiés. Les autres ont été rasés ou remplacés par des ornements d'un autre caractère. Devant l'apside principale, au fond du chœur, s'élève un grand retable, du commencement du XVIIe siècle, ou plutôt une espèce de façade isolée, qui masque toute la partie orientale de l'église; mais ce retable, bien que j'aimasse mieux le voir ailleurs, est en lui-même un morceau très curieux, et d'une richesse extraordinaire. Quatre colonnes torses, d'un travail exquis, soutiennent un large fronton couvert d'une profusion de moulures. Çà et là, un goût épuré peut reprendre, il est vrai, des détails ou mal placés ou bizarres à l'excès, mais il est impossible de ne pas reconnaître et de ne pas admirer la magnificence de l'ensemble. Peu de boiseries du même temps pourraient entrer en comparaison avec celles-là, et l'exécution matérielle me semble au-dessus de tout éloge. Je blâmerai pourtant le mélange de peintures, très médiocres, entremêlées à ces sculptures magnifiques, qui leur servent d'encadrement. Au lieu de ces panneaux mal peints, j'aimerais mieux des bas-reliefs et des statues. D'ailleurs, je dois dire que les tableaux que je critique sont plus modernes que la boiserie, et peut-être ont-ils été substitués à des panneaux sculptés.

La porte occidentale de Notre-Dame, du moins le placage gothique assez riche, mais cruellement mutilé, qui la recouvre, m'a paru de la fin du XVe siècle.

Saint-Sauveur, dans le bas de la ville, sur le bord de la rivière, autrefois riche abbaye de Bénédictins, soumise après de longs débats à l'abbé de Conques, a subi, de même que Notre-Dame, maintes réparations maladroites, sous lesquelles il faut chercher son caractère original. Construite probablement à la fin du XIe siècle, à l'époque la plus brillante du style bysantin, elle a été réparée d'abord au XIVe siècle; puis l'on dirait que, par une funeste manie, on n'a cessé d'y faire des additions et des changements continuels, jusqu'à ce qu'enfin le XIXe siècle ait achevé de la défigurer, en y appliquant une façade de la plus déplorable architecture (1).

(1) On m'assure que cette façade a été construite il y a moins de vingt ans, et qu'à cette occasion l'on a démoli un magnifique porche bysantin encore passablement conservé! — Il reste à droite de la façade une cage d'escalier en saillie sur le mur, et qui est de construction ancienne.

Saint-Sauveur a la forme d'une croix latine avec trois apsides à l'Orient. A l'intersection des transsepts, s'élève une tour surmontée d'un dôme en calotte allongée, assez semblable à une cloche; c'est une addition ou une réparation tout à fait moderne. Tout le haut de l'église porte les traces d'une grande restauration (1), qui, du côté Nord, n'a pas même respecté les arcades inférieures dont la plupart des chapiteaux ont été rasés ou remplacés sans discernement. Le côté Sud est mieux conservé; je devrais dire qu'il a moins souffert que le reste, et c'est là qu'il faut étudier les dispositions primitives, ou plutôt les plus anciennes modifications. Au-dessus d'arcades en plein cintre règne une galerie bouchée en ogive, laquelle me semble ou ajoutée, ou presque entièrement refaite au XIVe ou XVe siècle. Le sommet de chaque travée est occupé par une fenêtre dont les meneaux s'étendent jusqu'à l'intrados de l'ogive, de même que dans le style perpendiculaire anglais. Au Nord, il n'y a point de galeries, mais des fenêtres beaucoup plus longues. Dans les bas-côtés, le petit nombre de fenêtres que l'on peut regarder comme construites au XIe siècle sont en plein cintre et remarquablement étroites.

Le chœur, séparé des apsides par un passage semi-circulaire, a conservé plus exactement le ca-

(1) A l'exception peut-être d'une portion de la voûte dans le transsept Sud, garnie de nervures rondes et chevronnées, en apparence fort anciennes.

ractère de son origine. Piliers, arcades, fenêtres, ornementation, presque tout appartient à l'époque bysantine. J'ai examiné plusieurs chapiteaux d'une magnifique exécution (1), et qui, par l'excellent goût de leurs entrelacs, rappellent les plus élégants chapiteaux moresques. Sans doute, avant la restauration de l'église, une galerie régnait le long des transsepts unissant la nef au chœur; aujourd'hui, il ne reste plus que les modillons ou les consoles qui soutenaient cette galerie. Très ornées et pour la plupart historiées, elles présentent une foule de motifs bizarres, mais d'un travail très curieux.

Successivement des chapelles se sont ajoutées à la nef, quelques-unes, où j'ai observé quelques détails bysantins ou de transition, n'avaient point, on le pense bien, une semblable destination dans le plan original : c'étaient, je le suppose, des espèces de vestibules pour des entrées latérales. Cela ne me semble pas douteux pour une chapelle donnant dans le collatéral Nord, et remarquable par une rose en forme de roue percée dans la muraille du fond.

Parmi les colonnes engagées dans les piliers de la nef, on en voit un assez grand nombre tronquées à la base, et cela sans aucun égard pour la symétrie. Si cette disposition étrange n'est pas

(1) D'autres chapiteaux beaucoup plus grands et encore plus remarquables peut-être, déposés à terre dans des chapelles, proviennent de l'ancien porche, si malheureusement détruit.

primitive, elle est du moins fort ancienne, car plusieurs de ces colonnes se terminent par des consoles historiées, d'un style qu'on ne peut guère rapporter qu'à l'époque de transition, supposé qu'elles ne soient pas encore antérieures.

En face du transsept Sud est une grande chapelle un peu plus basse que l'église qui, peut-être, servait autrefois de salle capitulaire. Deux colonnes isolées reçoivent les nervures de la voûte. L'ornementation de la chapelle, d'ailleurs assez médiocre, se rapporte au XIVe siècle, et, si telle n'est pas la date de sa construction, il faut croire au moins qu'à cette époque elle a reçu une réparation très considérable.

Bien que l'amortissement des murs extérieurs porte les traces de restaurations successives, on remarque, avec quelque surprise, un cordon de modillons fantastiques d'origine bien évidemment bysantine, qui règne le long de la corniche. Je ne puis m'expliquer leur présence qu'en supposant qu'ils ont été toujours replacés dans les différentes restaurations, avec un soin qui n'est pas sans exemple, car tel est le cas pour plusieurs églises, notamment Sainte-Radegonde, à Poitiers.

J'ai lu dans le chœur cette étrange inscription peinte sur un arc doubleau : *Dieu m'a ornée* 1540. *Dieu m'a réparée* 1761. Nulle trace d'une décoration telle qu'on pourrait l'attendre du XVIe siècle ; quant aux réparations du XVIIIe, elles ne sont malheureusement que trop évidentes.

Au Nord de Saint-Sauveur on voit une petite église qui n'en est séparée que par une rue assez étroite. Autrefois, m'a-t-on dit, c'était une église paroissiale : maintenant c'est une propriété particulière, et elle sert de magasin. D'après sa position, j'aurais pensé qu'elle avait fait partie des bâtiments de l'Abbaye. Construite au xve siècle, elle n'offre à l'intérieur rien qui mérite d'être cité ; mais sa façade est remarquable par une immense ogive très ornée et qui en occupe presque toute l'étendue. Dans l'intérieur de cette ogive sont percés une porte, et au-dessus, une rose d'un travail très délicat.

En partant pour Villefranche, j'ai remarqué sur la montagne qui domine Figeac un obélisque octogone très élancé, construit de moellons et fort semblable à plusieurs monuments de ce genre qu'on rencontre souvent dans les cimetières du Limousin et du Languedoc. La tradition populaire veut qu'ils aient été bâtis par les Anglais et qu'ils servissent à porter un fanal. Quant au premier fait, l'apparence de ces obélisques, presque tous du xive ou xve siècle, le rend assez probable. Le second est parfaitement absurde, car, pour atteindre au sommet, il faudrait non point une immense échelle, mais un échafaud. Entièrement isolé de toute habitation, loin de toutes ruines, l'obélisque de Figeac n'a rien qui indique sa destination ; aucune inscription n'y est gravée et la date en est inconnue. Quelques antiquaires pensent, non sans probabilité, qu'il indiquait au moyen-âge la limite d'une certaine juridiction, celle des magistrats de Figeac par exemple.

VILLEFRANCHE.

Grande église du XVe-XVIe siècle sans caractère et presque dépourvue d'ornementation, malgré l'excellence de la pierre du pays qui par sa dureté et la finesse de son grain est merveilleusement propre à la sculpture. Pourtant, grâce à sa position sur une place entourée d'arcades, elle produit un meilleur effet qu'on n'en pourrait attendre de son architecture. La façade en raison de sa hauteur, et peut-être aussi par quelques faibles tentatives de décoration, est la partie la plus remarquable, on pourrait dire la seule remarquable de tout l'édifice. Elle se compose d'une tour élevée, supportée par d'énormes contreforts obliques; à sa base est un porche auquel on accède de trois côtés par autant d'arcades, toutes fort élevées, et dont les archivoltes ornées de quelques moulures pénètrent les piédroits, suivant le système ordinaire dans la décadence du gothique. Au-dessus de l'arcade qui précède la porte principale de l'église, on voit une fenêtre géminée assez étroite et qui le paraît davantage au milieu de la grande surface lisse où elle se trouve. Des contreforts obliques dont j'ai parlé, part une balustrade flamboyante régnant au-devant d'une terrasse qui marque le niveau du second étage. Une porte servant aussi de fenêtre, car son amortissement est une grande ogive géminée, communique à cette terrasse et éclaire le haut de la tour un peu en retraite sur sa base. Vient ensuite une assez large plateforme sur laquelle, mais fort en retraite, s'élève un petit clocher en bois, addition toute moderne en apparence. Quelques clochetons très médiocrement ornés garnissent les angles des contreforts, mais déguisent mal leurs proportions exagérées. Rien, selon moi, ne caractérise mieux l'étrange transformation qui s'opéra au XVe siècle dans le système gothique, que l'énorme saillie qu'on donna alors aux contreforts des tours. Désormais elles perdirent l'apparence de légèreté qui les distinguait et que les architectes du XIIIe siècle s'étaient étudiés à donner à toutes leurs constructions. Quelquefois, il est vrai, un grand luxe d'ornementation déguise un peu la lourdeur de leurs masses, et nous en avons vu un exemple remarquable dans la tour de Beurre à Bourges. Mais ici rien ne rachète ce défaut, et l'absence de tous détails qui pourraient détourner l'attention, le rend même plus sensible.

Le chœur, qui m'a paru la partie la plus ancienne de l'église, n'est éclairé que par des fenêtres très-étroites et, au lieu d'arcs-boutants, des contreforts saillants achèvent de lui donner une ressemblance frappante avec les églises de la Creuse et de la Haute-Vienne, bâties dans un système gothique bâtard, que j'ai déjà eu plusieurs fois l'occasion de signaler. Malgré la hauteur des voûtes, les arcs-boutants sont inutiles dans ce système, en raison du peu de vides laissés dans les murs latéraux. J'ai déjà parlé de l'absence presque complète d'ornementation dans l'église de Villefranche ; la porte occidentale présente seule une suite de voussures assez riches remplies de dais bien travaillés, espacés régulièrement, mais laissant entre eux une trop forte proportion de parties lisses pour produire un effet d'ensemble satisfaisant. On remarquera de plus qu'il n'y a pas une juste relation entre la grandeur de la porte et ses ornements beaucoup trop petits et trop détaillés.

On voit à Villefranche, particulièrement dans la grande rue, plusieurs maisons des XVe et XVIe siècles ; quelques-unes assez jolies. Une, entre autres, m'a frappé par l'originalité de sa façade. Au-dessus de la porte s'élève une tourelle carrée, en encorbellement, portée par un groupe de monstres fantastiques. Les chambranles des fenêtres, couverts de feuillages et de rinceaux d'assez bon goût, le style général de toutes les sculptures, me paraissent se rapporter à l'époque de Louis XII.

RODEZ.

(Ruthenæ.)

La cathédrale de Rodez, située sur le point le plus élevé de la ville, s'annonce de loin par sa masse imposante. Vue de plus près, elle ne justifie pas l'impression qu'elle avait produite à distance, et, malgré sa grandeur et l'élégance de quelques-uns de ses détails, elle ne peut soutenir la comparaison avec les églises bâties dans les beaux temps du système gothique. C'est pourtant au XIIIe siècle qu'elle fut commencée; mais sa construction, poursuivie avec lenteur, dura fort longtemps: elle n'est point encore achevée aujourd'hui (1).

Son plan est une croix latine, avec des transsepts si courts, qu'ils ne dépassent pas les murs extérieurs des chapelles latérales. Elle a deux autels opposés, l'un à l'Orient, l'autre à l'Occident;

(1) Les fondements furent jetés par l'évêque Raymond Ier, en 1274 G[a] X[a]. *Ac primùm cùm videret ecclesiam penè collabentem, novi templi longè amplioris quale nunc visitur fundamenta jecit.... Fayditus d'Aigrefeuille* (1364) *dedit ad ecclesiæ sarta tecta facienda mediam partem fructuum beneficiorum vacantium.* Guillaume II en fit de même en 1404. *Guillelmus præ ceteris episcopis ecclesiæ fabricam diu antea inchoatam auxit. Turrim adhuc superstitem ædificavit* (1444).

Bertrandus de Chalançon (1470) *absolvendæ majoris ecclesiæ animum intendit et partem, ædium episcopalium quæ huic operi obicem ponebat evertit*, etc.

mais cette disposition n'a qu'une apparence commune avec celle qui caractérise la plupart des églises rhénanes. De même qu'à Sainte-Cécile-d'Alby, les chanoines s'étaient réservés ici l'autel à l'Orient; la partie occidentale de l'église est attribuée au service de la paroisse. Une autre circonstance explique la position d'un autel à l'Occident. Autrefois, dit-on, la façade de ce côté était enclavée dans les remparts de la ville, notamment les deux tours inachevées qu'on voit à l'extrémité Ouest de la nef. Sans doute, la destination *militaire* de cette partie de l'église empêcha de placer l'entrée principale sur un point naturellement exposé, et qui, d'ailleurs, était à cette époque hors de la ville (1).

La disposition du chœur et celle de la nef sont semblables. Des piliers élevés, mais lourds, les séparent des collatéraux. On se représentera la forme de ces piliers, en supposant un noyau cylindrique flanqué de quatre colonnes engagées, qui viennent s'y souder et s'y fondre insensiblement. De loin, cette forme n'est nullement agréable, peut-être parce que l'œil a peine d'abord à s'en rendre compte. Au lieu de lignes nettes et fortement tranchées, comme celles que produisent des colonnes qui se détachent franchement de leur noyau, on ne voit ici que des ombres vagues, et

(1) Raymond d'Aigrefeuille renouvela et répara, en 1351, les remparts de Rodez.

qui ne dessinent pas le pilier. Point de chapiteaux, mais seulement une moulure, qui, suivant les contours du pilier, rappelle un peu, par ses ressauts bizarres, les ornements contournés du XVIIIe siècle. Au-dessus des hautes arcades que portent ces piliers, règne une galerie trop basse et trop étroite pour la grandeur des arcades inférieures, défaut de proportion analogue à celui que je remarquais dans la cathédrale de Bourges, et sur lequel je ne reviendrai pas. Des moulures *perpendiculaires*, dans le style anglais, encadrent chaque ogive de cette galerie. Une seule fenêtre, médiocrement large, éclaire le haut de chaque travée. Il faut noter son tympan flamboyant et très tourmenté, dont les courbes (*tracery*), prolongements des meneaux, commencent bien avant la naissance de l'ogive maîtresse.

Ce n'est qu'aux portails latéraux qu'il faut chercher une ornementation véritablement riche et élégante. Bien que mutilées, leurs portes offrent encore une foule de jolis détails, d'une exécution très précieuse, et qui font regretter la perte de toutes les figurines qui remplissaient les voussures. Il ne reste plus que des clochetons élancés, de jolis dais, peut-être trop capricieusement découpés, mais en somme de l'effet le plus agréable. C'est, je pense, à la fin du XIVe siècle qu'ont été construits les deux portails, Nord et Sud.

En dehors de l'église, un peu au-delà du transsept Nord s'élève une grosse tour carrée, qui passe à Rodez pour le plus beau monument de la ville; mais mon admiration ne répondit point à l'attente que l'on m'en avait fait concevoir. Bien que les étages supérieurs soient tout à jour, et d'une construction très hardie, l'aspect n'en cause pas pour cela plus de surprise, et même l'impression de lourdeur est la première que l'on éprouve. Pour apprécier le mérite de cette tour, il faut, ou la contempler de fort loin, des montagnes qui environnent Rodez, et voir le jour passer à travers ses découpures, ou bien encore, il faut en avoir visité l'intérieur; mais alors, c'est le raisonnement, en quelque sorte, et non la vue, qui en fait concevoir la légèreté réelle. D'une base carrée, flanquée de tourelles aux angles, partent huit piliers réunis par plusieurs rangs d'arcades, et décorés d'une profusion de pinacles et d'ornements flamboyants. Ces piliers portent la plateforme. Rien de plus léger, sans doute; mais on a craint pour leur solidité, et l'on a cru devoir les renforcer d'arcs-boutants et de contreforts décorés également de clochetons, de dais, de bouquets de feuillages (1). Dans cette multitude de détails, qui, comme un réseau, entourent l'octogone central, l'œil ne peut démêler ni plan ni symétrie. Rien ne se détache nettement sur le ciel; on ne saisit pas une forme régulière ou qui explique le plan de l'architecte : on ne voit qu'une masse confuse, dont

(1) Ils sont trop grossiers pour produire un bon effet, même de loin.

on ne peut démêler le profil. Au centre de l'octogone, s'élève un escalier en hélice qu'on ne voit que de l'intérieur, et qui a l'inconvénient de boucher les arcades jetées entre les huit piliers; en sorte que l'ensemble forme une masse noire, au lieu de ces fines découpures à jour, que les premiers architectes gothiques ménageaient avec tant d'art dans les tours du XIIIe siècle. Par cet escalier, on arrive à la plateforme supérieure, entourée d'une balustrade bizarre, et si haute qu'on devrait plutôt l'appeler un mur ou une cloison travaillée à jour. Rien, dans un édifice, ne produit un aussi mauvais effet qu'une chose dont la forme est en contradiction absolue avec sa destination. Or, je le demande, qu'est-ce qu'une balustrade tellement faite que, pour regarder en bas, il faille l'escalader?—Un lanternon, surmonté d'une statue de la Vierge, patronne de la cathédrale, couvre la cage de l'escalier, et, comme il se trouve fort en retraite sur la plateforme, il ne paraît jamais à son avantage, même de loin, sinon quand on l'aperçoit d'un point aussi élevé que l'est la plateforme.

Sur le couronnement du lanternon, on lit ces mots : *Consummatum est* 1531. A la hauteur des toits de la nef, une autre inscription encastrée dans la tour rappelle que, ruinée par la foudre (1) en 1500, le 4 des kalendes de mai, elle fut rebâtie,

(1) La tour était surmontée d'un clocher en bois. François de Stains le fit remplacer par un clocher en pierre qui ne fut terminé qu'après sa mort.

en 1519, par l'évêque François de Stains, dont les armes se trouvent partout répétées.

A tous les étages de cette tour, l'exécution des ornements est extrêmement grossière et négligée, et l'on pourrait citer, comme un exemple de la plus détestable sculpture, les statues des apôtres et des évangélistes, juchées sur des clochetons, et tellement grotesques et mal ajustées, que, malgré la hauteur à laquelle elles sont placées, on s'aperçoit de leur incorrection.

On doit au même évêque, François de Stains, qui avait fait réparer cette tour, d'autres travaux exécutés dans l'intérieur de l'église et vraiment dignes d'éloges. Déjà un de ses prédécesseurs, Bertrand de Chalançon, avait construit le jubé (1), qu'on voit à l'entrée du chœur, et qui, malgré de nombreuses mutilations, étonne encore par l'adresse surprenante avec laquelle on a refouillé dans la masse une profusion de feuillages tourmentés, d'une extraordinaire légèreté, et suspendus pour ainsi dire à de fragiles tenons de pierre. François de Stains entreprit d'achever l'isolement du chœur, par la construction d'une clôture qui devait se lier à ce jubé; mais la mort le surprit au milieu de ce travail immense, qui fut alors abandonné. Aujourd'hui l'on a transporté, dans une des chapelles latérales, un fragment de

(1) Je suppose que tel est le sens du mot *odeum* : *Odeum mirâ arte construendum curavit.* G^a. X^a.

cette clôture, qui paraît avoir beaucoup souffert de ce déplacement. L'ornementation, d'une richesse extrême, présente un mélange assez gracieux du style gothique et de celui de la Renaissance, mais qui tient cependant beaucoup plus du second que du premier. On admirera surtout des arabesques d'une très belle composition et parfaitement sculptées : de petites têtes fort gracieuses, et une foule de menus détails qu'il serait trop long d'énumérer. Je ne puis approuver pourtant des rinceaux entremêlés de figurines, et découpés à jour de manière à former une espèce de grille en pierre. C'est comme un bas-relief dont le fond aurait été enlevé. Malgré le précieux du travail, les ornements sont lourds, et l'on sent que l'artiste qui a exécuté ce tour de force, s'est proposé une difficulté qu'il n'a pu entièrement surmonter; car, enfin, on ne peut jamais donner à la pierre la souplesse et la légèreté que comporte le métal (1).

Les boiseries du chœur, exécutées par les ordres de Bertrand de Chalançon, se font remarquer par

(1) L'inscription suivante accompagne ces sculptures :

Franciscus claro Stannorum sanguine natus
Egregium Christo hoc ædificavit opus.
Serius in celestia si Deus regna vocasset
Vidisses omni lilia terna choro.
Sed tandem in Domino felici morte sepultus
Post fatum ista dedit pignora cara sui. M53I.

Les armes de Stains sont trois fleurs de lis, données, dit-on, par Philippe-Auguste à l'un des ancêtres de l'évêque, qui lui avait sauvé la vie à la bataille de Bouvines.

un très beau travail, et par leur singulière conservation; malheureusement l'évêque actuel s'est avisé de les faire peindre à l'huile. On remarque surtout l'élégance et la richesse du trône épiscopal, surmonté d'un dais fort élevé, et d'une légèreté surprenante. Le style général de l'ornementation appartient aux derniers temps du gothique, et, comme on le pense bien, les courbes flamboyantes y sont multipliées. Parmi les fantaisies bizarres sculptées sous les stalles, suivant l'usage, il y en a d'assez indécentes, moins pourtant que celles de Saint-Léonard. D'après le caractère de ces sculptures et les costumes des figurines, je suis tenté de croire qu'elles ont été exécutées par des artistes flamands.

Entre plusieurs chapelles décorées avec plus ou moins de magnificence, on en distingue une surtout où s'élève un très grand retable, que je crois du commencement du XVIe siècle, en raison du mélange des styles classique et gothique qui se confondent dans sa composition. Deux sujets principaux occupent le centre du retable, l'enterrement du Christ et sa résurrection; en outre, nombre de figures de ronde-bosse ou de bas-reliefs sont jetées çà et là partout où elles ont pu trouver place. Ce n'est pas tout; des arabesques, des feuillages sculptés couvrent les piédroits, les archivoltes, les frises, en sorte qu'on aurait peine à découvrir une partie lisse dans toute cette masse de sculptures. Les arabesques ne manquent pas d'élégance, mais toutes les figures sont courtes et gauchement agencées. A côté de motifs de la Renaissance, on en voit d'autres gothiques, qui contrastent assez maladroitement avec les premiers; on dirait une suite de pièces de rapport. Il n'est pas impossible, au surplus, que ce retable ait été déplacé comme le fragment de clôture dont je parlais tout à l'heure, et la manière dont il est engagé dans le mur de la chapelle, confirme cette supposition. En effet, quelques ornements ont été sacrifiés et appliqués contre les murailles; une partie même d'une grande inscription tracée sur la frise supérieure est devenue illisible par sa position, et cela est d'autant plus à regretter que peut-être elle contenait une date. Cette inscription est tracée en assez grandes lettres mêlées et réunies par groupes bizarres, à la manière des monogrammes anciens :

DEVS OMNIPOTENS GVALIMARDI MISERERE RVFFY QVI STRVCTVRĀ HANC OB TVI FABRICAVIT HONORĒ EIVS PECCATIS TOTVS..... MONDI PARCE VT FIDE TVA VIVA.....

Tout le retable a été peint et enluminé assez récemment, comme il paraîtrait; mais on retrouve dans quelques parties les restes d'une coloration très ancienne, qui semble avoir été seulement retouchée ou ravivée. Devant la chapelle se trouve une clôture en pierre de style gothique flamboyant, travaillée à jour et supportant des niches, des clochetons et quelques dais curieusement refouillés. Le Christ et quatre Sibylles sculptés de ronde bosse, aussi maniérés que possible, occupent l'intérieur des niches. Il y avait sans doute autrefois plusieurs autres statues, mais il ne reste aujourd'hui que les cinq que je viens de citer.

La boiserie de l'orgue est magnifique et dans un bon état de conservation. Je suppose qu'elle date du commencement du XVIIe siècle. Pour la perfection du travail, on ne peut rien voir de mieux, mais, dans les ornements, perce le mauvais goût qui commençait à s'introduire dans les arts.

On conserve dans quelques-unes des chapelles plusieurs tombeaux dont quelques-uns sont antérieurs à la construction de la cathédrale. Le plus ancien, qui remonte peut-être au IVe siècle, est orné de figures en bas-relief, placées sous une arcature à la manière des sarcophages qu'on trouve en si grande quantité dans les environs d'Arles. — Un autre tombeau que recouvre la statue d'un évêque est celui de Guirbert, mort vers la fin du XIVe siècle. La statue, bien que fort mutilée, m'a paru d'un bon travail. Elle est taillée dans une pierre calcaire qui a la propriété d'attirer l'humidité, au point qu'elle est toujours mouillée. — Je citerai encore, parmi les objets curieux que renferme la cathédrale, une table de marbre blanc, longue de cinq à six pieds, avec un petit rebord garni de moulures bysantines. C'était autrefois un autel (on sait que la forme de nos autels est assez moderne), comme l'indique l'inscription suivante gravée en lettres onciales.

HANC ARAM DEVS DEDIT EP̃S INDIGNVS FIERI IVSSIT.

Deux évêques nommés tous les deux Dieudonné, *Deus dedit*, ont gouverné le siége de Rodez; l'un à la fin du VIe siècle, le second de 900 à 935. C'est au premier, faussement à mon avis, que l'on attribue cet autel, car le style de son ornementation me ferait croire qu'il n'est pas antérieur au XIe siècle. Depuis long-temps cette table de marbre, sur laquelle on a peint une vierge (dans le XVIIe siècle probablement), sert de retable à l'autel d'une des chapelles du chœur.

Il me reste un mot à dire d'une chaire qu'on vient d'élever dans la cathédrale. Une statue, qu'au bandeau qui lui couvre les yeux on reconnaît pour une personnification de l'hérésie, soutient le siége du prédicateur, au-dessus duquel s'élève une autre statue de la religion si lourde et si massive qu'on n'a pas de peine à comprendre qu'elle *écrase* l'hérésie. Il était impossible de trouver quelque chose plus en désaccord avec tout le reste de l'édifice, quelque chose qui fut plus complètement laid et ridicule. Cependant, cette ignoble construction a coûté fort cher, et le chapitre de Rodez y a dépensé des fonds qu'il aurait pu consacrer à restaurer le jubé ou quelques-unes de ses jolies chapelles. Jusques à quand laissera-t-on aux évêques et au clergé la faculté de gâter nos plus beaux édifices, par des restaurations ou des additions maladroites? Ne pourrait-on pas, sans manquer aux égards dus aux ministres du culte, borner leur pouvoir en matière de réparations et de constructions?

J'ai remarqué à Rodez un assez grand nombre de maisons des XVe et XVIe siècles, dont le premier étage, en général, s'avance en encorbellement, porté sur une suite de consoles réunies par de petites arcades appliquées en ogive à contrecourbe. Il y a même quelques maisons plus anciennes si j'en juge par leurs corniches ornées de billettes et de damiers. Près de la place du marché on en voit une dont les consoles historiées, d'un travail grossier et d'une composition assez indécente, m'ont paru appartenir au XIIe siècle.

Aucun voyageur ne doit manquer de visiter une charmante maison de la Renaissance (sur la place de l'Omet) occupée aujourd'hui par un notaire. Elle a conservé des pilastres couverts d'arabesques, des médaillons richement encadrés, enfin quantité de détails d'une admirable exécution. Au-dessus du premier étage, qui s'avance légèrement en encorbellement, on observe une rangée de consoles fantastiques, parmi lesquelles il y en a plusieurs si différentes du reste par leur forme et leur style que je n'hésite point à les croire rapportées, et enlevées à un édifice plus ancien, du XIVe siècle probablement.

Cet emploi de matériaux anciens dans une construction moderne, me fait souvenir d'une église de Rodez dont j'avais oublié de parler. C'est Saint-Amand. Complètement rebâtie en 1754, on est surpris d'y trouver encore des chapiteaux historiés de style bysantin. Ils appartiennent à l'ancienne église, et on les a fait servir dans la reconstruction de celle-ci. A part ces chapiteaux et peut-être aussi quelques-uns des piliers, tout est moderne dans Saint-Amand, et rien d'ailleurs n'offre le moindre intérêt.

CONQUES.

(*Conchæ.*)

ÉGLISE DE SAINTE-FOY.

L'abbaye de Conques, de l'ordre de Saint Benoît, chef-lieu de plusieurs riches monastères soumis à la même règle et dépendant du même chef, fut, au dire de ses historiens, fondée vers la fin du IIIe siècle, dans une espèce de désert, au milieu des plus âpres montagnes du Rouergue. On rapporte qu'elle fut successivement ruinée par les Ariens, puis par les Sarrasins (730), et rétablie autant de fois, d'abord par Clovis, puis par Pépin roi d'Aquitaine. Mais ce n'est pas l'histoire de la *communauté* dont j'ai à m'occuper ici; je ne recherche que celle du *monument*, et il paraît certain que l'édifice que nous voyons aujourd'hui fut construit presque en entier au commencement du XIe siècle par les soins de l'abbé Odalric.

Le bourg de Conques, presque inaccessible pendant une partie de l'hiver en raison de la difficulté des chemins, s'est élevé autour et sur l'emplacement même des ruines de l'abbaye, dont toutes les dépendances ont disparu l'une après l'autre, quelques-unes tout récemment. L'église seule s'est conservée comme paroisse; elle est située sur un versant extrêmement raide, ayant sa façade occidentale tournée vers une vallée étroite mais profonde, que resserrent des murailles de rochers presque verticales. On ne pouvait choisir un lieu plus mélancolique et plus convenable à des âmes pieuses qui voulaient fuir le monde.

L'église de Conques paraissant avoir servi de modèle à un certain nombre de monuments dont j'aurai bientôt occasion de vous entretenir, son architecture mérite d'être étudiée comme un type : en effet, si l'on se rappelle les grandes richesses de cette abbaye, les connaissances étendues et les vastes relations de ceux qui la gouvernèrent, on doit penser que le système qui présida à sa construction fut comme l'expression de l'art dans une certaine époque et pour une certaine province. Ce dut être le dernier mot des architectes de la France centrale dans la première moitié du XIe siècle.

Son plan figure une croix latine terminée à l'Est

par trois apsides semi-circulaires (1). Aussi larges que la nef, les transsepts sont partagés comme celle-ci et comme le chœur en trois divisions longitudinales, par des arcades surmontées de vastes galeries aussi larges que les collatéraux. Deux chapelles s'ouvrent sur chacun des bras du transsept, toutes les deux tournées à l'Est; l'une, adossée au chœur est très-grande; l'autre vers l'extrémité de la croisée, d'un diamètre inférieur de moitié. Trois portes donnent accès dans l'église; la première à l'Occident divisée en deux ventaux; les deux autres percées dans la muraille occidentale des transsepts et fort rapprochées de la nef. A l'intersection des transsepts s'élève une coupole sous une tour octogône; deux autres tours, carrées, flanquent la façade occidentale. En plan, les piliers de la nef représentent des carrés flanqués alternativement par des colonnes et des pilastres sur toutes leurs faces. Ceux des transsepts et de la partie occidentale du chœur n'ont que des colonnes; et, suivant l'usage, l'hémicycle oriental du chœur repose sur des colonnes isolées (2). On observera que les piliers qui supportent la coupole au centre de l'église, sont beaucoup plus épais que les autres; ils sont encore renforcés, en ce point, par le rapproche-

(1) Cette expression est inexacte pour l'apside centrale, dont la courbe décrit presque les deux tiers d'un cercle. Elle a la forme d'un fer à cheval sensiblement resserré à ses extrémités.

(2) Il faut faire une exception pour le pilier qui touche à cet hémicycle. Il est carré, flanqué sur ses angles de minces colonnettes engagées.

ment des piliers de la nef et du chœur. En effet, la largeur des collatéraux des transsepts est moindre que celle des arcades de la nef et du chœur; et l'alignement des piliers des transsepts a déterminé celui des piliers qui soutiennent la coupole. Telle est, je crois, la véritable raison de ce rapprochement des piliers au centre de l'église. D'abord, j'étais tenté de supposer à l'architecte l'intention de donner par là une plus grande résistance aux bases de la tour; mais, après un examen plus attentif, je n'y vois plus qu'une espèce de hasard, résultat forcé de la différence de largeur entre les collatéraux de la nef et ceux de la croisée.

Nulle part dans l'église on ne voit d'ogive, et toutes les arcades sont en plein cintre, toutes très remarquablement élevées. Dans la nef et le chœur les voûtes sont en berceau; elles sont d'arêtes dans les bas-côtés; partout renforcées d'arcs doubleaux très épais. Les voûtes qui couvrent les galeries supérieures nous présentent une forme nouvelle. Leur courbe décrivant *un quart de cercle*, sert en quelque sorte d'arc-boutant aux voûtes de la grande nef, car son sommet aboutit précisément à la naissance de ces dernières. J'insiste sur cette disposition, car nous allons la voir devenir caractéristique dans toutes les anciennes églises de l'Auvergne. Je n'ai pas besoin d'ajouter que ces voûtes n'ont subi aucune réparation. Construites avec le plus grand soin, d'un schiste très dur, noyé dans un excellent mortier, et épaisses de plus d'un demi-mètre à la clef, leur conservation s'explique sans peine, et malgré le mauvais état de la toiture elles m'ont paru avoir très peu souffert jusqu'à ce jour.

Les galeries tirent du jour de l'extérieur par des fenêtres percées dans les murs latéraux. Du côté de la nef elles présentent de grandes arcades géminées (1). Point de fenêtres au-dessus, et les arcs doubleaux de la voûte portent sur les colonnes engagées dans les piliers qui séparent ces arcades. Aujourd'hui les fenêtres extérieures étant bouchées la nef est un peu obscure, ne reçevant de jour latéralement que par les fenêtres étroites des collatéraux. Même disposition dans la nef et dans le chœur; mais elle change pour la partie semi-circulaire du chevet. La galerie s'abaisse brusquement de moitié de sa hauteur. Au-dessus il y a trois fenêtres percées dans la muraille semi-circulaire du chevet, plus quatre fausses fenêtres, répondant les unes et les autres aux arcades inférieures, et à celles de la galerie (2). Au lieu d'une

(1) La séparation de ces arcades est marquée par des piliers sur lesquels se prolongent des colonnes partant de l'aire de la nef et montant jusqu'aux retombées des arcs doubleaux. Là où dans les assises inférieures il y a des pilastres, ils sont surmontés par des colonnes engagées dont la base est à la hauteur du plancher de la galerie. Rien de plus gauche que l'ajustement de ces colonnes avec les pilastres qu'elles surmontent.

(2) Les arcades de la galerie du chevet sont simples. Partout ailleurs elles sont géminées. Les colonnes à l'intérieur de l'arcade sont accouplées suivant une ligne perpendiculaire, à l'axe de l'église.

galerie pour réunir l'étage supérieur de la nef à celui du chœur, il n'y a au Sud et au Nord des transsepts qu'un passage étroit, une espèce de corniche soutenue par une rangée de consoles historiées comme celles à qui j'ai supposé la même destination dans l'église de Figeac. Même disposition à l'occident de la nef, en sorte qu'on peut faire le tour complet de l'église sans descendre à terre. Aujourd'hui l'on monte aux galeries par une tourelle placée à l'extrémité du transsept Sud; mais une différence assez marquée entre son appareil et celui des murs extérieurs de l'église peut faire croire qu'elle n'appartient pas à la construction primitive. Dans le principe peut-être, il existait un escalier dans les collatéraux à l'occident de la nef.

De ce côté, bien qu'un peu défiguré par des dispositions modernes, on reconnaît suffisamment la présence d'un narthex intérieur. Il est divisé au niveau du sol en trois compartiments carrés, correspondant aux trois nefs, et recouverts par des voûtes d'arêtes fort basses. Au-dessus, trois autres chambres ou tribunes dont les voûtes arrivent à peu près à la hauteur du sol de la galerie; puis enfin le passage étroit dont j'ai parlé, qui établit la communication entre les deux galeries. Deux petites tourelles peu saillantes et se projetant en encorbellement contiennent des escaliers en hélice qui conduisaient de ces mêmes galeries aux étages supérieurs des deux tours occidentales. En guise de console elles reposent sur une colonne bysantine appuyée elle-même sur un pilastre. Si je ne me trompe, ces tourelles se prolongeaient autrefois jusqu'à l'aire des collatéraux et leurs escaliers menaient aux salles supérieures du narthex ainsi qu'aux galeries.

La tour centrale a deux rangs de fenêtres l'un au-dessus de l'autre; mais le dernier rang, ainsi que la coupole et la flèche qui la surmonte, sont des additions du XIVe siècle. Voilà, avec le déplacement des escaliers des galeries, la plus importante altération faite au plan primitif; car ailleurs, si des changements ont eu lieu, ils ont été exécutés peu de temps après la construction générale et ne l'ont pas modifiée d'une manière sensible, difficiles en outre à constater, car ils appartiennent au même système d'architecture.

L'église de Conques est sombre, ainsi que je le remarquais tout à l'heure. Deux fenêtres étroites surmontées d'une rose, percées dans la façade occidentale; autant pour les façades Nord et Sud des transsepts; les fenêtres de la coupole, trois autres dans la partie supérieure du chevet, enfin celles des collatéraux, voilà les seules ouvertures qui donnent du jour depuis que toutes celles des galeries ont été bouchées. Leur suppression a, je crois, encore un autre inconvénient pour l'église, c'est que le soleil n'y pénétrant jamais, il y règne une humidité fâcheuse qui paraît avoir pourri sur quelques points les murs latéraux.

J'observe autour du chevet une disposition toute nouvelle pour moi, mais dont j'aurai bientôt plus d'un exemple à citer; c'est une espèce de banc, avec une marche pour y monter, régnant le long des murs, entre les chapelles qui rayonnent autour de l'hémicycle du chœur (1). Il semble que ç'aient été autrefois des places privilégiées. Le long de ce banc, ou de ce stylobate (car on peut lui donner ce nom, en raison des colonnes engagées qui s'y appuient), on remarque un cordon d'ornements très richement sculptés, et variés pour chacune de ses divisions. J'ai distingué des oves d'un travail précieux, et d'un caractère presque antique. Quant aux autres moulures de ce stylobate, il n'y a qu'un dessin qui pourrait faire connaître la diversité et la bizarrerie de leurs formes.

A l'extérieur, des contreforts larges, mais peu saillants, renforcent les murs, partout très épais. L'appareil n'est point uniforme. Généralement, les contreforts sont en pierres de taille; quelques-uns, pourtant, n'ont que leurs angles construits de la sorte, et l'intervalle est rempli par une espèce d'*opus incertum*, composé de gros morceaux de schiste brut. Tels sont les matériaux dont sont bâtis les murs. Ils reposent cependant partout sur de grosses pierres équarries, et rangées par assises régulières. Par places, on voit un parement de

(1) Ces chapelles sont sensiblement plus élevées que le chœur.

moëllons, et c'est le cas pour la façade occidentale et pour les apsides : j'y reviendrai tout à l'heure.

La pierre de taille est un grès rougeâtre ou jaune, ou bien, mais plus rarement, un calcaire très fin : c'est cette dernière pierre qu'on a exclusivement employée pour l'ornementation.

A l'intérieur de l'église, cette ornementation se réduit à peu près aux chapiteaux des colonnes (car les pilastres n'ont que de simples tailloirs). Il faut y ajouter les cordons d'oves, et les autres moulures du stylobate, quelques bas-reliefs encastrés dans les pendentifs de la coupole, enfin, deux grandes statues, appliquées sur la paroi Nord du transsept (1).

Les chapiteaux montrent la variété ordinaire au style bysantin; mais ils ont entre eux un rapport général par leur profil, qui se rapproche très sensiblement du galbe corinthien. On en voit d'historiés, d'autres ornés de rinceaux ou de feuillages fantastiques, quelques-uns parfaitement sculptés, et d'un merveilleux fini; mais le plus grand nombre ne présente que des crochets courts, aigus, ou plutôt comme les rudiments à peine ébauchés, de très larges feuilles. De ce nombre, sont presque tous les chapiteaux du chœur, et je note ce fait comme faisant exception à la règle générale, qui attribue à cette partie du temple la décoration la

(1) Probablement ajoutées vers la fin du XIIe siècle. Les bas-reliefs de la coupole m'ont paru plus anciens. Ce sont de grandes figures de saints ou d'anges, d'ailleurs d'un travail grossier.

plus riche et la plus élégante. Ailleurs, on observe avec surprise qu'il n'y a pas la moindre symétrie dans la distribution des ornements. Non seulement deux colonnes voisines, même géminées comme sont celles de la galerie, ont des chapiteaux de types très-diférents, mais souvent à côté d'un chapiteau très-riche on en voit un autre presque nu, et semblant à peine dégrossi. Il se peut fort bien que le travail de l'ornementation, exécuté sur place, comme c'était alors la pratique constante, ait duré assez longtemps et soit demeuré imparfait, ou bien qu'il ait été terminé à la hâte.

A l'extérieur, les fenêtres des apsides sont flanquées d'assez jolies colonnettes bysantines, et autour du chevet règne un cordon de modillons fantastiques, parmi lesquels se reproduisent souvent les mêmes motifs : ce sont des têtes ou plutôt des *bustes* de chevaux.

Aujourd'hui un seul toit couvre toute l'église; il y en avait trois dans le principe, comme on peut s'en convaincre, en voyant sous la couverture actuelle des modillons et une corniche, qui, sûrement, n'étaient pas destinés à rester ainsi cachés. Le toit des collatéraux devait être fort plat, peut-être même n'était-il couvert que d'une terrasse, circonstance assez remarquable dans un pays où il tombe beaucoup de neige; mais il semble qu'importée des pays chauds dans la France, l'architecture bysantine y subsista quelque temps sans tenir compte de la différence des climats.

Il n'y a point de crypte sous le chœur, probablement en raison de la nature du sol qui, en ce point, est un roc vif; il a fallu l'entamer pour niveler le sol de l'église.

J'arrive à la façade, dont j'aurais dû peut-être parler plus tôt. Elle est d'une grande simplicité, mais très haute pour un édifice bysantin. Un vaste tympan en plein cintre, encadré dans un fronton, surmonte la porte occidentale; audessus, deux fenêtres longues et étroites, avec une petite rose. On voit un grand espace lisse entre une moulure de billettes à la base de ces fenêtres, et le sommet du fronton. Dans cet endroit, l'appareil qui n'est qu'un *opus incertum*, tandis que tout le reste de la façade présente des assises régulières de moellons taillés, prouve qu'autrefois il existait là un placage, formant une décoration quelconque, que le temps ou la main des hommes a fait disparaître. Le sommet des deux tours carrées qui flanquaient la façade étant détruit, elles ne s'élèvent pas aujourd'hui plus haut que le toit de la nef. C'est, dit-on, par suite d'un incendie qui détruisit toute la toiture de l'église, qu'elles ont perdu leur amortissement. A leurs fenêtres très étroites et en forme de meurtrières, je présume que ces tours ont été destinées à servir plutôt de défense que d'ornement.

De chaque côté des fenêtres, qui surmontent la porte occidentale, on observe quelques incrustations en mosaïque grossière : des étoiles rouges ou noires, sur un cercle jaune, puis des losanges ou des parallélogrammes obliques disposés en arête de poisson. Ce genre de décoration, d'un usage très facile en ce pays, où l'on trouve des matériaux de couleur tranchée, paraît ici comme jeté au hasard. En Auvergne, au contraire, nous le verrons reproduit en grand et avec une persistance systématique.

Le tympan de la grande porte, couvert de sculptures encore bien conservées, mérite une description détaillée. Bien que le travail en soit barbare, on distingue, dans sa composition, plus d'art, et je dirai plus de sentiment qu'on n'en attendrait d'une époque grossière. Enfin, on y trouvera quelques traits curieux, qui peignent les mœurs et les usages.

Une banderole, légèrement ondulée, entoure le tympan et lui sert d'archivolte. Çà et là, des têtes et des mains, passant au-dessus et au-dessous de la banderole, semblent la soutenir ou la déployer.

Le sujet de cet immense bas-relief, est celui qui se trouve le plus fréquemment reproduit à la même place, le Jugement dernier. Trois zones horizontales divisent toute la composition, et comprennent chacune plusieurs groupes distincts.

Au centre de la zone du milieu, on voit le Christ assis sur un trône, dans une *vesica piscis;* à sa droite les élus, à sa gauche les damnés : même disposition pour la zone inférieure; des anges portant la croix et les instruments de la passion; d'autres sonnant de la trompette, occupent le haut du tympan ou la zone la plus élevée.

Sur les traverses de la croix se lisent les mots suivants, à moitié effacés :

SOL. LANCEA · CLAVI.... VNAE... C... SIGNV̄. CRVCIS. ERIT. IN. CELO. CVN.....; sur le haut de la croix : REX *iu* DEORVM; dans le nimbe du Christ : IVDEX; enfin des banderoles au-dessus de la *vesica piscis* portent cette inscription mutilée :..... I PATRIS MEI FIDELES..... HVC DISCEDITE A ME REPROBATI.....

Le Christ, drapé tout à fait à l'antique, ne manque pas de noblesse: sa main droite se lève pour bénir, tandis que, de la gauche, il repousse les damnés. Dans cette figure, la plus grande et la mieux travaillée de tout le tympan, on trouve tous les caractères de la sculpture bysantine, la longueur du corps, la grandeur exagérée des pieds et des mains, les plis raides et pressés des draperies, et surtout le soin minutieux apporté dans l'exécution des plus petits détails. Toutefois, comparée avec d'autres monuments de la même époque, elle paraîtrait traitée avec un peu plus de largeur, on pourrait dire avec moins de recherche et de manière. La même observation s'applique, au reste, à toutes les autres figures du bas-relief.

A la droite du Christ, et dans la zone du milieu, se groupent les élus, parmi lesquels une sainte, très rapprochée du Christ, me paraît être sainte Foy (sancta Fidis), patrone de l'église; puis saint Pierre, reconnaissable à ses clés, suivi d'un vieillard appuyé sur des béquilles, et d'une foule de personnages, différents de sexe et de profession. Le groupe le plus remarquable montre un abbé tenant sa crosse d'une main, et de l'autre conduisant un roi, qui, baissant la tête et les genoux à demi fléchis, semble frappé d'une vive terreur; le moine, au contraire, la tête levée, l'air confiant, présente son timide acolyte, avec l'assurance que personne ne saurait être mal reçu en sa compagnie. Rien de plus naïvement comique que ces deux figures; elles ne sont, au reste, que l'expression d'une idée que les prêtres commençaient déjà à exploiter en grand, la suprématie de l'autel sur le trône.

Les personnages qui composent les différents groupes n'occupent pas tout l'espace de la zone du milieu. Ils sont placés sous deux espèces de frontons, et les intervalles du fond (entre les frontons et le haut de la zone) sont remplis par des anges de proportion plus petite et dans différentes attitudes, la plupart tenant des banderoles qui portent le nom des vertus théologales : FIDES. SPES · CARITAS · CONSTANCIA · VMILITAS (sic). Sur la même zone, mais de l'autre côté, c'est-à-dire à la gauche du Christ, paraissent les damnés séparés de celui-ci par des anges qui les repoussent. On distingue un séraphin tenant le livre de vie qui se ferme au Jugement dernier, et qui porte, pour plus de clarté, l'inscription suivante : HIC SIGNATVR LIBER VITE. Les damnés, ainsi que les diables mêlés avec eux, sont rangés sur deux lignes l'une au-dessus de l'autre. En preuve de l'impartialité des fondateurs de l'abbaye, trois moines, dont un abbé, figurent parmi les réprouvés, tous les trois pris dans un filet que tient un démon. J'observe tout auprès un groupe qui aurait pu inspirer au Dante le supplice de l'évêque Ruggiero : c'est un diable rongeant le crâne d'un damné.

Deux vers léonins au-dessus de cette zone expliquent la double composition, le premier au-dessus des bienheureux : SANCTORVM CETVS STAT XPO IVDICE LETVS; l'autre, du côté opposé : HOMNES (sic) PERVERSI SIC SVNT IN MARIA RAPTI. Le mot *maria* n'est justifié que par le filet dont je viens de parler.

La dernière zone offre encore le contraste des supplices de l'enfer avec les joies du paradis. Deux frontons partagent ce compartiment : d'un côté les élus sous des arcades, par groupes de deux ou de trois, se dirigent vers la porte du paradis, toute garnie de ferrures, avec un énorme verrou, et une serrure de sûreté s'il en fut. Sur le fond, au-dessus du fronton, on voit un autel avec un calice; puis des morts soulevant la pierre de leurs tombeaux; enfin, une sainte attirée par une main gigantesque. C'est encore sainte Foy, à ce que je suppose. Deux légendes se lisent au-dessus de cette partie du bas-relief; l'une tracée sur le cordon qui sépare la seconde zone de la troisième, l'autre sur les rampants du fronton; les voici : SIC DATUR ELECTIS AD CELI GAVDIA cunCTIS — GLORIA PAX REQUIES PERPETVVSQ DIES = CASTI PACIFICI MITES PIETATIS AMICI—SIC STANT GAVDENTES SECVRI NIL METVENTES.

Au centre de cette zone, précisément sous les pieds du Christ, un ange et un diable pèsent les âmes : le diable a l'air très fripon, et cherche évidemment à rendre sa part meilleure.

En opposition à la porte du paradis, le sculpteur a placé celle de l'enfer; c'est une gueule monstrueuse, où un diable pousse les damnés. On voit ensuite sous un fronton, correspondant à celui des élus, un diable énorme, c'est, je crois, Satan en personne, assis sur son trône, avec un damné sous ses pieds en guise de tabouret. Il est entouré de ses ministres et des impies qui expient leurs crimes par différents genres de supplices. On remarque, englouti par la gueule diabolique, un chevalier tout armé, précipité avec son cheval, qui s'abat, et le renverse la tête la première. A côté, un diable, tenant une harpe, qui entonne quelque chose dans la bouche d'un malheureux pécheur (1);

(1) On a voulu, je pense, montrer le supplice réservé aux jongleurs dont la bouche n'a fait entendre que des chants profanes.

un gourmand reconnaissable à son gros ventre, obligé d'avaler quelques plats de la cuisine infernale; un homme et une femme, deux amants coupables, je pense, étranglés de la même corde, et trouvant, j'aime à le croire, quelque consolation, comme Francesca et Paolo, à souffrir le même supplice; un avare pendu sa bourse au col tandis qu'un serpent lui ronge les yeux; enfin, un damné à la broche, entouré de démons, dont les uns officient comme cuisiniers, et les autres servent de chenets : tels sont les principaux groupes de cette partie de la composition. Au-dessus on lit les vers suivants :

PENIS INIVSTI CRVCIATVR IN IGNIBVS VSTI
DEMONAS ATQ TREMVNT PERPETVOQ GEMVNT
FVRES MENDACES FALSI CVPIDIQ RAPACES
SIC SVNT DAMPNATI CVNCTI SIMVL ET SCELERATI.

Enfin sur le linteau de la porte est tracée cette inscription :

O PECCATORES TRANSMVTETIS NISI MORES
IVDICIVM DVRVM VOBIS SCITOTE FVTVRVM.

Il faut noter une particularité assez bizarre dans ces incriptions. Les lettres sont en général *sculptées* en creux; mais il y en a quelques-unes seulement *peintes*; et, de ces dernières, la plupart sont effacées : par exemple, à la suite du dernier vers, il y a une vingtaine de lettres que le temps a rendues illisibles. On en doit inférer que l'inscription a été augmentée après coup; peut-être que la peinture du bas-relief est fort postérieure à la sculpture. J'aurais dû remarquer plus tôt que toutes les figures sont peintes, et quoique les couleurs semblent assez modernes, elles sont appliquées sur une couche ancienne de même teinte, et visible encore en quelques points.

Si je ne me trompe, dans cette variété immense de personnages accumulés sur ce bas-relief, il y a plus d'imagination que n'en montrent d'ordinaire les compositions de cette époque; et les amants étranglés de la même corde, l'abbé protecteur d'un roi, le chanteur et le gourmand punis par où ils ont péché, annoncent une certaine recherche d'idées qu'on ne s'attend pas à rencontrer dans les ouvrages d'une époque de barbarie. Je remarque encore, malgré l'incorrection du travail, une tentative constante pour arriver à l'expression, tentative quelquefois suivie de succès.

L'année dernière on a pratiqué une large tranchée le long de la muraille Nord de la nef, et autour de l'apside, qui, enterrées d'une profondeur notable, souffraient sensiblement de l'humidité. Dans cette fouille on a découvert un grand nombre de tombeaux en pierre, appliqués contre les murs de l'église, et empilés les uns au-dessus des autres. Quelques-uns de ces tombeaux sont en grès, la plupart en pierre calcaire; dans presque tous la place de la tête est marquée; on en voit plusieurs qui ont sur le côté une espèce de porte mobile, s'ouvrant au moyen de poignées de fer;

mais les couvercles du plus grand nombre sont scellés avec un mastic fort dur. Les plus grands de ces sarcophages contiennent un gril de fer sur lequel le cadavre était étendu. Aujourd'hui beaucoup de ces tombeaux renferment encore des ossements et même des squelettes entiers; mais je n'ai pas entendu dire qu'on y ait trouvé des bijoux ou des instruments quelconques. Il y en a fort peu qui se distinguent par quelque décoration, et dans ce cas elle se réduit à un soubassement ou bien à une niche avec des colonnes et une arcature figurée. Tel est le tombeau de l'abbé Bégon, placé à l'extérieur de la nef du côté Sud. L'inscription que je vais rapporter est gravée sur deux tablettes de marbre noir, et les creux des lettres sont remplis de plomb. Entre les deux tablettes se trouve un bas-relief de style bysantin, sculpté dans un calcaire grisâtre, et qui représente le Christ ayant à sa droite sainte Foy, à sa gauche un abbé, tous les deux couronnés par un ange.

situs
HIC EST ABBAS SITꝰ
peritus
DIVINA LEGE PITꝰ
VIR DNO GRATVS
DE NOMINE BEGO VOCATVS
peragens
HOC PAGENS CLAVSTR
versus
VM QVOD VSVS
TEDIT AD AVSTRVM

SOLLERTI CVRA CESS
altera
IT ET ALTA PLVRA : HI
est per
E E LAVDANDVS P SE
CLA VIR VENERANDVS
WIVAT IN ETERNV RE
supernum
GE LAUDANDO SUPNV

Il est vraisemblable que cette inscription et le tombeau ne sont pas fort postérieurs à l'année 1060, où l'église fut, dit-on, achevée ou du moins très avancée.

Au Sud de l'église, attenant au transsept, on remarque un arceau porté sur des colonnes géminées fort basses. Voilà tout ce qui reste du cloître bâti, vers la fin du XIe siècle, par l'abbé Bégon, et que l'on vient d'abattre tout récemment. Le style des colonnes ne permet pas de douter qu'il ne fût presque contemporain de la construction de l'église.

J'ai transcrit les vers suivants au-dessus d'une porte en ruine qui donnait dans le cloître, mais je ne sais à quelle partie du monastère elle conduisait :

HAS BENEDIC VALVAS QVI — MVNDVM REX BONE SALVAS
ET NOS DE PORTIS SIMVL — OMNES ERIPE MORTIS.

Enfin, je citerai une dernière inscription encore en vers léonins, car il paraît que les religieux de Conques faisaient grand cas de la poésie : elle est gravée sur un linteau de porte ayant la forme d'un fronton obtus :

ISTE MAGISTRORVM LOCVS EST SIMVL ET PVERORUM
MITTVNT QVANDO VOLVNT HIC RES QUAS PERDERE NOLVNT.

Je me suis demandé vainement quel pouvait être ce lieu. Le dernier vers donnerait à penser qu'il s'agit d'un trésor ou d'un tronc pour les pauvres, mais alors je ne sais que faire des maîtres et des enfants.

L'église de Sainte-Foy est du petit nombre de celles qui, au milieu de nos discordes civiles, ont conservé des vases et des reliquaires précieux soit par leur matière, soit par leur origine. Pendant la révolution, on distribua, entre les habitants du bourg, tous ces reliquaires, et, la tempête passée, chacun s'empressa de les rapporter. Cet exemple, je ne dis pas de probité, mais de respect pour ces nobles et curieuses reliques, est malheureusement bien rare en France, et j'éprouve un vif plaisir à le rapporter.

Voici les objets les plus remarquables que renferme le trésor de l'église :

1° Un reliquaire très ancien, nommé l'A de Charlemagne ; et si la tradition est vraie, ce prince en aurait fait don à l'abbaye de Conques. Sans doute, son nom lui vient de sa forme qui se rapproche en effet de celle de la lettre A. C'est un triangle dont la pointe est surmontée d'une boule en cristal. Les côtés sont couverts de cabochons et de quelques intailles antiques, parmi lesquelles j'ai remarqué une Victoire écrivant sur un bouclier, morceau d'un très beau travail. Sur la base du triangle s'élèvent deux statuettes en bronze doré (ou peut-être en vermeil). On reconnaît que cette base, doublée d'une lame de cuivre doré, a été raccommodée maladroitement avec des plaques qui proviennent sans doute d'un autre reliquaire, comme le font croire quelques lambeaux d'inscription qu'on lit sur ces fragments. La forme des lettres et le nom de l'abbé Bégon donnent lieu de croire que ces fragments remontent au XIIe siècle. Peut-être à cette époque ajouta-t-on une base à l'A de Charlemagne, car cette base, sans en excepter les statuettes, paraît moins ancienne que les côtés du triangle. Quoi qu'il en soit, voilà ce qu'on lit sur ces lames de cuivre doré : SVM DOMINVS QVĒ CRVX.... puis ABBAS FORMAVIT BEGO RELIQVIASQVE LO...*cavit.* C'est ce dernier vers si conforme au style des autres inscriptions qui me porte à croire que ce reliquaire aurait été anciennement retouché.

2° Une statuette de sainte Foy en vermeil, haute d'environ dix-huit pouces et d'un travail qui me paraît remonter au XIe siècle. La tête de la sainte, fort disproportionnée avec le corps, est peut-être une restauration relativement moderne, en tout cas fort inférieure au reste, quant à l'exécution. On voit répandues à profusion, sur toute cette statuette, des pierres précieuses, des intailles et des camées antiques, quelques-uns assez grands et d'un fort beau caractère. J'ai surtout remarqué un camée représentant la tête d'un empereur dont les traits m'ont paru offrir de la ressemblance avec ceux de Titus. N'étant nullement préparé à trouver tant de richesses dans un pareil désert, je ne m'étais pas pourvu de terre glaise ni de plâtre pour prendre des empreintes, et, dans le catalogue des pierres antiques, je ne puis que citer mes souvenirs.

3° Un émail bysantin que je crois de travail grec et fort ancien. L'exécution en est singulière. La figure du saint a d'abord été gravée en creux sur une plaque de cuivre, à peu près comme on ferait aujourd'hui pour une gravure sur bois; puis les creux ont été remplis d'un émail coloré; enfin toute la plaque a été polie. Le cuivre, réservé autour des parties émaillées, en marque les contours. Sous ce rapport, ce morceau curieux ressemble plutôt à une incrustation qu'à un émail à proprement parler.

4° Une grande croix en argent ciselé, véritable chef-d'œuvre d'orfévrerie.

5° Une plaque de porphyre rouge, carrée, enchâssée dans de l'argent niellé. Cette pièce est curieuse en ce qu'elle porte une date, et peut servir ainsi à l'histoire de l'art du nielle. A en juger par la perfection du travail, il devait être déjà très avancé au commencement du XIIe siècle. Sur la tranche de cette plaque, on voit gravés et niellés avec beaucoup de soin et d'adresse dix-huit petits bustes représentant le Christ, la Vierge, sainte Foy, sainte Cécile, saint Capraise, saint Vincent et les douze Apôtres. Voici l'inscription, également niellée :

ANNO AB INCARNALIONE DOMINI MILLESIMO : L
SEXTO. K. IVLII DOMINVS PONCIVS BARBASTRENSIS
EPISCOPVS ET SANCTE FIDIS VIRGINIS MONACHVS
HOC ALTARE BEGONIS ABBATIS DEDICAVIT
ET DE XPI ET SEPVLCRO EIVS MVLTASQVE
ALIAS SANCTAS RELIQVIAS HIC REPOSVIT.

On conserve encore à Conques quelques curieuses tapisseries du XVIe siècle, représentant la légende de sainte Foy et de saint Capraise.

Vous avez bien voulu sur ma demande, Monsieur le ministre, accorder cette année, à l'église de Conques, un secours pour ses réparations les plus urgentes ; mais la somme dont vous pouviez disposer est malheureusement insuffisante pour réparer la toiture et reprendre le soubassement des murs qui, du côté du Nord, ont beaucoup souffert des infiltrations causées par l'exhaussement du sol en cette partie. Je vous demanderai pour l'année prochaine de vouloir bien continuer votre intérêt à ce monument si remarquable, et dont quelques sacrifices encore assureront définitivement la conservation.

ESPALION ; PERSE.

J'ai visité dans le cimetière d'Espalion, au hameau de Perse, une chapelle assez curieuse et qui me paraît fort ancienne. Sa forme est une croix latine, terminée par trois apsides communiquant latéralement les unes avec les autres par une arcade. Au milieu de chaque transsept est un pilier qui s'aligne avec ceux de l'entrée du chœur. Dans la nef, la voûte est en berceau renforcée d'arcs doubleaux fort épais. Quant à la courbe qu'elle décrit, elle me paraît une ogive à pointe obtuse, mais je n'oserais cependant affirmer que ce soit sa disposition primitive, non que cette voûte ait été réparée, mais elle a tellement souffert, et maintenant elle est tellement déjetée, que sa forme est difficilement reconnaissable. Dans les transsepts, seulement, les voûtes sont d'arêtes et garnies de nervures carrées. — Fenêtres en plein cintre fort étroites; quelques chapiteaux historiés dans le chœur et les transsepts (1), tous d'une sculpture grossière : ceux de la nef ne présentent que de larges feuilles simplement épannelées. Autour de l'apside principale et du chevet, on voit quelques modillons fantastiques, et au-dessus des fenêtres, des archivoltes ornées retombant sur de petites colonnettes; mais toutes les sculptures de cette décoration sont des plus médiocres. La muraille occidentale est nue. On remarque pourtant

(1) J'ai remarqué sur un chapiteau deux guerriers combattant, l'un armé d'une épée, l'autre d'une masse d'armes. Tous deux ont de grands boucliers arrondis par le haut et dont le bas se termine en pointe. Ils sont attachés au bras au moyen de deux courroies *parallèles* au grand axe du bouclier. Déjà j'avais observé cette disposition singulière, qui contredit la plupart de nos dessins modernes, mais je ne l'avais pas encore vue si clairement exprimée. Puisque j'ai parlé de boucliers, j'allongerai encore cette note en faisant remarquer qu'au moyen-âge la forme en fut à peu près constante depuis le XIe jusqu'au XVe siècle (arrondie par le haut, et pointue à la partie inférieure). Il paraît que les fantassins seulement le portaient au bras; les cavaliers l'avaient suspendu sur l'épaule gauche ou sur la poitrine, afin de pouvoir guider leur cheval de la main gauche.

dans l'appareil un arceau et un tympan qui a pu être orné, mais il ne paraît pas qu'il y ait jamais eu de porte. L'entrée de l'église est pratiquée dans la muraille Sud de la nef. La porte est en plein cintre avec un tympan dont le bas-relief représente le Jugement dernier et le pèsement des âmes. Ici, comme à Conques, l'entrée de l'enfer est une gueule de monstre qui engloutit les damnés. Dans le haut du tympan, une rangée de saints me paraît indiquer le paradis. Sur la muraille, à gauche de la porte, un bas-relief, qui se liait peut-être à la composition principale, représente plusieurs rois ou du moins plusieurs personnages la couronne en tête. Tout cela est sculpté très maladroitement, et le travail en est aussi barbare que possible. Je suppose que l'église de Perse date du commencement du XIe siècle.

Je n'ai vu à Espalion aucun bâtiment qui mérite d'être cité. Le palais de Justice, construit au XVIe siècle, est dénaturé par des dispositions modernes; et quant au château qui domine la ville, il ne présente plus que des ruines informes, qui ne peuvent offrir aujourd'hui d'intérêt qu'aux peintres de paysage.

SAINT-FLOUR.

Sous le rapport archéologique, il y a peu de villes plus insignifiantes que Saint-Flour. Placée au sommet d'une énorme masse basaltique, accessible seulement du côté de l'Ouest, ce devait être au moyen-âge une forte position militaire; mais aujourd'hui ses fortifications sont presque entièrement détruites, et les portions de murailles qui subsistent encore ne fournissent aucun renseignement précis sur leur origine. L'appareil, composé de basaltes et de granits, est régulier, et la maçonnerie d'une épaisseur remarquable.

L'église cathédrale n'a aucune ornementation; mais sa simplicité même n'est pas dépourvue d'élégance, et ses voûtes tapissées de nervures, qui retombent sur de légers piliers sans chapiteaux, produisent un effet assez imposant. Construite vers la fin du xve siècle, la façade n'offre pas la richesse quelquefois minutieuse des détails qu'on prodiguait alors dans les provinces où des matériaux convenables servaient l'habileté des ouvriers. A mon avis, elle manque tout à fait de noblesse, et les portes même n'ont presque aucune décoration. De petites fenêtres carrées lui donnent l'apparence d'une construction civile; et sans les énormes tours qui l'encadrent, on pourrait méconnaître une église. Beaucoup trop larges pour leur hauteur, ces tours n'appartiennent à aucun style d'architecture, et sont d'un effet détestable. Le dernier étage m'a paru tout moderne. On lit sur le portail l'inscription suivante, qui fixe la date de l'église. « *Ista ecclesia fuit dedicata per reverendum patrem dominum Anthonium de Montgon eiusd: epum ad hone Dei et beorum Petri apli et Flori confesoris. Anno dni MCCCCLXVI pns eccla fuit constructa per re patrem dm P. et Anthon de Montgon fratres sci Flori epos et dnos quorum aa: re in pace a.* »

Les matériaux employés sont des laves et la pierre de Volvic, que je vois ici, pour la première fois, dans une grande construction (1).

Il y a sur la place d'armes quelques maisons de la Renaissance, mais dépourvues d'ornementation. Une autre maison, fort simple également, mais avec de larges ogives, me paraît plus ancienne, et remonte peut-être au XIVe siècle. Rien de remarquable d'ailleurs, sinon les fenêtres placées en porte à faux, à l'égard des arcades inférieures (qui sont bouchées aujourd'hui). Ce vice de construction est très ordinaire dans les églises gothiques, et j'en ai déjà signalé plus d'un exemple.

(1) Il paraît qu'en Auvergne ce ne fut qu'au XIIIe siècle que l'on commença à se servir de cette pierre. Il n'existe aucun édifice bysantin où on la trouve employée. La cathédrale de Clermont est l'édifice le plus ancien où je l'aie observée.

BRIOUDE.

(Brivas.)

SAINT-JULIEN.

Église bysantine d'un grand caractère, bien que tristement altérée par des réparations modernes, et plus tristement encore par le vandalisme révolutionnaire. On en fait remonter la première construction au règne de Constantin, ou même à celui de Constance Chlore, dans le lieu où existe l'église actuelle, lieu consacré, suivant la légende, par le martyre de saint Julien. Détruite par les Sarrasins, elle fut rebâtie par Louis-le-Débonnaire, puis réparée, au commencement du xe siècle, par Guillaume, duc d'Aquitaine. Voilà les seuls renseignements historiques que j'aie trouvés sur Saint-Julien; mais en supposant même que la restauration du duc Guillaume ait été complète, on peut se demander s'il en reste aujourd'hui quelques vestiges. En effet, dans son état actuel, l'église ne présente, je dis dans ses parties les plus anciennes, rien qui ne se rapporte à l'époque du bysantin fleuri; et si l'on admettait, par aventure, que ce style se fût développé en Auvergne plutôt qu'ailleurs, on ne pourrait, même dans ce cas, en fixer la date avant le commencement du xie siècle. Peut-être, il est vrai, trouverait-on une solution à cette difficulté, en supposant une troisième restauration dans le XIIe siècle, dans laquelle le chœur aurait été refait, ainsi que toute l'ornementation de l'église; la nef, c'est-à-dire ses murs et ses piliers, appartiendraient à l'époque du duc Guillaume. Quoi qu'il en soit, malgré le défaut d'ensemble, résultant des réparations gothiques, et d'autres réparations plus modernes et plus barbares, *la noble collégiale* (1) de Saint-Julien garde encore de nombreux vestiges de son ancienne splendeur. Je vais en esquisser brièvement la description.

C'est une basilique très allongée, terminée par cinq apsides semi-circulaires. En raison, peut-être, de leur longueur, ses trois nefs me semblent un peu étroites. Les collatéraux, d'ailleurs, sont presque aussi larges que la nef centrale, disposition peu gracieuse, et assurément fort ancienne, car dès l'époque du bysantin fleuri, on donna généralement à la nef centrale une largeur double de celle des collatéraux, et plus tard ce devint une règle à peu près constante. A Brioude, de même que je l'avais observé à Conques, les arcades sont remarquablement hautes, et cette tendance à l'élancement, bien faible sans doute si l'on compare Sainte-Foy ou Saint-Julien à des églises gothiques,

(1) Les chanoines de Saint-Julien prenaient autrefois le titre de *comtes*.

n'en est pas moins très sensible si l'on vient à les rapprocher des édifices construits dans d'autres provinces à la même époque.

Le chœur est fort court, car il ne comprend que trois travées; la nef en a six. Au-dessus et à l'entrée de ce chœur, s'élève une tour carrée d'abord, puis octogone à ses étages supérieurs (1). En ce point les murs latéraux s'élèvent, et deux vastes tribunes forment à droite et à gauche comme une espèce de transsept ou plutôt de chalcidique supérieur. Une cheminée à manteau conique, existant encore dans une de ces tribunes, en marque, ce me semble, la destination; du moins, pareille recherche se retrouve presque toujours dans les chapelles particulières réservées à de hauts personnages. Là sans doute, les grands dignitaires du chapitre noble de Saint-Julien, écoutaient la messe devant un bon feu.

Une petite crypte existe à l'entrée du chœur, mais sa voûte garnie de nervures minces et saillantes, prouve qu'elle n'est point de construction primitive, ou du moins qu'elle a été complètement restaurée vers la fin du XIVe siècle.

Excepté l'hémicycle du chœur qui s'appuie sur des colonnes isolées, toutes les arcades reposent sur des piliers fort épais, flanqués de colonnes engagées sur leurs quatre faces. Les arcades de la nef

(1) Elle était surmontée d'une flèche qui a été détruite récemment.

sont en plein cintre ainsi que les voûtes des collatéraux, les seules que l'on puisse considérer comme appartenant à la construction primitive, ou pour mieux dire, à l'époque bysantine. Là, elles sont d'arêtes et fort épaisses, à ce qu'il m'a semblé. Dans le chœur, les arcades sont en ogive; telle est aussi la forme des arcs qui portent la tour, des voûtes qui couvrent les deux tribunes supérieures dont je viens de parler, enfin de l'entrée de toutes les chapelles (1). Presque partout l'ogive est en tiers point, mais dans l'hémicycle du chœur elle devient très surhaussée et m'a paru d'une élégance remarquable. Les fenêtres du chœur et des chapelles qui l'entourent, ainsi que celles de la tour, sont en plein cintre. Quant à la nef, elle était éclairée autrefois par trois fenêtres en plein cintre surmontées d'une rose, au sommet de chaque travée; mais, dans une réparation qui paraît avoir eu lieu au XIVe siècle, cette disposition a été modifiée; quelques fenêtres sont devenues ogivales, se sont élargies, et leur tympan s'est orné. En même temps toute la voûte a été refaite.

Les différences assez marquées que l'on observe entre le chœur et la nef donnent lieu de croire, ainsi que je l'ai avancé plus haut, que celui-ci est relativement moderne; cependant il appartient toujours bien décidément à la période bysantine,

(1) Toutes ces ogives sont d'ailleurs accompagnées de détails bysantins.

et entre ces deux parties de l'église, un intervalle d'un siècle au plus est le plus long que l'on puisse admettre. On pourrait, à la vérité, expliquer jusqu'à un certain point l'emploi de l'ogive dans le chœur, tandis que le plein cintre a été préféré dans la nef, par le besoin de donner une grande force aux arcs sur lesquels s'appuie la tour. L'ogive se montre fréquemment au milieu d'arcs en plein cintre avec une destination semblable; mais ici, la différence tranchée qui se fait remarquer dans la construction de la nef et dans celle du chœur se reproduit encore dans l'ornementation, et je crois qu'il en faut nécessairement conclure une différence de date. J'y reviendrai tout à l'heure.

Des arcades basses à l'entrée de la nef, des piliers plus larges, caractérisent suffisamment le narthex intérieur. Au-dessus sont trois salles (1), (correspondant aux trois divisions de la nef), qui autrefois n'en faisaient qu'une, comme on peut s'en assurer en examinant des murs de refend, qui masquent en partie des chapiteaux historiés, terminés avec beaucoup de soin. Toutefois, cette disposition est fort ancienne, car une de ces salles (on la nomme la chapelle de Saint-Michel) est entièrement peinte à fresque; or ces peintures, qui ne peuvent être postérieures à la première moitié du XIIIe siècle, couvrent un de ces murs de refend.

(1) On y monte par un escalier rampant, qui s'étend dans le collatéral Sud de la nef.

Maintenant, un seul toit couvre toute l'église, mais il est évident qu'autrefois une terrasse, ou du moins un toit très plat, couvrait les collatéraux, et que celui de la nef était beaucoup plus élevé (1). Je ne puis m'expliquer la destination de deux plateformes au-dessus des tribunes qui s'élèvent à l'entrée du chœur. Là, une grande arcade en ogive, à pointe émoussée, s'appuyant aux contreforts des murs latéraux, forme à l'extérieur comme un énorme machicoulis, absolument semblable à ceux du palais des papes à Avignon. Au sud de l'église, et au-dessus d'une petite porte, on voit un autre machicoulis semblable aux précédents, et qui leur est contigu, mais un peu moins élevé. Rien dans l'appareil n'indique qu'ils soient sensiblement postérieurs à la construction primitive; au contraire, certaines incrustations de pierres coloriées, très caractéristiques, et que l'on voit dans d'autres portions de murailles assurément fort anciennes, datant au moins du commencement du XIIe siècle, se retrouvent sur l'un de ces machicoulis. Que l'église de Saint-Julien ait été fortifiée, le fait n'a rien d'extraordinaire en soi, il est même hors de doute (2), mais pourquoi ces machicoulis

(1) Autour du chevet, on observe les amorces d'un toit qui couvrait autrefois les bas-côtés du chœur, un peu plus élevé que le toit moderne. Au milieu de l'appareil de ces amorces se trouvent quantité de tuiles plates à crochets, la plupart *brisées*, fort semblables aux tuiles romaines. Peut-être proviennent-elles de la démolition de l'église du XVe siècle?

(2) On conserve dans l'église deux *ex voto* très curieux, qui la

dans un lieu où la hauteur des murs éloigne l'idée d'une attaque? Passe encore au-dessus de la petite porte, mais les deux autres, à droite et à gauche du chœur, ne se projettent qu'en dehors de murs épais et sur le point le moins accessible. Autrefois, peut-être, de semblables défenses s'étendant d'un contrefort à l'autre, entouraient l'église d'une fortification continue. Toutefois, c'est une pure supposition que je présente, et j'avoue que, malgré un long examen, je n'ai trouvé aucun indice certain qui vînt confirmer le fait que je propose comme une explication.

La façade occidentale de Saint-Julien est presque nue. Ce n'est qu'un grand mur appuyé par quatre contreforts et percé de quelques fenêtres étroites. Autrefois, une tour s'élevait au-dessus de cette façade, mais aujourd'hui les étages supérieurs en sont détruits à la hauteur du toit de la nef. La porte principale, toute moderne et d'un style pitoyable, remplace probablement une porte plus ancienne dont il ne reste plus aucun vestige. Il y a en outre deux grandes entrées latérales, donnant à peu près au milieu de la nef, l'une au Sud et l'autre au Nord, toutes les deux précédées d'un porche assez bas que soutiennent des colonnes courtes et trap-

représentent telle qu'elle était encore au XVIIe siècle. Alors une enceinte crénelée et flanquée de tours environnait tout l'édifice. La porte de cette enceinte, pratiquée dans une tour plus grosse que les autres, était encore défendue par une redoute. La date d'un de ces tableaux est l'année 1636.

pues de style bysantin, d'ailleurs médiocrement sculptées. Je crois ces porches contemporains du chœur. — On voit dans celui du Nord quelques restes de fresques trop mutilées pour qu'on s'y arrête, mais qui m'ont paru porter le caractère du XIVe siècle.

Le système de décoration consistant dans le mélange symétrique de matériaux de couleurs différentes et tranchées, système dont nous avons vu à Conques comme un début timide, se trouve ici produit sur une grande échelle, et pourtant les réparations successives ont fait disparaître beaucoup des anciennes incrustations. Tout le gâble du porche Nord en est encore couvert. Qu'on se figure une mosaïque grossière composée de losanges, de carrés, de bandes horizontales, de couleur blanche, rouge ou noire, et tranchant fortement sur le reste de l'appareil. Les moulures des archivoltes sont rouges, et les cintres présentent une alternance régulière de claveaux noirs et blancs. Même système, mais encore mieux marqué, à l'extérieur du chevet. C'est là qu'on trouve la plus grande variété de dessins, de même qu'un soin et une coquetterie remarquables dans l'exécution de ces mosaïques. Là, ce sont des étoiles noires sur un fond blanc, ici des cercles, plus loin des zigzags. Les colonnes qui flanquent les fenêtres se détachent sur la muraille, par la couleur de leur fût d'un rouge très intense. Telle est aussi la couleur des moulures qui surmontent les archivoltes;

les claveaux sont noirs et blancs. En général, les parties lisses du chevet sont revêtues d'incrustations noires et blanches, les moulures saillantes et les colonnettes sont rouges, tandis que pour les modillons, les chapiteaux et tous les ornements sculptés avec quelque délicatesse, on a employé un calcaire ou un grès blanc. L'ornementation de la tour est du même genre que celle du chevet, mais beaucoup moins bien conservée; pourtant les alternances régulières de couleur s'y montrent encore bien évidemment. Il semble qu'autrefois une large bande rouge régnât autour des apsides, s'étendant avec une largeur égale sur le soubassement qui les porte. Aujourd'hui bien des pierres blanches ou grises, résultat de réparations plus ou moins anciennes, sont venues se mêler au grès rouge et en dérangent l'uniformité. Pourtant il en reste encore assez pour faire croire que ce n'est point un hasard qui a placé de la sorte cette zone éclatante.

Au premier abord, cette ornementation bigarrée surprend plus qu'elle ne plaît, et il faut pour l'apprécier que l'œil s'y habitue. Bientôt on se prend à l'aimer, et l'on en vient même à la regretter, lorsqu'en quittant l'Auvergne on passe dans un pays où, dans les constructions, on ne fait usage que de matériaux d'une couleur uniforme.

Nul doute que la grande variété de couleur, dans les roches des terrains volcaniques qui entourent Brioude, et qu'on trouve dans presque toute l'Auvergne et le Velay, n'ait donné l'idée de ce système d'incrustations et de mosaïques, qu'on observe ailleurs dans les pays où se rencontrent des circonstances semblables ou analogues. Mais quelle est la date de ce système dans les provinces que je viens de nommer? Il est difficile de la préciser. Seulement, on peut dire avec assurance que les incrustations colorées, appliquées à l'ornementation extérieure des surfaces lisses, accompagnent assez constamment le style bysantin fleuri, et cessent à l'apparition du style gothique. Dès le milieu du XIe siècle, elles sont fréquentes dans le Velay et l'Auvergne; je n'oserais affirmer qu'elles ne soient pas beaucoup plus anciennes, et les curieuses archivoltes du théâtre de Mandeure (Doubs) prouvent que ce moyen de décoration n'était point inconnu aux architectes du Bas-Empire.

On dit que Saint-Julien était autrefois pavé en mosaïque. Aujourd'hui l'apside centrale seulement a conservé quelques petits carreaux bizarrement découpés, noirs et blancs, qui forment une espèce de marqueterie grossière. — Trois espèces de modillons se remarquent à l'extérieur de Saint-Julien. Autour des aspides, ce sont des têtes fantastiques; le long de la nef de simples corbeaux seulement épannelés; enfin, autour du chevet leur apparence est uniforme : qu'on se représente une suite de cylindres minces placés les uns audessus des autres en encorbellement. En Auvergne, ce type devient presque constant.

L'ornementation intérieure de la collégiale de Brioude, est des plus remarquables; et, dans aucune église bysantine, on ne verra des sculptures plus fines, un travail plus soigné, une plus grande variété de motifs. Par leur composition, quelquefois même par leur exécution, plusieurs de ces chapiteaux se rapprochent tellement de l'antique, qu'ils justifient, jusqu'à un certain point, l'opinion de quelques antiquaires, qui, dans l'église actuelle, voudraient voir un monument du IVe siècle. Sur un des chapiteaux de la nef, par exemple, un génie ailé tenant un thyrse, et monté sur un tigre, paraît une copie de quelque bas-relief enlevé à un temple de Bacchus. Plus loin, des griffons, buvant dans une coupe, rappellent un grand nombre de sculptures romaines. Toutefois, lorsqu'on examine attentivement ces imitations, la fantaisie bysantine, son caprice bizarre, se révèlent bientôt dans les additions qui surchargent le type original. C'est ainsi que les tigres antiques, qui ont inspiré le sculpteur de Brioude, n'avaient pas certainement une langue, qui, après bien des contorsions, forme la tige d'une palmette. Par cet exemple, pris au hasard, on jugera de la transformation qu'ont subie, à Brioude, des types antiques, dont l'influence se fait pourtant sentir. D'autres chapiteaux, et c'est le plus grand nombre, reproduisent les sujets favoris du moyen-âge, surtout les supplices des damnés. Dans ce nombre, j'ai remarqué un diable à tête de taureau, étranglant deux joueurs de harpe, avertissement charitable, donné à messieurs les jongleurs, ennemis naturels des ecclésiastiques.

Chaque province a son goût particulier en architecture, goût qui se manifeste jusque dans certains détails d'ornementation, qu'il se complaît à répéter. Rien de plus fréquent que la reproduction de quelques sujets qui ont joui de la faveur générale, pendant un temps plus ou moins long, et sur une étendue de pays plus ou moins vaste. En Auvergne, il n'est personne qui n'ait observé combien sont fréquents les chapiteaux ornés de ces griffons, dont je parlais tout à l'heure. Un autre chapiteau qui montre, sur chacune de ses faces, un aigle aux ailes éployées, ne se représente pas moins souvent. Son prototype ou du moins le plus bel exemple que j'en connaisse, se trouve à Saint-Julien, et, son grand caractère ainsi que sa parfaite exécution m'ont tellement frappé, que je le crois digne d'être moulé pour la collection de l'École des Beaux-Arts.

Dans la nef, la plupart des chapiteaux sont historiés; dans le chœur, au contraire, on ne voit que des touffes de feuillages fantastiques quelquefois entremêlés de petites têtes sortant de l'aisselle des feuilles. J'ai depuis longtemps observé que la substitution des formes végétales aux figures d'hommes ou d'animaux indiquait la fin du style bysantin. Le mélange des têtes aux feuillages annonce en quelque sorte la transition de la mode du chapiteau historié à celle du chapiteau végétal, que bientôt l'art gothique adopta exclusivement. Cette considération, venant à l'appui des différences de construction que je signalais tout à l'heure, me détermine à regarder le chœur comme décidément postérieur en date à la nef.

Il me reste à parler des fresques de la chapelle Saint-Michel. Malheureusement l'humidité les a fortement endommagées au point d'en altérer toutes les couleurs d'une manière notable. Cependant, et malgré l'incorrection du dessin, elles offrent encore un très grand intérêt. Tout est peint dans cette salle, parois, voûtes, fûts de colonnes, jusqu'aux chambranles des fenêtres. Au milieu de la voûte on voit le Christ dans une *vesica piscis* entouré des attributs des évangélistes, expliqués par des légendes à demi effacées. Au-dessus du bœuf se lit cette inscription singulière : LVCAS VT BOS. Sur la paroi du Nord, c'est un mur de refend relativement moderne, est représenté le Jugement dernier, cet éternel sujet des artistes du moyen-âge. Des diables monstrueux, verts, rouges, et d'une taille gigantesque, torturent les damnés. Sur une autre paroi, parmi un assez grand nombre de figures plus ou moins mutilées, on distingue deux rois recevant des couronnes de la main d'un ange (Clovis et Charlemagne ou peut-être Constantin et Clovis), puis les Vertus théologales foulant aux pieds les personnifications des Vices qui leur sont opposés. Ces Vertus sont de grandes figures bien raides, enfonçant avec un air de nonchalance une pique dans la gorge d'une autre figure aussi nulle d'expression. Les principales compositions de cette chapelle sont séparées les unes des autres par des encadrements sur lesquels serpentent des rinceaux bizarres, mais dont les couleurs sont heureusement harmoniées et dont l'effet général est extrêmement agréable. Si j'en juge par le dessin des figures, ces fresques appartiennent à l'époque de transition, et comme le mouvement des arts s'est manifesté plus tard dans la peinture que dans la sculpture, elles gardent encore beaucoup du caractère bysantin. Elles ressemblent aux fresques de l'église de Sainte-Marie à Metz, et suivant toute apparence, elles se rapportent à la même époque, c'est-à-dire au commencement du XIIIe siècle.

En repassant à Brioude, j'ai vu qu'on avait nettoyé quelque peu les parois de la chapelle Saint-Michel. Avec beaucoup de patience et de soins, on parviendrait peut-être à faire revivre les couleurs en plusieurs endroits où elles sont aujourd'hui presque invisibles; mais la première chose à faire et la plus importante, c'est de fermer les fenêtres de cette salle, ou pour mieux dire d'y faire des fenêtres, autrement l'humidité détruirait petit à petit tout ce qui reste de ces anciennes peintures.

La situation de Saint-Julien exige de promptes réparations. La tour, le chevet, les salles au-dessus du narthex, toute la toiture, sont dans un état déplorable. J'appelle tout votre intérêt, Monsieur le Ministre, sur cette belle église, qui malgré tout ce qu'elle a souffert, peut encore être rangée parmi les monuments les plus remarquables que possède l'Auvergne.

Entre Brioude et Saint-George d'Aurat, à droite de la route qui mène au Puy, on aperçoit quelques grosses pierres qui paraissent les restes d'un monument celtique assez considérable. Il y en a cinq, dont deux seulement sont debout aujourd'hui. On voit des entailles en apparence faites au ciseau à la partie supérieure de l'une d'elles. Ces entailles sont-elles anciennement faites? C'est ce qu'il est impossible d'affirmer aujourd'hui. Au reste il y a plus d'un exemple d'un travail semblable dans les monuments de cette espèce, et l'on sait qu'à Stonehenge, par exemple, les piliers du *cromlec'h* ont des mortaises ou des tenons pour s'emboîter avec les pierres horizontales qui servent d'impostes. Autant que j'en ai pu juger, ce groupe de pierres a fait partie d'un dolmen assez considérable.

LE PUY.

(Anicium.)

CATHÉDRALE.

L'aspect de la ville est des plus pittoresques. Ses maisons, comme une suite de gradins, couvrent la pente fort raide d'une montagne couronnée par d'énormes masses de déjections volcaniques, qui de loin semblent menacer ruine. Au pied de ces rochers, sur un plateau fort étroit, espèce de palier à cet escalier gigantesque, s'élève l'église cathédrale dominant toute la ville. Une position presque inaccessible, et par conséquent très facile à défendre, détermina Évodius, huitième évêque du Velay, à y transférer le siége de son diocèse, qui jusqu'alors avait été, comme tout semble le prouver, la ville de Saint-Paulien, autrefois la cité des Vellaviens. Cet Évodius, dont on ne connaît guère l'histoire, passe pour avoir fondé la première église du Puy, et quelques antiquaires même pensent que la cathédrale actuelle offre encore des vestiges de cette construction, qui remonterait au ve siècle, peut-être à la fin du ive. D'après quelques données assez vagues, d'autres supposent qu'elle aurait été bâtie au ixe, date que l'examen du monument rend beaucoup moins improbable que les précédentes. Ainsi que la plupart des grandes églises, Notre-Dame du Puy s'est formée lentement par une suite de corrections et d'additions d'époques différentes, en sorte que ses parties les plus anciennes, modifiées à plusieurs reprises, ont perdu beaucoup de leur caractère. Toutefois, on ne saurait nier que la première construction ne soit fort ancienne, car les changements principaux qu'elle a subis appartiennent eux-mêmes au système bysantin. Or, deux changements apportés au plan original et parfaitement reconnaissables, n'ont pu avoir lieu qu'à des intervalles assez longs, et le plus moderne pourtant ne peut être postérieur au XIIe siècle. Ce n'est donc point trop hasarder que de prendre le IXe pour la limite la plus éloignée, lorsque, de l'aveu général, le XIIe est la plus rapprochée de nous.

Avant de rechercher les dates de ces différents changements, j'essaierai de donner une idée de l'église dans son état actuel. C'est une longue basilique à trois nefs, sans apside, ou, si l'on veut, le prolongement du chœur qui, à l'extrémité orientale de l'église n'est plus accompagné de ses collatéraux, forme une apside carrée. On compte huit travées depuis le fond du chœur jusqu'au mur occidental. Chaque travée est couverte d'une coupole, et cette espèce de voûte, incontestablement très ancienne, peut être invoquée comme une présomption à l'appui de la date donnée aux premières constructions.

Au Sud, un porche donne accès dans le chœur, non pas immédiatement, mais par une grande salle ou vestibule en retour sur ses murs latéraux. Même disposition au Nord, moins le porche avancé. Au-dessus de ces deux vestibules, au Nord et au Sud, sont de vastes salles voûtées aussi hautes que la nef. Ce point doit être noté. — J'ai parlé du plateau très resserré, sur lequel l'église est bâtie; en s'étendant à l'Ouest, elle arriva bientôt à dépasser le sol horizontal et à s'avancer sur la pente escarpée de la montagne. Pour conserver à l'aire du monument une surface plane, il fallut soutenir par des voûtes son prolongement occidental qui se projeta au-dessus de l'escarpement, et, par suite, l'entrée principale fut placée dans l'intérieur et au centre actuel de l'église, au point où le plateau commençait. Sous les voûtes dont j'ai parlé passait un escalier qui aboutissait à la cinquième travée de la grande nef, précisément à l'entrée du chœur actuel. De là, le dicton populaire : « qu'on entrait à Notre-Dame par le *nombril*, » c'est-à-dire par le milieu de l'église, « et qu'on en sortait par les *oreilles*, » c'est-à-dire par les vestibules en retour sur le chœur. Aujourd'hui, cette disposition originale a disparu en partie. M. de Galard, l'un des derniers évêques du Puy, fit fermer l'entrée souterraine et détourner l'escalier de manière à le faire aboutir dans le collatéral Nord de la nef. Par ce changement, on sacrifia le cloître qui longe l'église de ce côté, et il fallut en abattre un angle entier.

La disposition de l'église est à peu près la même dans toutes ses travées. Des piliers épais soutiennent les arcades qui séparent la nef des collatéraux. Au-dessus de ces arcades s'élève une fausse galerie, ou plutôt un placage de trois arcades ou niches portées par des espèces de consoles. L'amortissement de cette arcature supérieure forme comme une large corniche, derrière laquelle s'ouvre, dans chaque travée, une fenêtre en plein cintre, flanquée de deux autres fenêtres figurées ; des colonnettes géminées les accompagnent, et reçoivent les retombées de la coupole; une autre fenêtre éclaire les bas-côtés. Chaque travée est séparée de la travée voisine par une arcade perpendiculaire à l'axe de la nef; l'une de ces arcades contient une galerie, qui sert de pont pour passer d'un côté à l'autre du toit.

Dans les trois premières travées, à partir du mur oriental du chœur, on ne voit que des arcades en plein cintre. Les piliers sont irréguliers de plan (peut-être pour avoir été retouchés), et leur amortissement ne consiste qu'en un tailloir. La quatrième travée porte les traces évidentes d'une restauration : du côté du Sud, l'arcade inférieure est en ogive; celle du Nord, au contraire, est en plein cintre. Après la cinquième travée, l'ogive devient constante dans les arcades; les piliers prennent, en plan, la forme d'une croix, et se couronnent de chapiteaux variés et de style bysantin fleuri. Enfin, les deux dernières travées, à l'Occident, ont leurs piliers également en forme de croix, mais avec une colonne engagée dans chaque angle rentrant. Quant aux chapiteaux de ces colonnes, historiés pour la plupart, leur style ne diffère pas matériellement de celui que nous avons observé dans les précédents. J'omets certaines réparations encore plus modernes, et de style gothique (probablement du XIVe siècle), dont on trouve des preuves, surtout dans le collatéral Nord, attendu qu'elles n'ont pas modifié sensiblement les dispositions générales que je viens d'indiquer. Mais un changement plus grave et plus malheureux a dénaturé entièrement la troisième travée, c'est l'entrée du chœur. M. de Galard en est encore coupable. Les chanoines se plaignaient du froid résultant de l'élévation de la coupole, sous laquelle leurs stalles étaient placées. Pour leur épargner des rhumes, on baissa cette coupole, ou plutôt, on établit une seconde voûte au-dessous, que l'on décora avec tout le mauvais goût naturel aux architectes du siècle dernier.

Si j'ai pu rendre intelligible cette courte description, on devine déjà la disposition primitive de Notre-Dame, et ses accroissements successifs. Incontestablement, le chœur est la partie la plus ancienne, et l'absence d'ornementation le démontre suffisamment. L'emploi de matériaux antiques dans sa construction, et particulièrement des débris d'une frise romaine, encastrée à l'extérieur dans l'appareil, vient ajouter une preuve nouvelle (1). Les vestibules Nord et Sud, et les salles au-dessus (le plancher qui les sépare est

(1) Les ornements de cette frise qui présentent des attributs de chasse, donnent beaucoup de probabilité à l'opinion qu'un temple de Diane existait sur la hauteur où l'église est bâtie. On lit sur le mur oriental du chœur l'inscription suivante, tracée en lettres onciales de forme très ancienne :

OPE DIVINA LANGVENTIBVS Ē MEDECINA
adveNIENS GRATIS VBÍ DEFICIT ARS YPOCRATIS.

moderne), formaient les transsepts de l'église primitive, comme l'indique leur disposition intérieure et extérieure, analogue à celle du chœur. Quant à l'époque à laquelle ils en furent séparés, on peut supposer que ce fut vers la fin du XIIe siècle, et ce qui me le fait croire, ce sont des fresques et quelques ornements ajoutés, portant le caractère de cette époque, appliqués sur les murs qui séparent actuellement les transsepts du chœur.

Ainsi, l'église primitive ne comprenait que quatre travées, et sa forme était celle d'une croix. Toutefois, ce dernier point peut être contesté, et il n'est pas impossible que les transsepts ne soient qu'une addition postérieure aux quatre premières travées. Bien que je ne partage pas cette opinion, je dois exposer les faits qui militent en sa faveur. On sait que les travées de l'église sont couvertes par une suite de coupoles; et bien qu'elles aient été réparées, il n'en est pas moins certain, par l'examen des murs et de la maçonnerie qui les porte, que les réparations, de quelque époque qu'elles soient, ont respecté la disposition originelle, disposition d'ailleurs très rare, et qu'on ne rencontre que dans des monuments fort anciens, tels que les églises de Cahors, de Périgueux, etc. Or, point de coupoles dans les transsepts couverts par une voûte en berceau. Cette différence dans le système des voûtes, dont au reste on pourrait citer des exemples, ne me paraît pas pouvoir contrebalancer les présomptions qui résultent de la conformité très remarquable dans les autres dispositions de ces transsepts, avec celles des quatre travées primitives. L'appareil, d'ailleurs, est parfaitement semblable, et les assises de ces transsepts se lient intimement à leur point de contact avec celles du chœur.

Aux quatre travées primitives, deux autres furent ajoutées au XIe siècle, si je ne me trompe pas sur le caractère de l'ornementation qui distingue ces dernières. Le raccord avec les anciens murs, maladroitement exécuté, une notable différence dans la hauteur des fenêtres, la forme des piliers et celle des arcades, constatent ce premier changement, si toutefois ils n'en fixent pas positivement la date.

Suivant toute apparence, ce fut à la même époque que toutes les parties, alors existantes de l'église, c'est-à-dire ses six travées et les transsepts, reçurent une ornementation nouvelle, et à l'extérieur, uniforme. Je ne puis du moins attribuer qu'à cette restauration, des archivoltes et des moulures à billettes qui entourent le chœur, les transsepts et une partie de la nef; tentative de décoration qui, pour simple qu'elle soit, ne contraste pas moins fortement avec la grossièreté de la première construction, surtout avec ses piliers sans colonnes ni chapiteaux. Probablement encore, il faut donner la même origine à une tour octogone qui surmonte la coupole défigurée par M. de Galard. Elle est ornée de colonnes à chapiteaux historiés, et de moulures travaillées avec quelque recherche. Doit-on également rapporter au XIe siècle la décoration en pierres de couleurs rouge et noire, incrustées dans les gables du transsept et le mur oriental du chœur? Je le pense ; mais je ne présente mon opinion qu'avec une extrême réserve. En effet, ainsi que je l'ai dit plus haut, on ne connaît pas l'origine du système d'ornementation par ces mosaïques grossières, et il est tellement simple et tellement naturel, en ce pays si riche en matériaux de couleurs tranchées, qu'il a pu s'y manifester dès les temps les plus reculés. J'ajouterai que ces mosaïques, beaucoup moins élégantes que celles de Brioude, ne se composent guère que de carrés et de losanges.

Pour en finir avec la seconde époque de Notre-Dame, je crois que, dès lors, l'entrée bizarre au milieu de la nef, fut commencée, ainsi qu'une partie de l'escalier qui y conduisait. Je reviendrai plus tard sur les motifs qui me le font présumer.

Le troisième accroissement de la cathédrale comprend ses deux dernières travées à l'Ouest. C'est en quelque sorte une suite du premier; mais, cependant, l'art s'était perfectionné, et l'on en trouve une preuve dans le soin particulier apporté dans la bâtisse de cette partie de l'église, dans le plan gracieux des piliers, dans la grandeur et la noblesse de la façade.

En raison de sa position, cette façade est fort

élevée, car il y a une immense différence de niveau entre sa base et l'aire de l'église. A cela près, elle ne se distingue pas sensiblement du système général des façades bysantines, et présente à l'ordinaire de grandes lignes symétriques d'arcades et de fenêtres, étagées les unes au-dessus des autres, et séparées par des corniches horizontales. Je citerai seulement une innovation qui ne me paraît pas heureuse : les trois nefs ont chacune un fronton distinct, au lieu d'être comprises sous le même amortissement. Quant à l'ornementation, elle ne consiste guères que dans les alternances de couleur, ou les placages en mosaïque grossière, si communs dans cette province. Une seule corniche, et un petit bas-relief placé trop haut pour qu'on en puisse apprécier le travail : voilà tout ce que la sculpture a fait pour décorer cette façade. Les arcs des fenêtres et des arcatures appliquées aux différents étages sont généralement en plein cintre, mais la porte principale et la grande fenêtre au-dessus sont en ogive, sans doute pour lui donner une résistance plus considérable, en raison de la charge qu'elles ont à soutenir. Toutefois, cette précaution s'est trouvée insuffisante, car dès le XIVe siècle, la solidité de la façade inspirant de vives inquiétudes, on dut l'éperonner par un puissant contrefort qui nuit beaucoup à l'effet général. En outre, les bâtiments voisins qui resserrent la rue par laquelle on arrive à la façade, cachent en partie la base de l'église; et, cependant, la vue de cet immense escalier, dont les dernières marches se perdent dans l'obscurité, a quelque chose d'imposant et de mystérieux, qui prépare admirablement l'entrée d'un temple chrétien.

Les voûtes et les arcades de l'escalier n'ont point de forme constante, et l'on y voit le plein cintre et l'ogive employés avec une sorte d'indifférence. Cependant, le plein cintre se trouve assez fréquemment au-dessous de l'ogive, qui semble n'être ainsi placée que comme une garantie de solidité.

Le plan de l'escalier répète, en quelque façon, celui de l'église. Il est divisé en trois parties, correspondant aux trois nefs, par des piliers énormes, flanqués de grosses colonnes bysantines, et à chaque travée un large palier interrompt régulièrement la montée. Le second de ces paliers communique au Sud, à une porte latérale, donnant sur une rue; au Nord, à l'entrée de l'hôpital, bâtiment fort ancien, adossé à l'église, mais presque entièrement dénaturé par des dispositions modernes. En ce point deux chapelles, transformées aujourd'hui en magasins, s'ouvraient l'une à droite et l'autre à gauche, parallèlement à l'axe de la montée, et correspondant aux collatéraux Nord et Sud de la nef. Il fut un temps, je le présume, où l'entrée de l'église, sa porte extérieure, pour parler exactement, s'ouvrait à la hauteur de ce palier. C'était avant la construction des deux dernières travées occidentales, à la seconde époque de la cathédrale. Peut-être alors ces chapelles n'existaient pas encore.

On observe, en effet, dans l'appareil du mur qui les ferme à l'Ouest, des arcs anciens, n'ayant pas le même centre que celui des arcs de leurs portes et de la voûte actuelles. La porte latérale donnant sur la rue, du côté du Sud, offre une singularité semblable, et, dans son tympan, on aperçoit, enclavé dans l'appareil, un fragment d'un arc qui a dû être considérable ; d'où il faut conclure un changement complet, opéré dans cette entrée et toute cette partie de la fabrique (1). Je ne doute pas que là n'ait existé un porche qu'on a détruit pour le remplacer par la disposition actuelle ; or, ce changement n'a pu avoir lieu que lors de la construction des deux dernières travées. Après des indices aussi positifs, il paraît presque inutile d'ajouter une observation moins concluante, mais qui ne laisse pas d'avoir quelque poids, rapprochée des précédentes. La première marche, à partir du second palier (lequel, ainsi que je l'ai déjà dit,

(1) On remarquera que du côté de la rue, le cintre formant l'amortissement de la porte latérale est surmonté et comme doublé par une ogive destinée évidemment à augmenter son pouvoir de résistance.

Cet enclavement d'un arc dans un tympan me rappelle un fait aussi bizarre mais qu'il est moins facile d'expliquer. Dans l'appareil du mur oriental du chœur, au-dessous d'archivoltes en plein cintre, ornées de billettes, on distingue un grand arc en ogive qui les coupe irrégulièrement. Nul doute que cette ogive n'ait été faite en sous-œuvre, postérieurement aux archivoltes; mais dans quel but? Je ne puis le deviner. Sa position excentrique dans la muraille ne permet pas de supposer qu'on ait voulu percer une fenêtre qui depuis aurait été condamnée.

correspond à la troisième travée du côté de l'Ouest), porte l'inscription suivante, profondément gravée, et qui, prise dans le sens le plus littéral, indique que là fut l'*entrée*, le seuil de l'église :

NI CAVEAS CRIMEN CAVEAS CONTINGERE LIMEN
NAM REGINA POLI VVLT SINE SORDE COLI.

Les voûtes et les parois de cet escalier, du moins de la partie supérieure, étaient couvertes de fresques ; mais depuis peu d'années on les a fait disparaître sous une couche de badigeon. On en aperçoit pourtant encore quelques fragments. Ce sont des têtes de saints ou d'anges entourées de nimbes creusés dans la pierre, cannelés et fortement dorés.

Les portes des chapelles de l'escalier, en bois de cèdre, autant que j'en ai pu juger, sont couvertes de compositions tirées de l'Écriture-Sainte, sculptées en très-bas relief, et pourtant assez détachées du fond pour qu'elles ressemblent à des découpures appliquées sur un panneau uni : elles sont cependant taillées dans la masse du bois, ce qui suppose un travail prodigieux. Les figures maigres et démesurément longues, les ornements riches et capricieux, et surtout un caractère particulier dans l'exécution, qu'il est plus facile de sentir que d'exprimer, rappellent fortement les marqueteries et les bas-reliefs indiens ou persans. Sur chaque panneau (il y en a six à chaque chapelle), une légende explique le sujet sculpté par un vers léonin, tracé en lettres liées d'une manière bizarre et d'une forme en apparence fort ancienne (1). Il est aisé de voir qu'autrefois les figures et les ornements ont été peints et dorés, et je crois qu'avec un peu de soin, il ne serait pas impossible d'en retrouver les couleurs. La porte de la chapelle voisine de l'hôpital est bien conservée, mais l'autre est tellement vermoulue, que légendes et sujets sont devenus presque méconnaissables. Il y a dans l'intérieur de ces deux chapelles quelques peintures, mais en aussi mauvais état que celles de l'escalier.

Je reviens maintenant à l'église, et j'en examinerai successivement quelques-unes des parties les plus remarquables. Le porche avancé, sous lequel on passe pour entrer dans l'ancien transsept Sud, se distingue par la richesse de son ornementation. A peine trouverait-on le moindre espace lisse au milieu d'une inépuisable variété de moulures et de détails très-finement sculptés, qui recouvrent les archivoltes, les piliers, et jusqu'aux fûts des colonnes engagées. Tous ces ornements d'ailleurs appartiennent au style bysantin fleuri, et après avoir loué leur rare élégance, je ne vois qu'une seule

(1) On y remarquera l'U employé au lieu du V.

singularité qui mérite une description détaillée. Les arcades qui servent d'entrée à ce porche, sont en ogive, mais doublées par un autre arc en plein cintre, qui ne tient à l'intrados du premier que par trois tenons en pierre, en sorte que dans la plus grande partie de sa courbe, l'extrados du cintre est séparé de l'intrados de l'ogive par un vide de plus d'un pied. Pareil tour de force est rare, ce me semble, dans la période bysantine, et c'est le premier exemple que je rencontre d'une disposition semblable. Le porche se rapporte de tous points à la fin du XIIe siècle, et cette date est d'autant plus remarquable, qu'on sait que le goût pour l'apparence de la légèreté, et la recherches des formes difficiles et extraordinaires, ne s'introduisit dans l'architecture du moyen-âge, qu'à une époque assez avancée de l'art gothique,

Les portes orientales des transsepts ne sont pas moins curieuses que celles des chapelles de l'escalier, mais leur conservation laisse beaucoup à désirer. Elles ont perdu la plus grande partie de leurs ornements, et l'on ne peut guères juger aujourd'hui que de quelques-unes de leurs ferrures. Parmi ces dernières il faut noter des têtes de lions ou de tigres d'un caractère original, et qui ressemblent d'une manière frappante aux têtes de bronze coulées par les maîtres Jean et Nicolas de Bingen, et que l'on voit à la cathédrale de Trèves. Deux lions en bois, sculptés d'un relief assez fort, sont encore conservés dans les panneaux supérieurs de la porte du transsept Sud.

Ainsi que dans beaucoup d'églises d'Italie, le clocher de Notre-Dame est isolé, sur l'alignement du collatéral Nord, et un peu au-delà du chœur, dont il est séparé par une petite cour. De même que la cathédrale, il paraît avoir subi plus d'une transformation, et ses étages supérieurs n'appartiennent pas à la même architecture que sa base. Celle-ci est carrée, flanquée d'une arcature figurée que soutiennent des pilastres sans autre amortissement qu'un simple tailloir. S'il m'est permis de hasarder une conjecture, cette base peut avoir été un baptistère dépendant de la cathédrale. Vraisemblablement au XIIe siècle on en fit un clocher, en y ajoutant une suite d'étages qui présentent, chacun dans ses fenêtres, un mélange d'ogives et de cintres. A mesure qu'il s'élève, ce clocher se retrécit sans perdre sa forme carrée; il se termine par une flèche légèrement obtuse. L'aspect n'en est point agréable, sinon à une grande distance, ce qui tient en partie, je crois, à ce que ses étages, en retraite les uns sur les autres, ne se profilent pas nettement sur le ciel. Je suppose qu'il n'a été achevé que dans le courant du XIIIe siècle, du moins je ne puis rapporter qu'à cette époque de grands pinacles gothiques, appliqués à l'un des derniers étages. L'ornementation est nulle, et l'ensemble de la construction n'a point de caractère décidé. On n'y trouve ni la légèreté gracieuse du style gothique, ni la sévérité imposante du style bysantin.

J'ai parlé des fresques peintes dans les salles supérieures des transsepts. Du côté du Nord, elles sont extrêmement endommagées, et je ne trouve à citer que quelques figures colossales de saints, très grossièrement exécutées, de style bysantin, et fort inférieures aux peintures de Brioude. Le transsept Sud a moins souffert, et les parois, les voûtes et les colonnes mêmes sont couvertes de grandes compositions, de figures isolées et d'une multitude d'ornements fantastiques. Malgré les ravages de l'humidité, et bien des mutilations modernes qui semblent faites à plaisir, plusieurs sujets sont reconnaissables, tels que le frappement du Rocher, la Cène, l'entrée à Jérusalem, etc.; mais il ne m'a pas semblé que ces compositions formassent une suite continue, du moins les scènes de l'Ancien et du Nouveau Testament sont mêlées, et je crois que le peintre ne s'est attaché qu'à couvrir les murs sans se mettre en peine d'établir, dans son travail, un ordre ou une symétrie quelconque. On sent qu'il ne faut pas attendre des artistes des XIIe et XIIIe siècles la moindre correction dans leurs dessins. Pourtant, on remarquera, dans les figures de cette salle, une certaine régularité, une certaine grandeur. Il me semble évident que la peinture au moyen-âge a conservé plus longtemps que la sculpture, non seulement, les procédés matériels, mais les traditions du *Beau* qu'elles avaient reçues de l'antiquité, traditions bien altérées sans doute par la maladresse et la barbarie des ouvriers, mais où cependant percent encore quelques restes de la pureté du goût classique. Il n'est personne qui n'ait remarqué la singulière ressemblance qu'ont entre eux tous les saints de la peinture bysantine : on dirait que les artistes ont tous copié un même modèle, et ce modèle est un type de beauté idéale. Assurément cette beauté n'est point *rendue*, mais elle est *cherchée*, et je ne veux que constater cette tentative tout infructueuse qu'elle soit. A mesure que l'art se perfectionna, la beauté des types, ou, pour parler plus exactement, le souvenir de cette beauté s'affaiblit de plus en plus. Au lieu de chercher le beau absolu, les artistes voulurent copier la nature sans choisir leurs modèles. L'idéal fut remplacé par le vrai, et c'est à l'époque où les artistes du moyen-âge avaient acquis le plus grand talent d'exécution, que leurs ouvrages nous présentent les formes les plus triviales et les plus laides. Que l'on compare à un beau tableau de Jean Van-Eyck quelque fresque d'un peintre inconnu du XIIe siècle, d'un côté, l'on verra une nature vulgaire rendue avec un talent d'imitation supérieur; de l'autre, une nature idéale se révélant malgré l'ignorance et la maladresse de l'artiste bysantin.

Au Nord de la cathédrale se trouve un cloître formé par quatre galeries voûtées, portées sur des arcades en plein cintre. Les chapiteaux des colonnettes qui les reçoivent sont en général historiés, et la plupart d'un travail très fin et très élégant.

Il y en a même quelques-uns entourés de feuilles d'acanthes et de volutes un peu capricieuses, qu'on serait presque tenté de prendre pour antiques, et je connais tel monument romain qui en montrerait assurément de plus bizarres et surtout de moins bien exécutés. Au dessus des arcades, une incrustation de pierres de couleurs différentes, et symétriquement arrangées, compose une décoration qui ne manque pas de grâce, et qui est plus soigneusement exécutée que celle qu'on voit aux gâbles des transsepts. Dans ce cloître, comme dans toutes les parties de la cathédrale, on observe dans la disposition générale et les détails des différences assez sensibles pour prouver que sa construction s'est opérée lentement, et qu'elle a été l'œuvre de plusieurs architectes. Si l'on considère la partie la plus ancienne, on remarquera qu'à l'exception des chapiteaux toute l'ornementation se réduit à des dessins très simples que forme, dans l'appareil, une certaine combinaison de pierres colorées. Ainsi l'on voit des claveaux alternativement noirs et blancs, une espèce de frise où, sur un fond blanc, se détachent des losanges ou des zigzags rouges, enfin des pendentifs qui présentent un appareil réticulé en mosaïque à carreaux noirs et blancs. Dans la partie la plus moderne, au contraire, la sculpture se mêle partout à ces incrustations : une multitude de petits bas-reliefs, de fantaisies bizarres, composent une frise continue, et chose assez rare au moyen-âge, la clef de tous les arcs se détache en forte saillie de l'archivolte, offrant soit une tête fantastique, soit une petite composition sculptée avec beaucoup de finesse. Enfin, la hauteur des arcades, leur diamètre, la disposition des piliers et des colonnettes, distinguent encore les deux parties de ce cloître.

Je viens d'indiquer d'une manière tout à fait générale les différences qui les caractérisent : je crois l'une commencée au XIe siècle, lors de la première addition faite à la cathédrale ; la seconde probablement postérieure d'un siècle à peu près, exécutée alors que l'on compléta Notre-Dame, en y soudant ses deux dernières travées occidentales. Au reste, une grande réparation dont on ne saurait préciser la date a laissé, dans les deux parties du cloître, des traces bien évidentes. Dans la frise sculptée, entre autres, des transpositions maladroites ne permettent aucun doute à cet égard. Enfin, les sculptures de cette frise, les chapiteaux et mêmes les colonnes des galeries, se rapportent à des styles tellement différents que, pour en expliquer la confusion actuelle, il faut admettre que, pendant toute la construction, on se soit servi occasionnellement de matériaux tout travaillés et préexistants. Quelques fûts de colonnes en marbre, par exemple, m'ont paru incontestablement d'origine antique.

Une assez grande salle, en apparence construite ou restaurée au XIVe siècle, communique avec ce cloître. Elle servait, autrefois, de chapelle mortuaire, et dans ses caveaux étaient enterrés les évêques et les chanoines du Puy. On vient de cacher, sous un épais badigeon, quantité de grandes fresques qui en couvraient les parois.

Anciennement, la cathédrale était fortifiée, et vraisemblablement dès son origine, car on sait que ce fut la position avantageuse de la montagne sur laquelle elle est bâtie, qui détermina son fondateur à en faire le siége épiscopal de la province. Une double enceinte séparait l'église de la ville, et longtemps la juridiction des évêques fut absolue dans le petit espace qu'elle renfermait, tandis que la ville basse avait ses magistrats et son gouvernement municipal à part. Il reste quelques parties des murs qui formaient cette enceinte, mais je n'ai rien vu dans ces vestiges qui ne fût très postérieur à la cathédrale. Un grand bâtiment qui s'y lie au Nord, un peu en retraite sur la façade, et adossé au cloître, paraît avoir été autrefois comme une espèce de citadelle au milieu de l'enceinte fortifiée. Il s'élève sur le bord de pentes fort escarpées, et ses murailles très hautes et très épaisses sont encore renforcées de puissants contreforts, et couronnées de créneaux et de machicoulis (1). Peut-être les évêques y firent-ils leur résidence ; peut-être y cherchaient-ils un asile dans un temps de troubles. Au Nord de ce bâtiment s'élève

(1) On remarque qu'il y a des machicoulis jusque sur les contreforts.

une tour carrée, beaucoup plus ancienne, et qui pourrait remonter au XIe siècle. Anciennement, elle servait de prison et de dépôt pour les archives; le premier étage est voûté, et la plateforme bordée de créneaux *sans machicoulis.*

D'autres fortifications, mais tellement ruinées, que leurs débris ne peuvent fournir aucun renseignement sur leur origine, couvraient le sommet et les pentes du rocher de Corneille (*Rupes Cornelii*), cette masse volcanique qui domine le plateau où la cathédrale est assise. Partout où les rochers laissaient quelques toises d'un terrain uni, on avait élevé des murailles; on en trouve des restes jusque dans les points les moins accessibles. Ces travaux militaires n'indiquent pas tant les dispositions belliqueuses des premiers évêques du Puy, que le besoin de sécurité au milieu des guerres continuelles qui furent, pour le moyen-âge, comme un état normal.

Quant aux fortifications particulières de la ville, il n'en reste aujourd'hui qu'une porte flanquée de tours fort basses, le fossé qui s'étendait devant les remparts étant depuis longtemps comblé. Ces tours, ouvertes du côté de la ville, sont couronnées de machicoulis fort élégamment découpés en ogive, et m'ont paru de la fin du XIVe siècle. On nomme cet unique vestige des anciennes fortifications du Puy la porte de Pannesac. Il est question de la démolir pour élargir une rue. Bien qu'il n'y ait rien de très remarquable dans l'architecture de ces tours, leur bon effet sur le boulevard qui sert de promenade, surtout les souvenirs qu'elles rappellent, en font désirer la conservation par tous les gens de goût.

MAISON DE LA PRÉVOTÉ; ÉGLISE SAINT-JEAN.

Au Nord de la cathédrale, et presque vis-à-vis de son clocher, on voit un bâtiment tout crevassé et presque en ruines, connu sous le nom de la Prévôté, et que l'on croit de construction romaine. Il est certain que plusieurs portions de ses murailles sont antiques, et l'examen de leur appareil, réticulé en quelques points, ne laisse pas de doute à cet égard. Peut-être même doit-on assigner encore une origine romaine à quelques arcades du premier étage et aux piliers qui les soutiennent. Mais tout le bâtiment se trouve aujourd'hui en si mauvais état, ses parties antiques sont mêlées à tant de réparations du moyen-âge ou modernes, qu'il faut renoncer, je crois, à connaître jamais sa destination primitive, et même à l'étudier.

Dans une cour intérieure de l'édifice, on a incrusté, je ne saurais dire à quelle époque, des débris de moulures antiques, des lambeaux d'inscriptions et plusieurs fragments de la même frise dont quelques morceaux se voient dans le mur oriental de Notre-Dame.

La maison de la Prévôté touche à la petite église Saint-Jean, dont une partie de l'enceinte est si non antique du moins d'une époque très reculée du moyen-âge. Il paraît certain qu'elle fut établie sur l'emplacement d'un édifice romain, et il est probable que quelques parties en auront été conservées. L'église se compose d'une nef unique, flanquée de pilastres ou de contreforts intérieurs, sans chapiteaux, et sur lesquels s'étend une corniche saillante, d'un style simple pour ne pas dire grossier. Deux forts piliers carrés, engagés, surmontés d'un tailloir, la séparent d'un chœur, ou plutôt d'une grande apside semi-circulaire, terminée à l'Est par un petit renfoncement carré. Six colonnes en marbre, antiques sans doute, appliquées le long de l'hémicycle, soutiennent une arcature qui forme deux niches de chaque côté du renfoncement carré. Au-dessus de cette arcature, et un peu en retraite, il y en a une seconde plus petite, également portée par des colonnes. Les unes et les autres ont des chapiteaux de pierre, d'un profil corinthien, mais grossièrement travaillés. On observe, entre tous ces chapiteaux, un rapport commun, c'est un diamètre moindre que celui de leurs fûts, singularité qui se reproduit souvent dans les édifices construits avec des débris antiques (1). La voûte de la nef, est d'arêtes

(1) La cathédrale de Cordoue en fournit un exemple frappant.

très épaisse, mais fort grossièrement maçonnée; celle du chœur forme une demi-coupole. Dans cette disposition que je viens d'esquisser, il s'en faut assurément que tout soit antique ou seulement appartienne à une même construction. Je doute fort que les voûtes et même les arcatures, ainsi que leurs chapiteaux, soient antérieures au XIe siècle. Il eût été très intéressant d'examiner l'appareil pour y chercher les traces des différentes époques de cette église; mais aujourd'hui, caché sous du plâtre et du badigeon, il ne peut plus offrir le moindre renseignement. J'oubliais de noter que les voûtes et les arcades de Saint-Jean étaient toutes en plein cintre.

CHAPELLE SAINT-MICHEL.

(*S. Michael de Segureto vel de Acu.*)

Dans un des faubourgs du Puy, non loin de la rivière de Borne, s'élève une masse volcanique, haute de plus de 230 pieds (1), et plus semblable à un obélisque qu'au rocher le plus escarpé que l'imagination puisse concevoir. C'est une des mer-

(1) Suivant M. de Lalande, le mont Saint-Michel a 265 pieds de hauteur, 170 de diamètre dans sa partie moyenne, et environ 510 à sa base. Le sommet n'en a pas plus de 40 à 45 dans son plus grand diamètre. M. Bertrand a évalué à 85 mètres la hauteur du rocher.

veilles du Puy, et le nom vulgaire et ancien de *l'aiguille* en caractérise bien l'étrange structure. A voir la base et la partie moyenne du rocher Saint-Michel, on le croirait inaccessible, et pourtant une chapelle avec un clocher en couronne le sommet. Avant d'y poser une seule pierre, il a fallu tailler ou construire péniblement, le long de cette espèce de tour, un escalier dont les marches surplombent en maint endroit. Qu'on se représente la difficulté et la dépense d'une semblable entreprise! L'honneur en revient à un doyen du chapitre du Puy, Truannus, qui en conçut le dessein et le mit en partie en exécution (1) vers la fin du xe siècle. Je dis en partie, car il me paraît évident que la cha-

(1) D'après Oddo de Gissey, la première pierre de Saint-Michel aurait été posée en 965, et « l'ouvrage mené au faîte ou paracheyé l'an 984, en la saison que Guy II séait évêque du Puy, selon que l'on peut apprendre d'une ancienne charte de fondation d'icelle, et d'autres manuscrits que j'ai leus. » Le frère Théodore (Hist. de N.-D du Puy. 1693) fixe à l'an 962 la pose de la première pierre, sans indiquer à quelle époque l'édifice fut terminé. « Gotescalque en ayant béni la première pierre au mois d'aoust 962, passa le 1er décembre à une meilleure vie. » Ces renseignements, dit le frère Théodore sont « *tirés de l'instrument de la fondation de cette église, et du livre des obits de la cathédrale.* » Cet instrument ne peut être autre que celui que cite la Gallia Xª., tom. II, p. 755, et daté *die Iovis XV Kal. Aug. anno octavo, regnante Lothario rege*, laquelle année correspond à l'année 962. Oddo de Gissey n'indique nullement ses autorités pour la date de l'achèvement de la chapelle, et le frère Théodore ne paraît pas en avoir eu connaissance. — Je ne m'explique point comment la charte datée du mois de juillet ou d'août 962 n'est point signée de Gotescalque, qui ne mourut qu'en décembre, mais bien de Guy ou Wido qui prend pourtant le titre d'évêque.

pelle s'est progressivement accrue, et les probabilités sont qu'elle n'a été terminée que vers le milieu du XIe siècle.

Dans son état actuel elle occupe le sommet du roc dont elle suit exactement toutes les sinuosités; elle se compose d'un chœur ou d'un réduit carré, et d'une nef semi-elliptique dont le grand axe est oblique par rapport à celui du chœur. Dans l'intérieur de cette nef, six colonnes légères, disposées en hémicycle, reçoivent les retombées d'une voûte d'arêtes en plein cintre. D'autres colonnes, appliquées le long des murs, soutiennent des arcades plaquées, fort inégales de diamètre. On entre dans la chapelle par un escalier très raide, qui débouche au Sud du chœur. Les chapiteaux des colonnes historiées, pour la plupart, le travail assez fini de leur ornementation, la légèreté de leurs fûts, se rapportent certainement au XIe siècle; et si la chapelle, comme le prétend Oddo de Gissey, était «*parachevée*» dès l'année 984, il est plus que probable qu'elle se réduisait alors à l'enceinte carrée du chœur, dépourvue d'ornementation et d'un tout autre style que la nef. Il est d'ailleurs évident que la petite chapelle de Saint-Michel a reçu d'autres additions par la suite des temps, et la plus remarquable est son clocher, qui, malgré son architecture très-médiocre, ne laisse pas de produire un admirable effet par sa position. On voit qu'il a été copié sur celui de la cathédrale.

La façade, ou plutôt la porte d'entrée de la chapelle, me paraît contemporaine de la nef. Elle est curieusement ornée d'incrustations de couleur, de moulures et de bas-reliefs, assez finement sculptés. C'est une espèce de petit bijou en son genre; et qui voudrait se faire une idée de l'ornementation particulière à l'architecture bysantine du Velay, ne pourrait en trouver un plus gracieux modèle. J'aime surtout l'effet très-heureux des deux archivoltes qui surmontent la porte; la plus grande trilobée, l'autre intérieure, cintrée, toutes les deux couvertes de rinceaux, et d'ornements sculptés, et comprises dans une mosaïque à compartiments blancs, rouges, jaunes et noirs. Ces mosaïques, très-harmonieuses de ton général, font, à mon sentiment, ressortir avec beaucoup d'avantage les corniches sculptées, ainsi que les bas-reliefs de l'archivolte trilobée, et ceux qui remplissent cinq petites arcades au-dessous du toit.

Quelques marches au-dessous de cette entrée, on voit une galerie couverte qui tourne en suivant une corniche du rocher : autrefois elle paraît avoir été surmontée d'un petit bâtiment d'habitation, destiné sans doute à un gardien, peut-être à quelques religieux bien dévots. Je ne sais si une citerne creusée dans le roc auprès du chœur, renfermait jadis quelque eau miraculeuse, ou bien si elle devait simplement suffire aux besoins des habitants de cette pyramide naturelle.

L'escalier qui serpente autour du rocher a été réparé à plusieurs reprises. Dans le bas on remarque, incrustés dans une muraille, plusieurs fragments de bas-reliefs de style bysantin, fort grossièrement exécutés, et que je crois très-anciens. Trois figures, entre autres, tenant chacune un vase d'où échappe un liquide, représenteraient, suivant une opinion fort accréditée, trois naïades, personnifications des trois rivières qui arrosent la vallée du Puy. Mais voilà, ce me semble, une idée trop antique, ou, si l'on veut, trop moderne pour l'époque probable de ces bas-reliefs. Je ne connais pas au moyen-âge un seul exemple de fleuve personnifié ainsi d'une façon toute païenne, et je pense qu'alors les dévots auraient pu se scandaliser d'une semblable allégorie.

L'intérieur de Saint-Michel était tout couvert de fresques; aujourd'hui l'on n'y trouve plus qu'un ignoble badigeon. Ce trait de vandalisme est tout récent, et ce qu'il y a de plus triste à rapporter, c'est qu'on a détruit ces antiques peintures, en dépit des réclamations des personnes les plus éclairées de la ville, et au mépris des avertissements et des défenses des autorités supérieures.

CHAPELLE OCTOGONE

DU FAUBOURG DE L'AIGUILLE.

On donne communément le nom de *temple de Diane* à un petit bâtiment octogone, situé dans le faubourg de l'Aiguille, et dont l'administration municipale du Puy vient de faire récemment l'acquisition. Sa forme inusitée a pu seule accréditer son origine romaine, mais un examen attentif prouve que ç'a été une chapelle chrétienne, bâtie sur un plan dont le XIe et le XIIe siècle offrent plus d'un exemple, et dont la cathédrale d'Aix-la-Chapelle est un des types les plus anciens et les mieux conservés. L'octogone du Puy, d'environ 12 pieds de diamètre, est flanqué à l'intérieur de colonnes qui en garnissent les angles rentrants. Sur le côté qui regarde l'Est, se détache en saillie une petite apside qui ne laisse pas de doute sur la destination religieuse de l'édifice. A l'opposite est l'entrée principale; une autre porte enfin s'ouvre au Nord. Une voûte à huit pans avec une ouverture à son sommet, singularité dont je ne m'explique pas le motif, couvre l'octogone. Autrefois, je le suppose, toutes les parois étaient décorées à l'intérieur de peintures à fresque, mais elles ont disparu avec le temps, et il ne reste plus sur les murailles qu'un ciment très fin, préparation ordinaire pour recevoir les couleurs. A l'extérieur, chaque face de l'octogone présente une arcade figurée avec une archivolte quelquefois festonnée qui s'appuie sur deux longues colonnettes. Les archivoltes en général, composées de claveaux noirs et blancs, alternant ensemble, tranchent sur l'appareil des pendentifs réticulé et composé de pierres uniformément noires. Sur chaque face une fenêtre étroite.

A droite et à gauche de l'apside on observera que ces fenêtre n'occupent pas le milieu de l'arcade; on a craintsans doute que trop rapprochées de l'apside, elles ne reçussent pas assez de jour.

La porte principale, celle de l'Ouest, est surmontée d'une large archivolte, à claveaux noirs et blancs. Le tympan qu'elle renferme offre le même système de décoration; des cercles noirs, tangents les uns aux autres, s'y détachent sur un fond blanc (1). Au milieu d'un linteau monolithe, en forme de fronton, on remarque une croix grecque sculptée, et, de chaque côté de cette croix, deux cercles qui diminuent de diamètre, proportionnellement au retrécissement du linteau. Les deux derniers cercles, à droite et à gauche, qui se détachent de la pierre en très bas relief, ressemblent à des boules aplaties. Des deux autres, l'un est divisé par une courbe qui figure un croissant; l'autre contient un cercle intérieur, tous les deux d'une saillie légère. Je décris minutieusement ces ornements, que je ne prétends d'ailleurs nullement expliquer, parce qu'ils ont paru à quelques archéologues une représentation des différentes phases de la lune, d'où ils ont conclu que l'octogone était un temple de Diane. On peut admettre l'explication sans doute, mais la conclusion semble forcée, et c'est donner beaucoup

(1) Le tympan de la porte Nord est orné dans le même goût; seulement les incrustations noires y figurent des étoiles.

trop d'importance à ces détails, que supposer d'après ce seul fait l'existence d'un temple païen. Bien plus, ces emblèmes ont fait négliger complètement aux observateurs des indices beaucoup plus sûrs, et qui fixent même l'origine de l'octogone. L'appareil, régulier, en moellons, le style de l'ornementation générale, la forme des chapiteaux ne peuvent s'appliquer qu'à une chapelle bysantine.

Ces chapiteaux en particulier, ornés de rinceaux ou de crochets, et les soubassements, très bizarres et très variés des colonnettes extérieures, me semblent appartenir à une époque déjà avancée de l'architecture bysantine; et en les supposant du commencement du XIIe siècle, je pense leur donner la date la plus ancienne qui soit compatible avec leur caractère.

Pour tout ornement extérieur, l'apside n'a que quelques corbeaux, assez grossièrement sculptés, autour de son toit, d'ailleurs aucune apparence d'incrustations semblables à celles qui décorent les autres faces de l'édifice.

Les Templiers, dit-on, avaient des propriétés dans le faubourg de l'Aiguille. Probablement cette chapelle en faisait partie, car on sait que beaucoup de leurs églises avaient la forme octogone. L'oratoire des Templiers, dans l'arsenal de Metz, offre les plus grands rapports avec la chapelle du Puy, et ne s'en distingue guère que par l'allongement de son apside.

SAINT-LAURENT.

Cette église, dépendant autrefois d'un couvent de dominicains, et située dans la partie basse de la ville, se fait remarquer par son architecture gothique. Au Sud de la Loire, les églises gothiques sont rares, et dans le Velay elles paraissent comme une importation étrangère. Celle-ci, surtout, bâtie au XIVe siècle, montre combien l'art gothique eut de peine à se naturaliser dans cette province. Sa forme est celle d'une basilique à trois apsides, correspondant à autant de nefs. Les piliers qui les séparent se composent de colonnettes groupées, surmontées de chapiteaux dont les corbeilles, écrasées et remarquablement basses, ne présentent ni la finesse de sculpture, ni la variété dans les formes végétales, qu'on rencontre à la même époque dans les édifices du Nord de la France. Couverts de monstres, de rinceaux et de caprices bizarres, la plupart attestent encore l'attachement des artistes aux types bysantins; quelques-uns même pourraient donner lieu à des méprises, si, à côté de leurs ornements historiés, on ne voyait ces feuilles larges et frisées, qui caractérisent parfaitement les derniers temps de l'art gothique. A la base d'un de ces piliers, on lit l'inscription suivante en lettres onciales renversées, sans doute pour la plus grande commodité du lecteur : « *En l'an* MCCCXL *fust faicte ce....* »

Les fenêtres, très étroites, n'ont qu'un seul meneau ; point d'arcs-boutants ; mais des contreforts épais et saillants ; nulle ornementation intérieure, si ce n'est quelques peintures effacées et barbouillées de badigeon.

La porte principale, actuelle, au Sud et à l'entrée de la nef, est décorée avec plus de richesse que de goût. C'est, à mon avis, une addition qui n'est pas antérieure au milieu du XVe siècle. On y remarquera des voussures remplies d'anges bouffis, à chevelure flottant sur les tempes, placés chacun sous un dais très minutieusement refouillé, et qui ne manque ni de grâce ni d'élégance. A mon sentiment, ces dais valent infiniment mieux que tout le reste des sculptures.

Depuis peu, l'on vient de restaurer et de rétablir, dans une chapelle au Nord de l'église, le monument élevé à la mémoire du connétable Du Guesclin, autrefois placé dans le chœur. Cette restauration, exécutée avec beaucoup de soin, fait honneur à M. Eynac, curé de Saint-Laurent, qui l'a dirigée lui-même. On a respecté scrupuleusement l'ordonnance ancienne du mausolée, qui se compose d'un soubassement carré portant la statue du connétable, dans une niche ornée de figurines, de clochetons, etc. Tous les détails de sculpture échappés aux Vandales ont été replacés dans leur ordre, et le reste fidèlement copié d'après des dessins de l'ancien tombeau. Toutefois, il est une addition fâcheuse que je dois signaler; c'est un casque d'une forme beaucoup trop moderne, sculpté dans l'intérieur de la niche. Il ressemble malheureusement aux casques de carton que portent les figurants de nos petits théâtres. Des peintures et des dorures, assez sagement distribuées, complètent cette restauration. La statue du connétable, de grandeur naturelle, avait été mutilée par les briseurs d'images; sans doute ils prenaient pour un saint le chef des grandes compagnies qui avait rançonné un pape. Heureusement, un moule existait de la tête du héros, et l'on s'en est servi pour la restaurer. Cette statue passait pour le portrait le plus authentique du connétable. Ses traits, durs et fortement marqués, expriment l'énergie et l'obstination, et l'on pourrait prendre ce masque comme un type très caractéristique des physionomies bretonnes. Du Guesclin était petit; mais la largeur de ses épaules indique la vigueur et la force. Couché sur le dos et les mains jointes en prière, il est revêtu d'une armure complète, moins le casque, qu'on ne donnait qu'aux chevaliers morts sur le champ de bataille. Sa large ceinture d'honneur attachée fort bas, au-dessous des hanches, soutient une dague et l'épée de connétable.

Après sa mort devant Châteauneuf de Randon, son corps fut déposé quelque temps à Saint-Laurent où la reconnaissance des habitants du Velay lui éleva ce tombeau, mais ses entrailles seulement y furent enfermées; son cœur fut envoyé à Dinant, et son corps à Saint-Denis. Dans l'inscription, l'orthographe de son nom ne s'accorde ni avec celle de Dinant, ni avec celle de la Charte de don Henri au musée de Rennes. Au Puy on l'appelle *Claikin*, à Dinant *Gléaquin*, à Rennes, *Claquin*. Gléaquin me paraît conserver davantage l'étymologie armoricaine. Du Guesclin, le moins probable de tous ces noms, est, et sera le seul populaire (1).

FONTAINE DES FARGES.

Au bas de la montée qui mène à la cathédrale, on voit une fontaine construite ou rétablie avec les débris d'un petit monument auquel se rattache une tradition curieuse, rapportée par le F. Théodore. En 1320, un juif avait assassiné un enfant de chœur de la cathédrale, irrité de l'entendre chanter la naissance du Sauveur; et l'ayant enterré secrètement, il se croyait certain de l'impunité, lorsque le dimanche des Rameaux, l'enfant de chœur, miraculeusement ressuscité, se mêla tout d'un coup à la procession qui passait devant la

(1) Cy gist très noble he et vaillant messire Bertrand Claikin, conte de Longueville, iadis connestable de France, qui trespassa l'an mil CCC LXXX et le XIII jour de jui.

fontaine des Farges, accusa son meurtrier, et le fit lapider par le peuple. A cette occasion tous les Juifs furent bannis du Puy, et une ordonnance de Charles-le-Bel accorda aux enfants de chœur de la cathédrale le singulier privilége de juger les Juifs qui enfreindraient ce ban. Un arrêt mémorable de 1373, rapporté par le F. Théodore, prouve que ce privilége des enfants de chœur reçut son exécution, et qu'ils l'exercèrent effectivement. La croix que le chapitre avait fait dresser à la fontaine des Farges, paraît avoir été retouchée anciennement, car les débris que l'on en voit m'ont paru appartenir plutôt au xve siècle qu'au xive.

MUSÉE.

Je ne dois point oublier le musée du Puy, l'un des plus remarquables que j'aie vus en province. Outre une fort belle collection minéralogique, il renferme plusieurs bons tableaux flamands et quelques-uns de notre école moderne. Un Miéris d'un admirable coloris, un Wénix, une tête d'étude attribuée à Van Dyck, un Teniers, douteux, mais fort beau quel qu'en soit l'auteur véritable, voilà les tableaux qui m'ont le plus frappé dans cette galerie. Je citerai encore un portrait original de Henri II, faible d'exécution, mais néanmoins fort curieux, parce qu'il est étudié avec un soin minutieux qui paraît garantir la ressemblance.

On conserve dans la même salle un assez grand nombre de fragments antiques trouvés dans le département, et surtout aux environs du Puy. Quelques-uns ont été retirés des murs de la cathédrale, et comme les débris de la frise, dont j'ai parlé plus haut, paraissent avoir appartenu à un temple de Diane, en raison des attributs de chasse qui s'y trouvent fréquemment répétés. J'indiquerai brièvement les morceaux qui méritent une attention particulière : 1°] Deux petits génies, de ronde-bosse, trouvés à Margeaix, dans des ruines romaines qui paraissent se rapporter à un établissement thermal. L'un va jeter des filets, l'autre pêche à la ligne. Les figures sentent un peu la manière, mais ne manquent ni de grâce, ni de finesse. A tout prendre, on doit les considérer comme un ouvrage très estimable d'une époque de décadence. — 2° Une tête de Naïade, du même temps sans doute et du même style, malheureusement fort mutilée. Je crois qu'elle a été trouvée également à Margeaix. 3° et 4° Un bas-relief en grès très fin, représentant plusieurs hommes partant pour la chasse et conduisant une biche apprivoisée. L'un des chasseurs porte une *arbalète*. Malheureusement toute la partie supérieure du bas-relief a été sciée. Une autre arbalète, exactement semblable à la première, est sculptée avec d'autres instruments de chasse sur un cippe antique, qui, dans le moyen-âge, a été creusé pour servir de cercueil. Voilà la première fois que je trouve une arbalète représentée dans un monument antique. Elle ressemble d'ailleurs de tout point à celles du moyen-âge, si ce n'est que, l'arc étant fort grand, on peut conclure qu'il était de bois ou de corne, au lieu d'être d'acier. 5° Un grand bas-relief, assez grossièrement sculpté, contenant huit figures divisées en plusieurs groupes dont l'explication me paraît bien difficile. L'opinion la plus accréditée y voit un mariage romain. Quant à moi, je pense qu'il représente plusieurs scènes indépendantes les unes des autres, peut-être quelques-unes de ces allégories mystiques, si fréquemment reproduites sur les tombeaux des IIIe et IVe siècle, et dont les Champs-Élysées d'Arles offrent tant d'exemples. Sans hasarder d'explications, je me bornerai à constater la grande ressemblance de composition et de manière entre ces tombeaux et ceux d'Arles.

On trouve encore dans le musée du Puy quelques inscriptions, la plupart mutilées (dont il faut voir l'interprétation dans le savant ouvrage de M. Mangon de Lalande, sur les antiquités de la Haute-Loire), des poteries romaines, des débris de mosaïques, des vases de verre, etc. Enfin le moyen-âge y est représenté par beaucoup de fragments précieux, des tombeaux, des chapiteaux qui ont appartenu à des églises aujourd'hui détruites, des reliquaires et des ivoires bysantins et gothiques.

J'ai particulièrement remarqué un oliphant du XIIe siècle, d'un travail curieux et d'une belle conservation, et parmi plusieurs beaux meubles, acquisitions récentes, je recommanderai aux amateurs une magnifique chaire d'abbé de la Renaissance, et un grand fauteuil du XVe siècle, parfaitement travaillé, qui porte les armoiries de Polignac.

POLIGNAC.

Le château ou plutôt les ruines du château de Polignac sont situées à deux lieues, à l'Ouest du Puy, sur une hauteur volcanique de même nature et de même formation que le rocher Corneille et le mont Saint-Michel, mais la forme en est bien différente. C'est un grand plateau, s'élevant brusquement du fond d'une vallée, presque plane à son sommet et seulement accessible du côté du Nord; partout ailleurs il présente des bords littéralement taillés à pic. Aujourd'hui, les ruines de cette forteresse saccagée dans la révolution n'offrent plus qu'un médiocre intérêt, mais quelques vestiges antiques, objets de savantes controverses, et une tradition accréditée dans le Velay, ont donné, au rocher de Polignac, une certaine célébrité parmi les antiquaires. « Saint-George, premier apôtre du Velay, dit la légende, détruisit un temple et un simulacre d'Apollon élevés en ce lieu par les païens. » Or, il existe encore à Polignac un masque colossal dont la bouche est percée d'un trou; on suppose qu'autrefois ce masque recouvrait exactement la margelle d'un certain puits que l'on montre encore : et cette bouche, au moyen d'un portevoix et d'un souterrain pratiqué dans le rocher, rendait des oracles, à peu près comme la tête enchantée de don Quichotte. Quant à la haute antiquité de l'oracle, on se fonde sur l'existence à Polignac d'une inscription romaine datée de l'an 47 de notre ère; enfin, un bas-relief extrêmement fruste, existant au musée du Puy, avait paru confirmer l'hypothèse précédente, et offrir une représentation de la manière usitée de consulter l'oracle. En effet, on y a *cru* voir un homme courbé sur une espèce d'autel, inclinant la tête comme pour écouter; mais, en réalité, le bas-relief en question n'a rien de commun avec l'oracle. Au lieu *d'une tête*, c'est *une main* déposant une offrande, que verra tout observateur non prévenu. Sans m'occuper donc des conclusions qu'on pourrait tirer d'un fait matériellement inexact, je vais décrire, tels que je les ai vus, les objets qui se rapportent à la tradition dont je viens de rendre compte.

Le masque est remisé aujourd'hui dans une vieille tour du château, et l'on ne connaît pas sa position primitive, on ne sait même s'il a été trouvé à Polignac. Il est de granit gris, grossièrement sculpté, et maintenant très fruste. Sa hauteur est de trois pieds, sa largeur de trois pieds huit pouces. Une barbe et des cheveux très épais, lui donnent quelques rapports avec le masque du Jupiter; mais ces boucles de cheveux, frisées et travaillées, on dirait à coups de hache, forment des touffes si étranges, qu'en les voyant je me rappelai aussitôt une tête de Neptune avec des dauphins se jouant dans sa barbe. Je suis loin de prétendre que ces boucles soient des dauphins, un autre observateur y pourrait voir autre chose. Qu'il me suffise de constater que le masque est barbu, et l'on sait que jamais barbe ne fut attribuée à Apollon. Il n'est pas une divinité à qui cette tête ne convienne mieux; que ce soit un Jupiter, un Neptune, un *Dis pater*, je l'accorde; je nie absolument un Apollon barbu. D'ailleurs, ainsi que l'a remarqué M. Mangon de Lalande (Antiquités de la Haute-Loire), il est évident que ce n'est pas un fragment d'un colosse brisé, mais bien un masque travaillé pour être isolé, et, comme il semblerait, pour un énorme médaillon. Cette destination même devient encore plus probable, si l'on remarque au-dessous de la barbe l'indication d'une épaule de très bas-relief et coupée circulairement comme si tout le masque avait dû être compris dans un encadrement. Au lieu de bouche, un trou ovale, irrégulier, poli à l'intérieur, traverse de part en part tout le bloc de granit, qui a près de quinze pouces d'épaisseur. On peut croire ce trou creusé après le masque terminé, car il entame la barbe, et les lèvres sont presque entièrement détruites. Si ce n'est pas une mutilation moderne, dont on a peine à comprendre l'objet, il faut supposer du moins que le trou a été très élargi.

Après avoir bien examiné le masque sous tous les aspects, je le crois antique. Le travail, les traits, l'ajustement de la barbe rappellent la sculpture romaine du bas-empire, et ce morceau offre le mélange d'un certain sentiment de grandeur, avec une singulière rudesse d'exécution. Je le crois antique, je le repète; toutefois je n'oserais pas affirmer que ce ne soit un pastiche de la Renaissance.

Près du masque on conserve une dalle de granit, d'origine également inconnue, qui porte l'inscription suivante :

TI CLAVDIVS CAES
AVG GERMANIC
PONT MAX TRIB
POTEST V IMP
XI PP COS IIII (1)

Pour moi ces deux antiques n'ont d'autre relation apparente, que leur dépôt dans le même lieu, et fût-il prouvé qu'ils proviennent de la même fouille, resterait encore à démontrer comment se rattache à l'oracle d'Apollon la formule précédente, qui peut s'appliquer à toute espèce de monument.

(1) L'an 47 de notre ère. La première lettre de la dernière ligne est effacée, mais on suppose qu'il faut lire XXI.

Il importe surtout de remarquer qu'il n'existe, sur le plateau de Polignac, aucune trace de constructions romaines; nuls autres débris sculptés, point de ces petites pierres de parement si communes sur les emplacements des édifices antiques. J'ai vainement cherché pendant des heures un fragment de tuiles ou de briques, au milieu des terres labourées au sommet du plateau. En un mot, je *vu* n'ai pas vu, personne, à ma connaissance, n'a sur le rocher de Polignac, un seul objet d'origine romaine sinon ce masque et cette inscription (1). Voilà, ce me semble, une forte présomption, que l'un et l'autre y ont été apportés long temps après l'époque romaine.

Non loin des ruines du château, dans la partie Est du rocher, on trouve un grand trou circulaire d'environ quinze pieds de diamètre, creusé dans le roc vif, et bien qu'en partie comblé de pierres, profond encore de trente-cinq à quarante pieds, on le nomme l'*Abyme*. Anciennement, dit-on, on a constaté sa forme qui serait celle d'un cône ren-

(1) Il y a dans le village, au bas du rocher, un autre fragment antique, encastré dans les murs de l'église : c'est une pierre funéraire; mais il y a peu de villages du Velay où l'on n'en trouve, et au surplus cela ne conclut rien pour le rocher. — Quelques antiquaires, il est vrai, ont cru voir un reste de ce prétendu temple d'Apollon dans un pignon debout au milieu des ruines du château, et remarquable par un fragment de corniche et une archivolte en granit sculptée avec quelque soin; mais l'appareil est irrégulier, et n'appartient qu'au moyen-âge. La forme de l'arc, ses ornements et le style des moulures, indiquent la fin du XIIe siècle.

versé. Suivant une autre version, ce serait dans ce trou que le zèle des chrétiens aurait précipité les débris du temple d'Apollon; mais ces débris personne ne les a vus, et il faut admettre, qu'à l'exception de l'inscription et du masque, rien ne soit resté à la surface du sol. Or, c'étaient précisément les objets qui devaient être le plus exposés à la fureur aveugle des premiers néophytes. Prétendra-t-on, que sur un plateau de rochers, recouverts d'une mince couche de terre végétale, on ait pu faire disparaître, sans qu'il en reste le moindre vestige, un temple considérable? Mais Attila, lui-même, n'a rien pu détruire aussi complètement.

Quant à moi, je ne doute pas que cette grande excavation n'ait été pratiquée dans le moyen-âge, par les seigneurs de Polignac. C'était peut-être un immense silo, un grand magasin souterrain destiné à recevoir, en cas de siége, des approvisionnements considérables. Je ne crois pas que ç'ait été un réservoir, car je n'ai aperçu nul moyen d'y amener les eaux.

J'arrive au *puits de l'oracle*, éloigné de ce trou de vingt-cinq pas. La margelle, d'un seul bloc de grès, ayant à peu près trois pieds de diamètre, est ornée de quelques moulures arrondies, et, dans sa partie supérieure, présente plusieurs trous qui évidemment ont reçu des crampons de métal. Ils auraient servi, dit-on, à fixer le fameux masque, mais on en trouve de semblables à toutes les margelles qui sont surmontées d'une armature en fer, à laquelle des sceaux sont suspendus. Quant aux moulures, il y en a d'aussi grossières dans des édifices romains, mais elles n'ont point de caractère particulier, et partant ne peuvent fixer nullement la date de la margelle.

On m'apporta une échelle, et muni d'une torche de paille, je decendis dans le puits. A moins de vingt pieds, je rencontrai le sol, exhaussé en quelques endroits par des gravois qu'on y a jetés; mais il y a de l'eau dans les parties basses. Je me trouvai dans une salle carrée, de sept mètres de côté, *voûtée en ogive*, dont les murs sont enduits d'une matière rougeâtre, qui ne s'est bien conservée que dans les parties supérieures. Dans le bas, on *voit* un appareil assez régulier de moellons, d'environ dix-huit pouces de longueur sur sept ou huit de hauteur. La salle est divisée par une rangée de cinq arcades en plein cintre, reposant sur des piliers carrés, épannelés et comme cannelés sur leurs angles. La coupe des claveaux, la forme de ces piliers, celle de la voûte, l'appareil de la maçonnerie ne permettent pas de méconnaître une construction du moyen-âge, dont la date probable serait la fin du XVe ou le commencement du XVIe siècle. Peut-être la salle est-elle plus ancienne, car ces arcades, qui semblent plus modernes, peuvent avoir été ajoutées après coup pour consolider la voûte. Quelle que soit la date, je le répète, il n'y a rien de romain là dedans, et c'est, sans contredit, une citerne établie *par* les propriétaires du château. Cette destination ne paraît pas douteuse, quand on examine deux conduits, bouchés aujourd'hui, qui amenaient les eaux de pluie dans ce réservoir.

Toutes les suppositions, dont je crois avoir démontré le peu de fondement, ne reposent en dernière analyse que sur une étymologie erronée. On a voulu que Polignac dérivât d'Apollon. Or, le nom ancien de ce lieu que nous ont conservé quelques chartes, est non pas *Apolliniacum*, mais bien *Podiacum*, *Podemniacum*, *Podempniacum*, toutes dénominations venant de *Podium* et qui s'expliquent par la forme et la hauteur du rocher. *Podium* ou Puy, est le nom que l'on donne dans le midi à toutes les montagnes ou collines escarpées. J'ignore à quelle époque il a plu aux seigneurs *de Podemniaco* de changer leur nom, peut-être prétendaient-ils par ce moyen rattacher leur généalogie à celle de l'Arverne Sidoine Apollinaire (1). Quoi qu'il en soit, avec cette étymologie tombe tout l'échafaudage d'hypothèses que j'ai d'abord exposées. Il ne reste ni temple ni oracle. Deux fragments antiques apportés dans un château du moyen-âge à une époque incertaine, ne peuvent

(1) Au reste, ce changement n'est peut-être qu'une transformation opérée presque naturellement par le génie des idiomes modernes. *Solempniacum* est devenu Solignac. Toutefois les seigneurs de Polignac auraient toujours substitué dans leur nom un L à un D. J'ai sous les yeux une charte de 1273, signée d'un vicomte *Armandus de Podemniaco*.

mener à aucune conclusion, si ce n'est peut-être à prouver le goût et la curiosité des anciens seigneurs du pays.

Il me reste à dire quelques mots des ruines du moyen-âge qu'on voit sur le sommet du rocher. Une muraille d'appareil irrégulier l'entoure entièrement et en suit toutes les sinuosités; en quelques points, où le roc en s'abaissant forme des espèces de gradins, cette enceinte est double et même triple. De distance en distance des tours rondes s'en détachent, surtout dans les parties d'une certaine longueur et en droite ligne. On voit dans les tours et les courtines quelques meurtrières, évidemment destinées à des arquebusiers. En général il y en a quatre dans chaque tour; quelquefois elles sont percées dans le manteau (1) d'un machicoulis, en sorte qu'on pouvait par là tirer de loin obliquement, et par l'ouverture du machicoulis verticalement au pied même du rempart. Du côté du Nord, le seul accessible, une double enceinte au travers de laquelle passe un chemin oblique, défendait la porte d'entrée, pourvue d'ailleurs de machicoulis et d'un pont-levis. Des embrasures pour des petites pièces d'artillerie, qu'on n'observe qu'en ce seul point, paraissent ajoutées après coup, car cette partie des murailles est vraisemblablement la plus ancienne. J'ai remarqué avec surprise que les plateformes

(1) J'appelle ainsi la partie du machicoulis qui se projette en avant de l'ouverture verticale, et qui repose en général sur des consoles.

qui longent les remparts et sont supportées par des consoles, ont rarement plus de dix pouces de large, bien qu'elles soient souvent très élevées.

Le donjon, grande et haute tour carrée, couronnée de machicoulis, est moins ruiné que le reste, grâce sans doute à la solidité de son appareil très-épais et composé de gros blocs parfaitement taillés. Il s'élève d'une base oblique comme celle d'une pyramide. On monte dans la tour par un escalier en hélice, mais la plateforme est abattue ainsi que les quatre étages, dont le premier seulement paraît avoir été voûté. Les fenêtres carrées, que je crois de construction primitive, me font croire que ce donjon ne remonte pas plus loin que le commencement du xve siècle.

Quant aux bâtiments d'habitation, ils ne paraissent pas avoir été fortifiés, les ouvrages extérieurs suffisant à leur défense. Répandus sur le plateau, ils forment trois groupes, séparés aujourd'hui, mais qui pouvaient autrefois être réunis par des galeries ou des cours. Le premier, et le plus ancien de tous, est situé au Sud-ouest du donjon. C'est là qu'on voit ce prétendu mur antique dont j'ai parlé plus haut. J'ai observé également au milieu de ces ruines, un petit tympan orné de rinceaux de style bysantin. — Pour ce qui est de la disposition primitive, je ne crois pas possible de la déterminer aujourd'hui, à l'exception peut-être d'une grande salle et d'une chapelle. Tout ce groupe peut remonter au xiie siècle, je dis les parties les plus anciennes, mais il a été fréquemment réparé.

Le second groupe de ruines, placé à angle droit du premier, et presque au Sud du donjon, offre des débris en apparence plus modernes, et pourtant moins bien conservés. Tout auprès, et toujours au Sud, on trouve *le puits de l'Oracle et l'abyme.* Enfin, en se dirigeant au Sud-est, on arrive au troisième groupe, éloigné d'environ 150 pas du précédent, et situé sur la partie la plus basse du plateau. Quelques salles voûtées, de vastes cheminées, des caves et des magasins existent encore, et m'ont paru appartenir au xve siècle. On n'y voit pas d'ailleurs le moindre vestige d'ornementation.

De ce qui précède, on peut conclure qu'au XIIe siècle un Château assez considérable existait sur le plateau de Polignac, qu'il s'est notablement accru par la suite, et que les fortifications en ont été renouvelées ou réparées au xve siècle.

L'église du village de Polignac, située au bas du rocher, mérite d'être visitée. C'est une basilique à trois nefs, terminée par trois apsides, celle du milieu à cinq pans, les autres semi-circulaires. Les piliers, fort massifs, et dont le plan représenterait une croix, sont flanqués dans leurs angles de colonnes bysantines à chapiteaux historiés ou ornés de feuillages dont le travail me semble assez bon. Partout le plein cintre se montre dans les voûtes aussi bien que dans les arcades. Il faut noter comme un caractère particulier à l'architecture bysantine du Velay, le resserrement et l'élévation des collatéraux.

La façade occidentale, flanquée de quatre contreforts très-saillants, n'a pour toute décoration qu'un tympan en mosaïque grossière (1), et des archivoltes à claveaux alternativement blancs et noirs, au-dessus de la porte d'entrée, et de deux fenêtres trilobées répondant aux collatéraux. Au Midi, une autre porte d'un mauvais gothique du XVe siècle, donne accès dans l'église, la première étant condamnée.

J'ai parlé d'une pierre funéraire antique, encastrée dans une muraille de cette église. Elle se voit dans le haut du chevet. C'est un bas-relief en grès blanc qui représente un homme en buste, d'un travail très grossier, mais incontestablement antique. Au-dessous, les lettres suivantes extrêmement frustes.

D O(?) M
.... I MARVILNI
.......M.......

Je pense que l'O de la première ligne, assez peu distinct d'ailleurs, n'est qu'un ornement dénaturé par le temps, et qu'il faut par conséquent lire *Diis Manibus*. D. O. M serait une dédicace inouïe dans un monument funéraire. Je pense encore que

(1) Ce sont des losanges blanches et noires.

la dernière ligne est effacée, car je ne puis admettre l'interprétation que l'on a proposée :..... *Marvilini Memoriæ.* La position de *Memoriæ* serait un inversion sans exemple dans les inscriptions, même des plus bas temps.

SAINT-PAULIEN.

(*Ruessio ?*)

Le grand nombre de fragments antiques que l'on découvre tous les jours dans le bourg de Saint-Paulien et dans ses environs annoncent dans ce lieu l'existence d'une cité romaine. On croit avec beaucoup de vraisemblance que c'est l'emplacement de *Ruessio*, l'antique cité des Vellaviens. Une inscription dont la découverte est due à M. Mangon Delalande met ce fait à peu près hors de doute. On la voit encastrée dans un mur bâti sur les fondements de l'ancienne église Notre-Dame :

ETRVSCILLAE
AVG CONIVG
AVG N̄
CIVITAS VELLAVORVM
LIBERA (1)

(1) Etruscilla était femme de Trajan Dèce, empereur de 250 à 254. On suppose que des immunités avaient été accordées aux Vellaviens par son entremise.

Les champs voisins du bourg sont remplis de tuiles romaines, de fragments de poterie ; çà et là le soc de la charrue heurte des tronçons de colonnes ou des substructions recouvertes de terre. Tout indique une ville considérable. Je ne doute pas que des fouilles bien dirigées n'en déterminassent exactement l'enceinte, et ne fissent découvrir la position des principaux édifices qu'elle devait contenir, tels qu'un théâtre ou un cirque, des thermes, des temples, etc. Si vous jugiez à propos, Monsieur le Ministre, d'accorder une allocation spéciale pour explorer cette localité, suivant toute apparence les résultats seraient intéressants pour l'archéologie.

L'église de Saint-Paulien a été presque entièrement défigurée par des réparations très modernes, et à l'intérieur surtout elle a perdu tout son caractère. Elle avait primitivement la forme d'une croix latine, mais on en a récemment condamné les transsepts. Pour toute décoration sa nef n'a plus que des pilastres surmontés de tailloirs, que je soupçonne d'avoir été sinon refaits du moins retouchés tout récemment.

Les voûtes sont modernes, à l'exception de celle du transsept dont le cintre en berceau me paraît appartenir à la première construction. La façade surmontée d'une tour gothique du XIVe siècle, je crois (1), a été surélevée à cette époque, comme

(1) On en reconstruisait la flèche lors de mon passage à Saint-Paulien.

le prouve la différence marquée de l'appareil, d'un assez fort échantillon, et très régulier dans les parties inférieures, petit et irrégulier au contraire dans celles qui ont été ajoutées. Vers le même temps il semble qu'on ait voulu fortifier l'église, car on a construit devant cette façade deux contreforts épais, réunis par un large machicoulis. Ces contreforts en outre, ont eu pour objet d'assurer le mur occidental contre l'augmentation de charge résultant de la surélévation de la tour. La porte occidentale est basse et assez étroite; au-dessus une meurtrière, puis une grande fenêtre avec des claveaux alternant de couleur. Voilà toute la décoration de cette façade. Des incrustations en partie détruites aujourd'hui sont appliquées comme à Brioude, autour des apsides, dont les chambranles et les archivoltes montrent ces alternances de couleur que j'ai eu si souvent occasion de citer. Saint-Paulien est d'ailleurs la seule église du Velay proprement dit où j'aie vu des apsides ornées de la sorte.

Il me semble, mais je n'ose l'affirmer, que les matériaux de teintes très variées (1) tels qu'en offrent les carrières voisines, ont conduit ici les architectes à certaines combinaisons de couleurs quelquefois calculées, mais seulement par places, sans qu'ils aient prétendu à une régularité complète. Telle est du moins l'opinion que je me suis

(1) Ce sont des grès blancs, jaunes, gris, roses, violets, des laves et des basaltes gris ou noirs, etc.

faite en examinant les murs latéraux de cette église.

Je n'ai pu me procurer de renseignements sur sa date, que ses restaurations de différentes époques ne permettent guère de déterminer. Les apsides qui peut-être, au reste, n'appartiennent pas à la construction primitive, ne sont pas antérieures à la fin du XIe siècle, mais la partie inférieure de la façade et des murs latéraux me paraît beaucoup plus ancienne.

On trouve à l'extérieur des murs quelques fragments antiques confondus dans l'appareil, la plupart enlevés à des monuments funéraires. De ce nombre est un buste d'homme drapé d'une toge, incrusté dans l'ancien transsept Nord, fort semblable à celui de Polignac. A peu de distance, on voit l'inscription suivante, dont les lettres, en raison de la position de la pierre, se présentent verticalement :

IVLIAE
NOCITVR
NAE M F
RVFINVS
MARITVS
VXORI CAS
TISSIME
PO

Enfin, à la base du mur de ce même transsept, on remarque un cippe terminé par une petite pyramide tronquée. On l'appelle dans le pays le

Carcan ou la *Pierre des Triumvirs;* ce dernier nom lui vient sans doute de trois têtes en bas relief, d'un mauvais travail et de plus très frustes, sculptées sur le cippe au-dessus d'une inscription absolument illisible. Suivant toute apparence, ces trois têtes représentent trois personnes de la même famille réunies dans un tombeau commun. Au-dessus et au-dessous des têtes on observe deux rangées de trous beaucoup trop régulièrement espacés pour qu'on puisse croire qu'ils aient servi à fixer des lettres de bronze. Rien ne prouve d'ailleurs qu'ils n'aient pas été pratiqués longtemps après la pierre sculptée; peut-être, si l'on peut hasarder cette supposition fondée sur un des noms donnés à cette pierre, ce bloc était, dans le moyen-âge, un pilori, et les trous recevaient les chaînes des criminels exposés.

Je ne dois point oublier un monument fort remarquable de Saint-Paulien. C'est un énorme bloc de grès blanc, placé aujourd'hui sur la place du bourg, en face de l'église; il est carré, haut de trois pieds et large de plus de cinq. La face supérieure est taillée comme une table, et le bas évidé de manière à former quatre arceaux reposant sur autant de piliers. Sur la table, on voit encore de petites mortaises pratiquées, sans doute dans la carrière, pour faciliter l'exploitation et le transport de cette énorme masse. On rapporte que cette espèce de table provient d'une ancienne église du IVe siècle, et qu'elle a servi d'autel à Saint-Paulien, sixième évêque du Velay. J'y ai vainement cherché l'inscription suivante, que les auteurs de la Gallia Christiana prétendent être tracée sur cette pierre :

> Hìc jacet huic templi qui nomen fecit et urbi
> Insuper hæc sanctos continet urna duos.

Les paysans du voisinage l'appellent *la pierre à tuer les bœufs*, et ce nom singulier ferait croire qu'avant d'être placée dans une église chrétienne elle aurait servi à des sacrifices païens. Sa forme ne dément point une origine antique, et les vestiges romains, répandus en grand nombre aux environs, ajoutent à cette opinion une nouvelle probabilité. Quel que soit cet autel, il est fâcheux de le voir ainsi abandonné à toutes les injures de l'air. Ne serait-il pas plus convenablement placé dans l'église?

LA CHAISE-DIEU.

(Casa Dei.)

Fondée au XIe siècle, l'abbaye de la Chaise-Dieu, dépendant autrefois du diocèse de Clermont, surpassait en richesses tous les monastères de l'Auvergne ; mais la révolution a mutilé son église et détruit la plupart des bâtiments accessoires. Elle est cependant encore fort célèbre dans le pays, et doit à son architecture gothique, rare dans cette partie de la France, une réputation qu'à mon avis elle est loin de mériter.

Il ne reste rien aujourd'hui des premières constructions, si ce n'est peut-être une grande porte en plein cintre, qui m'a paru bysantine, et qui faisait partie probablement de l'enceinte fortifiée qui environnait le monastère. En 1343, on jeta les fondements de l'église actuelle, et le pape Clément VI prit à sa charge une partie des dépenses. Vraisemblablement, elle ne fut terminée qu'assez longtemps après la fin du XVe siècle, c'est du moins ce que l'on peut conjecturer d'après les caractères de son architecture (1).

Le plan est d'une grande simplicité. C'est une basilique longue de deux cent trente pieds et large de 75, divisée en trois nefs, toutes les trois fort élevées, par deux rangées de piliers octogones. Cinq apsides ou chapelles à cinq pans la terminent à l'Est. Entre la nef et le chœur, il n'y a guère

(1) Un passage de la Gallia Christiana peut faire supposer pourtant qu'elle aurait été terminée par les soins du pape Grégoire XI, mort en 1378; mais je pense qu'en réalité il ne s'agit que d'un legs de ce pontife qui devait être employé à l'achèvement de l'église. On remarquera en outre dans plusieurs parties de l'église les armoiries de l'abbé de Senneterre, qui régit l'abbaye de 1491 à 1518. Enfin, la suppression de chapiteaux, qui est un des caractères de l'architecture de la Chaise-Dieu, ne devint générale qu'au commencement du XVe siècle, et il n'est pas vraisemblable qu'elle se soit manifestée de bonne heure dans une province où le style gothique est une importation étrangère.

d'autre différence que dans le diamètre des piliers, beaucoup plus épais dans la première. Nulle ornementation ; point de chapiteaux aux piliers, que pénètrent, d'une façon peu gracieuse, les nervures de la voûte. L'effet que produiraient sur le spectateur les proportions de l'église, est malheureusement fort affaibli par un jubé qui en masque l'étendue réelle, et qui, faisant un léger retour dans la nef, forme le chœur des moines, séparé des collatéraux par une clôture dont j'aurai bientôt à m'occuper. Construit, je crois, au XVIIe siècle, ce jubé n'appartient à aucun style, et ne se fait remarquer ni par sa décoration ni par sa légèreté.

Toutes les fenêtres, remarquablement étroites, caractère assez constant du gothique en Auvergne, n'ont qu'un seul meneau, et le tympan est rempli de courbes assez régulières, formant en quelque sorte la transition entre les combinaisons ogivales du gothique fleuri et les fantaisies du style flamboyant. J'ignore s'il y avait autrefois des vitraux.

Un large escalier précède la façade, fort pauvre d'ornementation et flanquée de deux tours très lourdes et massives. On vantait l'aspect imposant des flèches qui les surmontaient autrefois ; mais la révolution les a détruites, et a de plus mutilé le peu de sculptures qui décoraient le portail ; ce qui, au reste, n'est point de nature à donner de bien vifs regrets.

A l'extérieur, il faut noter l'absence des arcs-boutants, que remplacent de grands contreforts, réunis entre eux par des arcades. Voilà encore un des caractères les plus fréquents des églises gothiques du Velay et de l'Auvergne. L'épaisseur des murs, et le petit nombre de vides laissés dans la fabrique, rendaient inutiles les arcs-boutants, avec lesquels on donne aux constructions gothiques cette apparence de légèreté qui les distingue. Tous ces détails prouvent au reste que le véritable système gothique ne s'est jamais naturalisé dans le midi de la France.

Il ne reste aujourd'hui des fortifications qui entouraient le monastère, outre la porte dont j'ai déjà parlé, qu'une tour carrée, flanquée sur ses angles de contreforts saillants, et qui touche au chevet de l'église, sans toutefois que les deux constructions se pénètrent; elles ne sont que juxtaposées. On la nomme la tour de Clément VI, j'ignore d'après quelle tradition. L'abbé André de Chanac (1378-1420) fortifia le couvent; mais la position singulière de cette tour, qui masque deux des chapelles du côté Sud, prouverait qu'elle leur est antérieure, et peut-être date-t-elle en effet du temps de Grégoire VI. Le premier étage seulement est voûté. Au sommet, règne une suite de machicoulis disposés au-dessous de petites ouvertures carrées, pouvant à la fois servir de créneaux et de fenêtres à la plateforme, laquelle est couverte d'un toit.

Un cloître, très vaste et fort élégant, est séparé

de l'église par des bâtiments modernes, qu'occupe aujourd'hui la mairie du village. A mon avis, ce cloître appartient à deux époques. Commencé à la fin du XIVe siècle, il n'aurait été achevé que dans les dernières années du XVe. C'est à l'abbé André de Chanac que l'on attribue l'érection de la galerie du côté Nord.

Les stalles en bois de la Chaise-Dieu sont renommées pour leur nombre, leur travail et leur conservation. On n'en compte pas moins de cent cinquante-six ; mais l'ornementation, assez simple d'ailleurs, m'en paraît par trop uniforme. En somme, je les trouve fort inférieures à celles de Rodez, beaucoup moins vantées. Je louerai pourtant sans réserve une très jolie frise flamboyante, qui en forme l'amortissement.

Sur la paroi Nord de la clôture du chœur s'étend une fresque, malheureusement fort endommagée, et qui représente une de ces compositions si communes autrefois, si rares aujourd'hui ; c'est une Danse des morts. Les différents sujets sont peints, en partie sur le mur de clôture, en partie sur les piliers mêmes. Le mur, en maçonnerie, est revêtu d'un enduit très poli, dans lequel on distingue quantité de paillettes de mica ; il n'y en a point sur les piliers, et les couleurs y ont été appliquées sur la pierre même. C'est à tort que j'ai parlé de fresques, car d'abord sur les piliers il n'y a jamais eu que de la détrempe, et partout on ne voit d'autre couleur qu'un fond rouge uniforme, puis çà et là du noir et du jaune (1). Il se pourrait que cela n'eût jamais été terminé. Quoi qu'il en soit, toutes les figures se détachent aujourd'hui sur ce fond rouge, cernées par un trait noir tracé au pinceau, d'ailleurs par une main timide, à en juger par les nombreux *repentirs* qu'on observe dans le dessin.

Suivant une pratique constante, la danse commence par une prédication, puis vient une longue procession, composée de différents groupes, chacun représentant une classe de la société, chacun entraîné par un fantôme décharné, qui semble insulter à ses victimes. Le dessin fort incorrect, et les costumes des personnages indiquent la même date que celle de toutes les danses des morts que j'ai vues, c'est-à-dire, la fin du XVe siècle. Sans doute la grande peste noire de 1460 introduisit à la fois dans toute l'Europe le goût de ces lugubres compositions, qui d'ailleurs devaient merveilleusement servir l'éloquence des prédicateurs.

On montre, dans l'église, deux tombeaux en marbre noir, avec les statues des papes Clément VI et Grégoire XI. Ces monuments, horriblement mutilés pendant les guerres civiles du XVIe siècle, n'offrent plus d'intérêt. Un autre tombeau, d'un abbé dont j'ignore le nom (dans le collatéral Sud du chœur), se distingue par des ornements et des

(1) L'humidité pourrait bien avoir détaché les autres couleurs qui n'avaient point pénétré l'enduit. Les figures peintes sur les piliers sont devenues presque invisibles.

statuettes gothiques qui, bien que très mutilées, se font encore remarquer par leur élégance.

L'église de la Chaise-Dieu a conservé une collection de tapisseries fort curieuses, quelques-unes tissues de fils d'or, qui lui ont été données par son dernier abbé régulier, Jacques de Senneterre. Les costumes, et je n'hésite pas à le dire, un mérite quelquefois très réel de dessin et de composition, donnent un grand intérêt à ces vieilles tentures, qui vont être publiées incessamment dans la collection de M. Jubinal. Les personnes qui se plaisent à rechercher les petits détails de la vie commune chez nos aïeux, y trouveront ample matière à leurs observations. Ils jugeront, par exemple, des manières de la bonne compagnie au commencement du XVIe siècle, en voyant dans la Cène un apôtre se curant les dents avec son couteau, tandis qu'un autre essuie le sien à la nappe. Voilà, j'espère, de la naïveté et de la couleur locale.

LE MONESTIER.

(Monasterium Calmeliacense.)

Tel est le nom évidemment dérivé du mot *monasterium*, qu'a pris un bourg à trois lieues du Puy, et qui s'est formé autour de l'abbaye de Calmeliac ou Calminiac, ainsi appelée d'un saint

Calminius son fondateur. Elle changea bientôt ce nom pour celui de Saint-Theotfrède son second abbé, qui mourut, dit-on, martyr, égorgé par les Sarrasins en 732, et Saint-Theotfrède s'est transformé à son tour en Saint-Chaffre, d'après les lois de l'euphonie particulière au dialecte du Velay. Il paraît que l'invasion des Sarrasins ne laissa dans l'abbaye que des ruines ; une seconde restauration eut lieu peu d'années après leur retraite, puis une troisième, ou plutôt une construction toute nouvelle, vers la fin du XIe. siècle, par les soins de l'abbé Guillaume III (1074 à 1086). Elle subsiste encore aujourd'hui à l'exception du chœur et d'une partie des voûtes, rebâtis de 1492 à 1500 par l'abbé F. d'Estaing.

L'église étant construite sur un terrain qui s'élève très rapidement à l'Est, plusieurs marches séparent le chœur de la nef, et l'aire même de cette dernière a une pente très sensible. Le plan représente une croix latine avec des transsepts un peu allongés. *Trois fois plus large* que ses collatéraux, la nef est bordée de piliers carrés fort épais, flanqués de colonnes engagées, souvent tronquées en console sur leur face principale (1). Bien que les arcades inférieures ne présentent pas d'indices de réparations anciennes, leur forme n'est pas la même pour chaque travée. Plusieurs, surtout au Nord, sont des ogives à pointe obtuse, tandis que

(1) J'appellerai ainsi la partie du pilier tournée vers la nef centrale.

les autres, et c'est le plus grand nombre, décrivent un cintre régulier. Même différence dans les arcs doubleaux des nefs latérales. Quant aux motifs de cette bizarrerie, il ne faut pas, je pense, les chercher autre part que dans la maladresse des ouvriers.

J'ai dit qu'une grande partie des voûtes avaient été refaites au XVe siècle; dans les collatéraux, quelques-unes cintrées et d'arêtes, appartiennent sans contredit à la construction du XIe siècle; celles des transsepts sont de la même époque; ces dernières, en berceau, me font supposer qu'avant la restauration de l'abbé d'Estaing, les voûtes de la grande nef avaient la même forme.

Il faut noter, ici comme dans presque toutes les églises de cette province, la hauteur des nefs latérales; mais, au Monestier, leur peu de largeur rend ce caractère encore plus sensible.

La nef est sombre, car elle ne reçoit de jour que par une seule fenêtre de la façade, et par d'autres, mais fort étroites, percées dans les collatéraux; avant la reconstruction des voûtes, je ne crois pas qu'il y ait jamais eu de fenêtres au-dessus des arcades inférieures (1).

(1) Il n'y a point et probablement il n'y a jamais eu de galeries supérieures. Les voûtes de la nef, ogivales et d'arêtes, retombent sur les chapiteaux des colonnes engagées sur la face principale du pilier, lesquelles dépassent de beaucoup le sommet des arcades inférieures. Entre ces arcades et le haut de la travée, il y a, par conséquent, une grande surface nue, d'un effet désagréable.

Ces fenêtres, ainsi que celle des transsepts, sont uniformément cintrées et flanquées de légères colonnettes.

Parmi les chapiteaux, on observe une assez grande variété de formes, cependant la plupart sont historiés; tous d'un travail médiocre. Plusieurs dans leur composition présentent comme des souvenirs de l'antique, et, sous ce rapport, offrent des rapports frappants avec quelques-uns de ceux que j'ai décrits dans l'église de Brioude. Dans ce nombre il faut citer des aigles fort inférieurs, il est vrai, à ceux de Saint-Julien, et des griffons, type que l'on rencontre presque partout en Auvergne. Toutes les consoles sont historiées.

Dépourvu d'ornementation, le chœur n'offre aucun intérêt, car les défauts du dernier style gothique ne se font pardonner que lorsqu'ils se rachètent par la grâce et la bonne exécution des détails. Je dois louer pourtant les piliers, plus légers qu'il n'est d'ordinaire, et qui reçoivent, en les prolongeant jusqu'au sol, les nervures de la voûte, système infiniment préférable à celui des pénétrations, malheureusement beaucoup plus commun en France. Il faut encore noter que le chœur n'a point d'apside, mais seulement des chapelles disposées sur ses côtés. Une seule m'a paru ornée avec quelque élégance. Elle porte la date de 1547, et toute son ornementation appartient au style de la Renaissance. Les armes de Senneterre, sculptées dans les caissons de la voûte, indiquent qu'elle fut bâtie par l'abbé de ce nom, mort en 1560.

Trois portes conduisent dans l'église, l'une à l'occident, une autre au midi, à peu près au milieu de la nef; la troisième, percée dans la muraille orientale du transsept Nord. Ces deux dernières n'offrent rien de remarquable. On ne peut malheureusement juger complètement aujourd'hui de l'effet de la porte occidentale, défigurée qu'elle est par des réparations toutes modernes. Ses bas-reliefs, ses moulures ont disparu, ses colonnes engagées sont ou détruites ou mutilées; on a même poussé la barbarie jusqu'à couvrir d'un badigeon blanc les archivoltes décorées autrefois par des incrustations coloriées.

Malgré ces traits de vandalisme, la façade de Saint-Chaffre est encore très remarquable; et comme presque toutes les façades des églises bysantines d'Auvergne sont, par une espèce de fatalité, détruites aujourd'hui, c'est dans celle-ci qu'il faut étudier le système ancien particulier à la province.

Une corniche saillante, avec des billettes au-dessous, divise en deux parties le mur occidental. Dans la partie inférieure, la porte centrale dont je viens de parler est flanquée de deux grandes arcades cintrées faisant office de niches, vides aujourd'hui, mais qui paraissent avoir renfermé des bas-reliefs ou des statues représentant les vertus théologales. C'est du moins ce que l'on peut conjecturer d'après des inscriptions tracées sur une moulure saillante, qui règne sur toute cette partie de la façade, à la hauteur des impostes de la porte centrale. L'artiste, se défiant peut-être de son talent, ou, si l'on veut, de l'intelligence des spectateurs, avait accompagné chaque figure d'une légende explicative, ainsi conçue : *Ecce figura Prudencie*, *ecce figura Caritatis*, etc. J'ignore d'ailleurs à quelle époque ces figures ont été détruites.

Sur la partie supérieure de la façade ou son second étage, un peu en retraite, se détachent des contreforts que l'on pourrait considérer comme la prolongation des piliers qui portent les trois grandes arcades de l'étage inférieur (1). Les contreforts reposent sur leur entablement, et se trouvent dans le même plan que les piliers. Au centre, c'est-à-dire au-dessus de la porte, est une grande fenêtre cintrée, flanquée de deux colonnettes en grès rouge, qui se détachent sur le fond grisâtre de l'appareil. Deux archivoltes entourent le cintre, l'une intérieure, à claveaux noirs et blancs, l'autre extérieure, à claveaux noirs, blancs et rouges. L'espace compris entre cette archivolte et les contreforts qui s'élèvent jusque-là, présente une espèce de mosaïque noire et blanche, divisée en compartiments dont les dessins varient à l'infini, et dont l'effet est certainement très agréable. A droite et à gauche, au-dessous des

(1) La porte centrale et les deux grandes niches.

niches, deux arcades plus basses que la fenêtre, mais fort larges, montrent sur deux archivoltes les combinaisons des trois couleurs que nous avons déjà citées. Ces arcades bouchées, dès l'origine, comme le prouvent des mosaïques incrustées dans leurs tympans (1), n'ont qu'une petite meurtrière ajoutée après coup. Je dois remarquer ici que la clef des archivoltes supérieures porte une figure sculptée en relief, disposition très rare et dont nous avons vu déjà un exemple dans le cloître de Notre-Dame-du-Puy. Pour la fenêtre centrale, cette figure est très grande, c'est une espèce de statue. Toutes, d'ailleurs, sont tellement endommagées, que je renonce à les décrire ou même à les comprendre.

Surbaissé, comme dans un temple antique, le fronton est altéré par la ridicule addition d'un petit campanile fort semblable à une potence, et tel qu'on en voit dans les ermitages. Il interrompt une fort belle corniche rampante, ornée d'une infinité de caprices bizarres, mais sculptés avec une merveilleuse finesse. Enfin, une grande mosaïque composée de triangles noirs et blancs occupe le milieu de ce fronton et surmonte la fenêtre centrale dont elle n'est séparée que par un intervalle assez étroit, lisse et sans ornementation.

Malgré la simplicité de sa décoration, cette façade ne laisse pas de produire une certaine im-

(1) Des étoiles inscrites dans un cercle.

pression sur le spectateur, et, si ses proportions médiocres ne permettent pas de la comparer à celle du Puy, on la contemple avec plaisir même après avoir vu cette dernière. Je trouve au Monestier le mélange des mosaïques dans l'appareil plus sagement combiné peut-être que dans l'église de Notre-Dame, en ce qu'il attire convenablement l'attention sur les parties principales, au lieu de la distraire par un *papillotage* général, si je puis me servir de ce terme d'atelier.

A l'extrémité du collatéral Sud, deux colonnes bysantines, hautes d'environ cinq pieds, soutiennent un tombeau de pierre en forme de coffre avec un couvercle en dos d'âne. L'orgue de l'église en cache une partie, et d'ailleurs l'obscurité ne permet pas de l'examiner convenablement. Anciennement fracturée, cette tombe a été réparée très maladroitement, et attachée à la muraille occidentale par une large bande de fer. On voit, sur sa face inférieure, des rinceaux et un aigle de bas-relief, et, sur un de ses petits côtés, le seul qui ne soit pas engagé, le Christ et les saintes femmes. Toutes ces sculptures, fort médiocres d'ailleurs, se rapportent au XIe siècle.

Peut-être ce tombeau a-t-il été déplacé, peut-être, en le réparant, l'a-t-on retourné de manière à mettre en bas une de ses faces latérales. Au reste, il est possible que, destiné dès le principe à être porté sur des colonnes, on ait jugé à propos d'en orner la face inférieure. Quoi qu'il en soit, je voudrais qu'il fût enlevé, et transporté dans un lieu où l'on pût le voir. Je n'ai point appris d'ailleurs qu'aucune tradition se rattachât à ce monument.

On conserve encore dans l'église de Saint-Chaffre un orgue fort ancien, qu'à ses ornements flamboyants on peut croire de la fin du XVe siècle ou des premières années du XVIe. Il est fort petit, délabré; mais on m'assure qu'il peut encore rendre des sons.

A une lieue environ du Monestier, en retournant au Puy, j'ai visité un assez grand nombre de grottes taillées dans un rocher volcanique, et dont l'origine est inconnue. Dans la même montagne, et à la même exposition, on en trouve deux ou trois étages les uns au-dessus des autres. En général, chacune de ces grottes se divise en plusieurs chambres communiquant entre elles, et ayant une entrée commune. Quelques-unes sont assez vastes pour avoir pu contenir une nombreuse famille. On y voit des escaliers intérieurs pour communiquer à des chambres de niveau différent, puis des espèces d'alcoves, des bancs ou des lits. Toutes ont des niches carrées qu'on pourrait prendre pour des armoires. Tout cela est taillé dans le roc, rien n'est bâti. L'entrée est placée toujours sur une pente fort raide et d'accès difficile.

La nature de la roche, qui me paraît un tuf volcanique fort tendre, explique comment avec des outils grossiers on a pu pratiquer ces grottes profondes et si nombreuses, que si elles étaient habitées, leur réunion formerait un gros village. Dans aucune je n'ai vu de cheminée, ni aucun moyen de donner passage à la fumée, si l'on faisait du feu à l'intérieur. J'ai vainement cherché aux environs des débris de poteries, et je ne sache pas qu'on en ait jamais trouvé, non plus qu'aucun instrument de bronze, de fer ou de silex.

Une tradition qui ne repose sur aucun témoignage historique, attribue aux Gaulois, premiers habitants du Velay, la construction de ces cavernes dont on trouve un grand nombre sur d'autres points du département. On sent qu'il est impossible de prouver la vérité ou la fausseté de cette assertion, car un travail de cette nature ne porte aucun caractère qui en détermine l'époque. Pourtant la haute antiquité que l'on donne à ces grottes, me semble suspecte, lorsque j'en considère l'arrangement intérieur, presque confortable. Que les gens qui les ont faites aient été pauvres, cela n'est pas douteux; mais ces escaliers, ces alcoves, ces niches indiquent déjà à mon avis un certain raffinement de civilisation bien étranger à des sauvages, tels que je suppose les premiers habitants du Vélay. Il y a bien loin des trous creusés en terre, de ces misérables *tuguria* des environs de Dieppe, espèces de bauges où couchaient les paysans gaulois, à ces grottes creusées avec art et même avec une sorte de coquetterie, et un sentiment du bien-être assez caractérisé. L'absence de cheminées ne conclut rien en faveur d'une origine très ancienne, car dans plusieurs parties de l'Europe et même dans quelques cantons de la France les paysans allument encore le feu au milieu de leurs cabanes; mais les armoires et les alcôves me paraissent annoncer une époque déjà assez avancée du moyen-âge.

LEMPDE.

C'est le premier village qu'on rencontre sur la route de Brioude à Clermont. Petite église romane qu'on répare actuellement, et qui n'est remarquable que par deux modillons fort obscènes, sculptés à l'extérieur de l'apside. Je n'en saurais donner la description qu'en latin; sur la première:

Homunculus, tonso capite, nudo corpore, ἰθυφάλλον prægrandem ostentat manibusque tractat.

Senex quidam sedens, promissâ barbâ venerandus, muliebrem annulum ante pedes in imâ mutuli (modillon) *parte exsculptum malleo obtundit.* Je ne sais si dans ces sculptures quelqu'un ne verra pas une allusion *mystique*. Ce sont à mon avis de très-grossières plaisanteries, et le vieillard du second modillon me paraît jouer le rôle du chien du jardinier.

ISSOIRE.

(Iciodurum)

L'église de Saint-Paul à Issoire présente un type très-fréquemment reproduit en Auvergne pendant la période bysantine, et j'aurai bientôt occasion de citer d'autres monuments qui en paraissent ou les copies ou les originaux. Sur la date de presque tous ces édifices règne la même incertitude, et, quant à Saint-Paul, les seuls renseignements que j'aie trouvés sur son origine m'inspirent beaucoup de défiance. On rapporte que quelques moines de Charroux, fuyant les barbares, avaient trouvé un asile dans le château de Saint-Yvon ou de Pierre-Incise, où ils avaient déposé, avec de précieuses reliques, la tête de saint Austremoine. Un seul des fugitifs survécut, nommé Ghislebert, lequel voulant se soustraire à l'autorité de son supérieur, l'abbé de Charroux, imagina de se faire abbé lui-même. A cet effet il recruta des moines parmi les paysans du voisinage (*quos monachaverat*), leur persuada de détruire le château qui leur avait servi de refuge et de se bâtir un beau monastère avec les matériaux, comptant sur la tête de saint Austremoine pour le mettre en réputation. Ce monastère, un évêque de Clermont, nommé Bernard, le consacra en 936 ou 937, et c'est le seul fait de son épiscopat dont le souvenir ait subsisté. D'ailleurs, nul renseignement sur le temps que dura la construction ou sur les accroissements que dut prendre l'abbaye. D'un autre côté, aucune personne familiarisée avec l'architecture du moyen-âge n'admettra que l'élégante fabrique de Saint-Paul puisse se rapporter à une époque de barbarie s'il en fut. D'ailleurs, quelle apparence que d'une construction exécutée à la hâte, au milieu d'une ruine et avec de vieux matériaux, il soit résulté un monument régulier remarquable par l'harmonie de son plan et la richesse de ses détails? Ajoutons qu'une autre église peu éloignée, offrant les mêmes caractères généraux et jusqu'aux mêmes détails, bâtie avec de grandes ressources, la collégiale d'Ennezat, ne fut fondée que vers la fin du XIe siècle. Or, la grande ressemblance de ces deux édifices est déjà une forte présomption en faveur d'une date commune. Autrement, si l'on admettait la tradition, il faudrait supposer, ce qui est contraire à l'expérience de tous les temps, que l'architecture, développée par extraordinaire et tout d'un coup en Auvergne, y serait restée absolument stationnaire pendant une période d'un siècle et demi.

Le plan de Saint-Paul rappelle celui de Saint-Julien de Brioude; c'est une croix latine avec cinq apsides à l'Orient, mais à Issoire l'apside du milieu est carrée, tandis qu'à Brioude elles sont toutes semi-circulaires. Le chœur est séparé de ses bas-côtés par des arcades en plein cintre surélevé retombant sur des colonnes, tandis que dans la nef les arcades s'appuient sur des piliers cylindriques avec quatre colonnes engagées, alternant avec d'autres carrés, flanqués de trois colonnes, la *face principale* restant nue. Je note comme caractéristique cette disposition bizarre et contraire au principe presque général qui donne à la grande nef une décoration plus élégante qu'à ses bas-côtés.

Au-dessus des collatéraux règne une galerie qui en occupe toute la largeur; mais ici, au lieu de hautes arcades, telles qu'on en voit à Conques, soutenues par des colonnes élancées, ce ne sont que des arcades basses, cintrées ou trilobées (1), retombant sur des colonnettes courtes, dont les chapiteaux, par l'évasement de leurs tailloirs, offrent une choquante disproportion avec le diamètre de leurs fûts. Je ne puis me rendre compte de l'irrégularité qu'on observe dans la forme de ces arcades. Du côté Sud de la nef, il y a de travée à travée une alternance, *à peu près* régulière, d'arcades trilobées avec d'autres simplement cintrées; mais au Nord, nulle correspondance, nulle symétrie. Au reste, le système remarquable de voûtes décrivant un quart de cercle et servant d'arc-boutant aux murailles de la nef, ce système que l'on a déjà observé à Conques, se reproduit dans ces galeries supérieures. Même disposition

(1) Il y en a trois, quelquefois deux par travée, et, contre l'usage et le bon goût, elles ne sont pas comprises dans une arcade maîtresse.

dans la partie des transsepts compris entre les collatéraux de la nef et ceux du chœur. Cette voûte, beaucoup plus élevée que celle des galeries, contribue puissamment à la solidité du clocher élevé au milieu du transsept. Pour la nef, elle a une voûte en berceau, de même que les parties Nord et Sud des transsepts. Une voûte d'arêtes couvre les bas-côtés; dans la nef, il n'y a qu'un seul arc doubleau qui la divise à peu près par la moitié, mais dans les collatéraux des arcs doubleaux répondent à tous les piliers.

Les transsepts sont courts, sans autre décoration que des colonnes engagées, et trois niches figurées sur leurs murailles Nord et Sud. La niche du milieu a son amortissement en triangle; les autres en plein cintre. On voit dans le transsept Nord une petite apside; sans doute elle avait sa correspondante au Sud; mais on l'a remplacée par une sacristie moderne.

Au milieu des transsepts s'élève une coupole, surmontée d'une tour moderne et d'un goût détestable. Il ne reste de l'ancienne qu'une base carrée. Il paraît que la tour d'Issoire offrait beaucoup de rapports avec celle de Brioude. On y monte par un escalier qui, bien que très ancien en apparence, masque les fenêtres de la galerie, ce qui pourrait le faire regarder comme une addition au plan primitif.

Je n'ai pas besoin de dire que toutes les fenêtres sont en plein cintre; celles de la galerie, de tous temps fort étroites et bouchées aujourd'hui, ne donnent point de lumière à la nef, qui n'en tire que de ses collatéraux, où il y a une fenêtre par travée. Le chœur est un peu mieux éclairé, mais ce n'est pas beaucoup dire.

Le chœur, dont l'aire est un peu plus élevée que celle de la nef, n'a point de galeries supérieures, comme celui de Conques; à cette hauteur sont des fenêtres, flanquées de colonnettes élégantes et alternant régulièrement avec des niches figurées.

A l'intérieur de l'église, l'ornementation se réduit aux chapiteaux des colonnes, qui, suivant les pratiques bysantines, offrent la plus grande variété de formes et de motifs; cependant, le galbe corinthien domine, accompagné de feuillages barbares; parmi les chapiteaux historiés, en petit nombre, quelques-uns, dans le chœur surtout, se font remarquer par leur belle exécution. Entre ces derniers, je citerai une composition qui couvre toute une corbeille, et qui représente les Maries au tombeau, avec l'Ange devant les sentinelles endormies. La gracieuse naïveté des figures, le bon ajustement et l'élégance des draperies surprendront les personnes mêmes qui ont vu les meilleures sculptures du moyen-âge. Une des saintes femmes surtout, m'a frappé par la noble simplicité de sa pose, et par la noblesse de sa longue draperie, qui rappellent vraiment la statuaire antique. A part ce chapiteau et quelques autres du chœur, les sculptures d'Issoire sont inférieures à celles de Brioude, surtout pour l'exécution; je remarquerai en outre, qu'à l'exception des griffons, si fréquents dans les chapiteaux de l'Auvergne, elles ne montrent nuls souvenirs antiques. Les chapiteaux des galeries supérieures sont des plus grossiers et des plus laids que j'aie vus.

Une vaste crypte existe sous le chœur et les apsides dont elle répète le plan; on y descend par deux escaliers qui s'ouvrent dans les bas-côtés. Des piliers cylindriques, trapus et d'un énorme diamètre répondent aux colonnes du chœur, et leur servent de base en quelque sorte. Au centre de la crypte, quatre autres piliers paraissent destinés à renforcer la voûte, peut-être à soutenir le poids du maître-autel. Point de chapiteaux à ces piliers, seulement une espèce de tailloir, grossièrement épannelé, réunit à ces massifs cylindriques les retombées carrées des voûtes qui viennent s'y appuyer. Entre les quatre piliers du centre, la voûte est percée d'une ouverture carrée, recouverte par une large dalle. On observe encore d'autres ouvertures semblables dans les bas-côtés de la crypte, entre chaque apside. Je ne puis deviner le motif de cette disposition.

Si maintenant l'on examine l'extérieur de Saint-Paul, on remarquera d'abord la régularité de l'appareil autour des apsides, et sur la plus grande partie des faces latérales; ailleurs, surtout à l'Orient, il se compose de gros cailloux roulés, entremêlés de pierres d'un échantillon plus ou moins fort, toutes fort mal taillées, et assemblées sans aucun égard pour la symétrie. Je reviendrai tout à l'heure sur cette partie de l'édifice.

Pour la décoration extérieure, le chevet et les apsides de Saint-Paul ressemblent de tout point aux mêmes parties que j'ai décrites dans l'église de Brioude. Même placage de mosaïques autour du chevet, et, sauf la différence que j'ai déjà signalée entre l'apside centrale d'Issoire, qui est carrée, et celle de Brioude, qui est semi-circulaire, l'aspect à distance est presque le même. Cependant on ne voit point ici de claveaux alternant de couleurs, ni la large bande rouge, qui forme à Brioude un cordon autour des chapelles du chœur. Les archivoltes aussi sont moins ornées à Saint-Paul, et surtout moins variées qu'à Saint-Julien. En revanche, on y trouve un motif nouveau ; ce sont douze médaillons représentant les signes du zodiaque, encastrés sous la corniche des apsides dans un ordre régulier, figurés avec la bizarrerie ordinaire, et d'ailleurs sculptés assez grossièrement. Deux signes seulement, la Vierge et la Balance, sont accompagnés de leurs légendes, en lettres onciales : VIRGO, LIBRA, la Vierge une palme à la main, et la balance portée par un ange. Ce zodiaque est, à ma connaissance, le seul qui ne soit pas sur une façade.

Il n'y a qu'une seule forme pour tous les modillons, quelle que soit la place qu'ils occupent autour du chevet, des aspides ou des faces latérales.

Vus de côté, ils figurent une suite de volutes; de face, ils ressemblent à un faisceau de cylindres, disposés en encorbellement les uns au-dessus des autres. Ce type particulier à l'Auvergne s'y reproduit presque constamment, tandis que les modillons historiés y sont extrêmement rares.

L'aspect des murs latéraux de Saint-Paul rappelle les églises rhénanes par l'arcature figurée qui en orne la partie supérieure. Après une galerie *réelle*, comme celle de Spire, je ne connais point de motif plus élégant. Au-dessous, les contreforts réunis par des arcs présentent une autre arcature; en un mot, la disposition intérieure de la nef se reproduit à l'extérieur. Dans chacune des arcades inférieures est percée une fenêtre, entourée d'une archivolte continue à billettes. Une décoration analogue, mais plus riche, couvre les faces Nord et Sud des transsepts, où se voient deux grandes archivoltes à carreaux noirs et blancs, entourant des tympans ornés de mosaïques. Telle est l'ornementation des fenêtres inférieures du transsept, et je regrette qu'un système de décoration si simple, et d'un si bon effet, n'ait pas été employé sur toute l'étendue des faces latérales.

Au-dessous des fenêtres basses du transsept Nord, deux bas-reliefs d'un mètre carré à peu près, représentent l'apparition des anges à Abraham et à Sarah, et le sacrifice d'Isaac. N'ayant jamais vu de bas-reliefs placés de la sorte, je me demande si ceux-là n'ont point été transposés. Peut-être proviennent-ils de l'ancienne façade.

On ne sait, au reste, si cette façade a jamais existé, ou si, comme il est possible, les travaux ont été interrompus avant son achèvement. Aujourd'hui, le mur occidental, tout nud, est plâtré du haut en bas, et l'on y a badigeonné, de la façon la plus ridicule, un portique dorique. Voilà ce qu'on appelle une restauration; celle-ci a été exécutée sous la direction d'un officier supérieur du génie, qui, *de ce non content*, a encore refait la tour centrale, de manière à lui donner toute l'apparence d'un pigeonnier.

On reconnaît que, dans le plan primitif, deux tours devaient flanquer la façade occidentale; mais, quant aux dispositions intérieures de ces tours et des salles qui devaient surmonter le narthex, je n'ai pu, après un long examen, m'en rendre compte en aucune façon. Il m'a paru seulement que ces tours n'étaient point voûtées, et qu'anciennement des modifications avaient eu lieu dans le plan original; car on observe plusieurs cloisons ajoutées, qui ne pénètrent pas les murs anciens, et qui forment quelques salles bizarres, irrégulières et de niveau différent. J'ai déjà parlé de la grossièreté de l'appareil sur ce point. Cet appareil, très remarquable, m'engagerait à croire que, dans la reconstruction qui, à mon sentiment, aurait eu lieu vers la fin du XIe siècle, quelques parties de l'église, bâtie par Ghislebert, se seraient conservées;

et, par exemple, si l'on compare la base des tours occidentales et tout le mur de ce côté avec le chevet ou les transsepts, on ne peut les croire du même temps.

Le toit de Saint-Paul est surmonté d'une arête de comble en pierre, formée de cercles entrelacés; de loin, l'effet en est on ne peut plus agréable. En guise d'antéfixes, on voit aux apsides, des croix grecques très bien découpées.

Outre la porte principale, à l'Ouest, il en existe une autre au Nord, à peu près vers le milieu de la nef. Son tympan, orné d'un petit bas-relief, a été *peint à l'huile* en couleur de bronze.

Après les traits de vandalisme que je viens de citer, j'éprouve un vif plaisir à vous annoncer, Monsieur le ministre, qu'aujourd'hui l'église d'Issoire n'est plus exposée à de pareils outrages. Les réparations, auxquelles vous avez bien voulu contribuer, ont été exécutées avec intelligence par M. Bravard, architecte de la ville, qui a mis la plus louable attention à copier d'après des types existants toutes les parties qu'il a dû restituer. Beaucoup de modillons, quelques croix grecques, et une grande partie de l'arête de comble ont été refaits avec tant de soin et de précision, que leur couleur seule les distingue des parties anciennes. Si l'on considère que M. Bravard n'avait pour exécuter ces travaux que les ouvriers de la ville, qu'il a dû former lui-même, et surveiller de manière à ne pas leur permettre de donner un seul coup de ciseau d'après leur routine, le résultat obtenu paraîtra bien plus extraordinaire. Je ne dois point oublier les soins et le zèle déployés à cette occasion, par M. Trioson, maire d'Issoire. Plus que personne il a contribué à ouvrir les yeux à ses concitoyens sur l'importance de leur église, et la sage économie qu'il a su apporter dans l'administration des dépenses lui a permis de pousser les réparations beaucoup plus loin qu'on n'aurait osé l'espérer. Il reste encore pourtant bien des travaux à terminer, non pas pour que la restauration de Saint-Paul soit complète, mais pour que la conservation de l'édifice n'inspire plus aucune inquiétude. La voûte du collatéral Sud est horriblement lézardée, et tout ce côté de la nef se trouve dans un état déplorable. Plusieurs arcs doubleaux se sont entièrement déformés, et semblent près de se rompre. Il serait urgent de les refaire, et de reprendre également le soubassement extérieur du côté Sud, qui est à moitié détruit; enfin, l'aire de la nef est seulement pavée, et si mal qu'on n'y doit marcher qu'avec précaution. Il serait bien à désirer qu'elle fût entièrement dallée; mais la nature de cette dépense regarde plus particulièrement la fabrique de Saint-Paul ou le conseil municipal d'Issoire; je me bornerai donc, Monsieur le ministre, à vous prier de vouloir bien continuer, pour l'année prochaine (1838), l'allocation que vous avez accordée, en 1837, à l'église d'Issoire.

Quelques verrières modernes viennent d'être

placées dans le chœur. A proprement parler, ce n'est qu'un ouvrage de vitrerie, un assemblage de verres de couleur. Leur plus grand défaut c'est un manque complet d'harmonie. Cette harmonie, qui fait le charme principal des verrières anciennes, consiste non seulement dans l'heureuse combinaison de certaines couleurs, mais encore dans la manière de répartir les tons les plus opposés, en sorte que de leur ensemble résulte comme une teinte générale d'un effet agréable. Les schalls de l'Inde, les tapis de Turquie, bien que composés de couleurs très brillantes, n'attirent point l'œil sur une place particulière, aux dépens des autres; mais leurs mille petits détails se fondent, pour ainsi dire, en une masse qui plaît et qui réjouit la vue. Malheureusement nos ouvriers modernes n'ont point cet art ou plutôt cet instinct de l'harmonie, et leurs ouvrages ne présentent que de larges surfaces de couleurs éclatantes qui fatiguent l'œil, loin de lui faire éprouver le moindre plaisir. Je ne doute pas cependant qu'avec peu de dépense, mais avec beaucoup de soins et d'étude, on ne parvînt, au moyen de verres coloriés, et rehaussés de noir, à rétablir dans nos églises, surtout dans les églises bysantines, *l'effet général* que savaient produire les artistes du moyen-âge, par leurs belles verrières. Ce point est plus important qu'on ne pense; car si l'on ne remplace les verrières détruites qui contribuaient si puissamment à faire valoir l'architecture, les restaurations les plus coûteuses ne seront jamais qu'incomplètes.

CLERMONT.

(Augustonemetum.)

NOTRE-DAME-DU-PORT.

(Ecclesia beatæ Mariæ Portûs.)

Les détails, peut-être minutieux, dans lesquels je viens d'entrer, au sujet de Saint-Paul d'Issoire, me dispenseront de donner une description complète de l'église du Port, qui offre avec la précédente la ressemblance la plus singulière. Même plan, même détails. On y retrouve jusqu'à certaines bizarreries de construction dont les motifs nous échappent, et qu'on ne s'attendrait pas à voir reproduire avec fidélité. Telles sont ces arcades de la galerie, trilobées au Sud et cintrées au Nord; tels sont ces piliers carrés, flanqués de colonnes, excepté sur la face principale. A Clermont pourtant l'alternance de forme entre ces piliers n'est point aussi marquée qu'à Saint-Paul. On n'en voit qu'un seul cylindrique et flanquée de quatre colonnes, au milieu de la nef. Les galeries et leurs voûtes, faisant office d'arcs-boutants, se retrouvent à Notre-Dame; seulement, les premières sont un peu plus élevées, et conduisent, de chaque côté, à une petite chambre voûtée en coupole, et donnant sur le transsept, destinées peut-être à servir de tribunes aux dignitaires du chapitre.

La crypte de Clermont et celle d'Issoire sont absolument identiques ; la première, toutefois, est un peu plus haute, mais d'ailleurs on y observe les mêmes piliers dont j'ai déjà signalé la forme singulière.

Le chevet de Notre-Dame-du-Port, orné extérieurement de mosaïques incrustées dans l'appareil, ne diffère de celui de Saint-Paul que par le nombre de ses chapelles. Ici, il n'y en a que quatre, par conséquent point d'apside à proprement parler, et c'est une singularité digne de remarque (1).

Autrefois, deux chapelles s'ouvraient dans les murs orientaux du transsept, mais elles sont aujourd'hui en partie détruites.

Je continue de noter les petites différences qui distinguent les deux églises. A Notre-Dame-du-Port l'arcature appliquée le long des murs latéraux n'existe que du côté Sud. De l'autre côté, elle ne manque peut-être que par suite de nombreuses réparations que l'église a subies à différentes époques (2).

(1) On sait que l'apside centrale est en général dédiée à la Vierge ; il se peut que, toute l'église du Port lui étant consacrée, on ait jugé cette apside inutile.

(2) En voyant à Saint-Paul l'escalier qui conduit au clocher, masquant les fenêtres des galeries, j'avais été conduit à le regarder comme une addition relativement moderne. Je retrouve la même disposition à Notre-Dame ; or, il est difficile de croire que les travaux de réparation aient été conduits de la même manière dans

L'appareil de Notre-Dame est moins régulier que celui de Saint-Paul : le soubassement, les angles, quelquefois le couronnement des murs, sont en pierre de taille, tandis que la partie moyenne est en pierres brutes noyées dans un ciment épais, et pourtant rangées avec une certaine précision par assises, de manière à rappeler de loin le petit appareil antique.

La façade occidentale de Notre-Dame est insignifiante et presque nue; un clocher la surmonte, moderne, mais de style bysantin, et c'est un pastiche exécuté avec plus de goût qu'on n'en montre souvent dans les réparations qui se font aujourd'hui.

Le narthex intérieur est parfaitement caractérisé par des arcades basses, au-dessus desquelles se trouvent plusieurs chambres ou tribunes, assez semblables à celles de Brioude. On y monte par un escalier en hélice très étroit, dont la voûte porte encore l'empreinte des planches qui en ont formé le cintre, et sur lesquelles s'est moulé le ciment qui la recouvre. D'ailleurs, l'exécution de cette voûte annonce une grande barbarie.

Un caractère commun à toutes les églises bysantines d'Auvergne, caractère que j'ai déjà signalé dans l'église de Conques, et que j'ai retrouvé à Brioude, à Issoire et enfin à Clermont, c'est l'élan-

les deux églises. Il me paraît donc plus probable que dans les deux cas la position singulière de cet escalier n'a été qu'un vice de construction qui remonte à l'origine de l'église.

cement des piliers, la hauteur des voûtes. A Notre-Dame-du-Port surtout, piliers ou colonnes isolées sont notablement minces et presque grêles. Au fond du chœur, des arcades surélevées ne ressemblent nullement aux mêmes arcades, telles qu'on les voit dans les monuments du Nord de la France. Peut-être cette légèreté extraordinaire, qui semble contredire, en Auvergne, le système bysantin, doit s'attribuer à l'excellence des matériaux. Le granit, en effet, offre des garanties de solidité que n'a point la pierre calcaire. Il ne faut pas non plus s'exagérer cette disposition à l'élancement. Comparés aux lourds et robustes piliers du Nord, ceux de l'Auvergne présentent une exception très remarquable; mais il y a encore bien loin de leur forme allongée, à la légèreté qui devint générale lors du complet développement du système gothique.

Parmi la grande variété des chapiteaux du Port, on peut cependant distinguer deux types principaux, les chapiteaux à larges feuilles de galbe corinthien, et les chapiteaux historiés (1). Les sujets qu'offrent quelques-uns de ces derniers m'échappent, mais il me semble pourtant y apercevoir des allusions mystiques. Un, entre autres, m'a paru représenter un combat des Vertus contre les Vices, traité à peu près de la même manière qu'une

(1) On m'assure que, dans les dernières réparations de l'église, plusieurs chapiteaux auraient été déplacés; d'autres retouchés ou refaits.

composition semblable que j'ai décrite dans la chapelle Saint-Michel, à Brioude. Mais ici les Vertus sont revêtues d'une armure de mailles; elles ont des casques et de forts boucliers, tandis qu'à Brioude, l'artiste ne leur a donné que des draperies légères. On voit ici l'enfance de l'art qui ne sait caractériser une supériorité morale que par une supériorité matérielle. Quelques inscriptions accompagnent ces bas-reliefs, mais des couches de badigeon, accumulées depuis des années, les rendent presque indéchiffrables. Peut-être dois-je accuser en partie cet odieux badigeon de l'infériorité que je remarque dans les sculptures du Port; lavées et nettoyées convenablement, il se peut que le travail en parût meilleur.

La porte méridionale de l'église est surmontée d'un large tympan sculpté, représentant le Christ entre deux chérubins ayant chacun six ailes. Au-dessous, sur le bandeau d'imposte, on voit d'un côté l'adoration des Mages, de l'autre le baptême de Jésus. Deux espèces de pendentifs accompagnent le tympan; à droite paraît la Vierge couchée, et deux anges soutenant le Sauveur nouveau-né; à gauche, un évêque, peut-être saint Austremoine, recevant sa crosse des mains d'un ange. Enfin, sur les piédroits de la porte sont sculptées deux grandes figures de saints, dont les noms sont devenus illisibles. L'un, m'a-t-on dit, est saint Jean, l'autre saint Mathieu. Tous ces bas-reliefs ont beaucoup souffert, et de plus, un tambour en charpente, placé devant la porte sans nulle précaution, en cache la plus grande partie.

J'ai vu avec beaucoup d'intérêt, dans l'église du Port, des vitraux modernes exécutés par M. Thévenot, de Clermont. Ce n'est encore qu'un premier essai; mais il montre que son auteur est dans la bonne voie, et il n'a plus qu'à persévérer. Une verrière de sa composition, placée à l'Orient du chœur, a peut-être le défaut d'offrir de trop larges surfaces de la même couleur; mais la bordure, d'un bon style et parfaitement exécutée, se fait remarquer par une très heureuse harmonie.

Depuis plusieurs années, M. Thévenot se livre, avec un zèle admirable, à des expériences fatigantes et coûteuses, mais qui chaque jour le font approcher davantage du but qu'il se propose. Obligé de tout faire lui-même, dessins, peintures, préparation des couleurs et cuisson même du verre, il est parvenu, à force de patience et de soins, à des résultats véritablement extraordinaires. Il ne lui manque plus aujourd'hui qu'une occasion d'appliquer en grand les procédés que ses longues études lui ont appris; et si cette occasion se présentait, Monsieur le ministre, s'il s'agissait de grands travaux de peinture sur verre, je ne pense pas que la direction pût être confiée à un artiste plus zélé ou plus habile.

L'histoire de Notre-Dame-du-Port est aussi obscure que celle de Saint-Paul. Tout ce qu'on en sait, c'est que, détruite par les barbares au VIIIe siècle, elle fut rebâtie vers 862, par saint Sigon, évêque de Clermont; mais ici, de même qu'à Issoire, on ne peut attribuer à une époque aussi reculée la construction d'un édifice dont la plupart des détails se rapportent au style bysantin, déjà complètement développé. Comment, par exemple, ces chapiteaux historiés, ces arcades élancées et ces colonnes si légères, comment les croire antérieurs à la fin du XIe siècle? Telle est aussi la date qui m'a paru la plus probable pour l'église du Port; pourtant, il n'est pas impossible qu'une partie de la basilique de Sigon subsiste encore aujourd'hui. J'ai fait remarquer l'appareil singulier de la façade de Saint-Paul, et ses tours occidentales si grossièrement bâties; ici les mêmes caractères, ou des caractères analogues, se représentent, et doivent mener aux mêmes conclusions.

Il n'est pas douteux que les églises de Saint-Paul et de Notre-Dame-du-Port ne soient à peu près contemporaines; mais évidemment l'une a servi de modèle à l'autre. Il me paraît plus probable que Saint-Paul soit postérieur à Notre-Dame; mes seuls motifs au reste sont les suivants: Notre-Dame est sensiblement moins grande que Saint-Paul; or, il paraît invraisemblable que, dans une ville aussi importante que Clermont, on eût réduit la copie faite d'après un original bâti dans un simple village. J'ajouterai, en outre, que la différence entre les deux édifices consiste principalement dans la régularité de Saint-Paul et la supériorité de ses sculptures. A Notre-Dame, le défaut de symétrie dans les piliers, la médiocre exécution des chapiteaux me paraît une présomption en faveur d'une priorité de date. Enfin, cette dernière considération peut paraître de quelque poids, c'est dans la capitale d'une grande province, plutôt que dans un village qui en dépendait, qu'on a dû trouver des artistes, et des ressources pour exécuter un plan original, plan qu'on a pu ensuite perfectionner en le copiant.

CATHÉDRALE.

La cathédrale fut commencée vers le milieu du XIIIe siècle, et les travaux, dit-on, furent poussés avec tant d'ardeur, qu'en 1265 le chœur était déjà terminé. L'histoire a conservé le nom de l'architecte, maître Jean Deschamps *Johannes à Campis*; j'ignore le lieu de sa naissance. Si les dates que je viens de citer sont exactes, cette église serait d'autant plus remarquable, que, bien que bâtie dans une province où l'architecture gothique ne s'est jamais parfaitement naturalisée, et fort peu de temps après l'apparition de ce style, elle en offre cependant un type complet et très pur. Rien n'annonce la transition, et l'on ne trouve nul souvenir du style bysantin, si profondément enraciné dans toute l'Auvergne. Par exemple on ne voit point dans cette cathédrale, comme à Reims et à Bourges même, ces lourds piliers cylindriques flanqués de grosses colonnes; ce sont au contraire de longs faisceaux de colonnettes légères, telles qu'on les adopta généralement au XIVe siècle. Ici, depuis le plan jusqu'aux moindres détails d'ornementation, tout annonce un système bien arrêté, et déjà parvenu à son complet développement.

L'examen de l'édifice, d'accord avec la tradition, prouve que la construction en a été rapide, et pour ainsi dire d'un seul jet, car il n'y a que les transsepts qui ne se rapportent point au gothique fleuri. Il faut encore excepter quelques détails d'ornementation, dont le caractère, relativement moderne, jette de l'incertitude sur la date de leur exécution. Tels sont, par exemple, la plupart des chapiteaux des colonnettes, composés de doubles bouquets de feuilles écrasées, maigres et mal découpées, de tout point fort médiocres. Ces doubles bouquets, qu'on ne voit paraître dans le Nord qu'après le commencement du XIVe siècle, doivent-ils être considérés comme un ornement *inventé* dans l'Auvergne? ou, ce qui est plus probable, n'auraient-ils pas été taillés sur place, quelque temps après l'achèvement de l'édifice? Je dois pourtant noter ici que plusieurs des verrières du chœur portent dans leurs bordures les armes de France et de Castille réunies (elles furent données par saint Louis à la cathédrale); or, il paraît surprenant que l'on se soit occupé des vitraux avant de terminer les sculptures.

A part ces chapiteaux et quelques détails de mauvais goût, qu'on trouve dans les transsepts, on admirera avec raison la grande harmonie de l'ordonnance générale et l'excellent effet qui en est le résultat. Les caractères les plus importants du système gothique, la légèreté et l'élancement, se manifestent ici de la manière la plus éclatante, et dès l'entrée on est frappé de la hardiesse des voûtes et de la légèreté de piliers. Je ne trouve qu'une seule critique à faire à la disposition intérieure. La galerie qui règne entre les arcades inférieures et les fenêtres me paraît mesquine et disproportionnée. Comprise entre ces arcades et ces fenêtres d'une hauteur prodigieuse, elle est en quelque sorte écrasée par leur voisinage, et se confond avec les fenêtres, au lieu de former un membre distinct de la fabrique. Cette faute, car je ne puis l'appeler autrement, est d'autant plus extraordinaire que la nef, ayant des collatéraux doubles (1), semblait inviter à donner aux galeries un développement considérable.

Dans toutes les parties de la construction, la forme constante de tous les arcs est l'ogive en tiers point, excepté dans l'amortissement des travées de la grande nef, où elle devient excentrique et très aiguë; mais à Clermont, cette forme me

(1) Ces collatéraux d'une égale dimension sont tous deux fort élevés.

paraît amenée en quelque sorte par hasard, et non point, comme en Champagne, le résultat d'un système calculé.

Généralement la décoration intérieure des fenêtres se compose de roses, de quatrefeuilles et de combinaisons variées de courbes ogivales. La rose du transsept Sud et une grande fenêtre dans le haut du mur occidental forment les seules exceptions que j'aie remarquées, et il n'est pas douteux qu'elles n'aient été exécutées longtemps après toutes les autres fenêtres.

Il y a lieu de croire que les travaux furent suspendus assez promptement après le premier effort qui produisit le chœur, et seulement trois travées de la nef (1). Puis, il semble qu'au lieu de suivre le plan primitif on ne se soit plus occupé que d'additions mesquines, tout à fait inutiles ou même nuisibles à l'effet de l'ensemble. Ainsi deux tours latérales ajoutées au XVe siècle, d'ailleurs inachevées, ainsi que les portails qui s'y lient, contrastent d'une manière assez fâcheuse avec la sévérité des anciennes constructions qui leur sont contiguës. Dans la révolution, ces deux portails furent cruellement mutilés. Celui du Nord, qui a souffert un peu moins que l'autre, est heureusement le mieux orné et le plus ancien. Il se fait remarquer par de jolies sculptures et surtout par une balustrade où se voient découpés à jour quantité

(1) Peut-être ces travées ne remontent-elles qu'au commencement du XIVe siècle.

de monstres et de fantaisies grotesques au-dessus d'une corniche en saillie que soutiennent des modillons à têtes grimaçantes. On prétend que ces bizarres caprices rappellent les processions bouffonnes et les mascarades en usage à la fête des fous, qui paraît s'être célébrée à Clermont longtemps après qu'elle eut été supprimée dans tous les autres diocèses. Le portail du midi, aujourd'hui à peu près nu et de tout temps fort médiocre d'ornementation, ne remonte, à mon avis, qu'aux premières années du xve siècle. A l'occident il n'y a point de façade, mais seulement un mur provisoire qui ferme la nef de ce côté. On observe dans ce mur quelques vestiges de l'ancienne église, sur l'emplacement de laquelle s'est élevée la cathédrale actuelle. Ce sont des colonnes noyées dans la maçonnerie et dont les chapiteaux bysantins m'ont paru du xie siècle. Les étages inférieurs d'une tour engagée dans un des collatéraux de la nef, et contiguë à ces colonnes, appartiennent probablement à la même époque. Il est facile de reconnaître que la nef de l'église bysantine était beaucoup moins large que la nef gothique, et qu'elle avait un axe différent. Ces restes de l'ancienne cathédrale auraient disparu si les travaux de l'église actuelle n'eussent été suspendus, probablement en raison de la dépense qu'eût entraînée son achèvement. A partir de ce mur, en effet, le terrain s'abaisse en pente fort raide, et, pour prolonger la nef en conservant le niveau de l'aire, il eût fallu élever ses murs à une hauteur démesurée, et, comme au Puy, soutenir sur des voûtes toute la partie occidentale de ses travées.

Les fenêtres du chœur sont garnies de magnifiques vitraux du XIIIe siècle encore assez bien conservés (1). La plupart représentent des légendes de saints, et chaque sujet remplit un cartouche compris et encadré dans un fond général qui donne à toute la verrière sa *teinte dominante ;* car chaque verrière a une teinte générale qui d'abord saisit l'œil et lui fait éprouver une impression particulière ; et, quelles que soient les couleurs répandues dans les cartouches à figures, pourvu qu'elles soient *mêlées*, l'expérience prouve que celle du fond les domine toujours, quand même sa surface totale serait inférieure à celle des cartouches. Cette observation n'avait point échappé aux anciens peintres verriers, et l'on ne peut trop admirer l'art avec lequel ils ont su varier à l'infini leurs combinaisons d'ornements et de couleurs, tout en conservant à leurs verrières un effet général calculé.

Les vitraux de la nef sont du XVIe siècle et de tout point inférieurs aux précédents. Une grêle furieuse a détruit presque entièrement, en 1835, tous ceux des fenêtres au Nord de la nef, tandis que le chœur n'a presque point souffert, sans doute en

(1) Plusieurs verrières ont été réparées par M. Thevenot avec une scrupuleuse fidélité, et souvent avec tant de bonheur qu'il est très difficile de distinguer les vitraux modernes de ceux du XIIIe siècle.

raison de la grande épaisseur du verre du XIIIe siècle. Nulle part il n'y avait de grillages établis devant les fenêtres, et il est affligeant de penser combien de magnifiques verrières ont été perdues depuis des années, faute d'une précaution aussi simple.

Dans une des chapelles du chœur on a transformé en autel un fort beau sarcophage antique de marbre blanc, orné de sculptures, dans le style du Bas-Empire, qui rappelle les tombeaux chrétiens d'Arles et d'Aix en Provence. Celui-ci a été trouvé dans l'intérieur même de la cathédrale lorsqu'on creusait le sol pour faire des réparations à un soubassement. On a eu le mauvais goût de le dorer en partie.

On voit avec la même destination un autre sarcophage antique dans l'ancienne église des Carmes-Déchaux, aujourd'hui la chapelle du cimetière. Le travail en est soigné, et les draperies surtout dénotent un style assez pur. Suivant toute apparence, le même bas-relief présente plusieurs scènes différentes réunies dans la même composition pittoresque, et les monuments funéraires de cette époque nous fournissent de nombreux exemples d'une semblable pratique (1). Je remarque, au milieu du bas-relief de l'église des Carmes, une femme, les bras étendus entre deux figures d'hommes, revêtues d'amples draperies, offrant la plus grande

(1) J'ai cité un bas-relief du même genre dans le musée du Puy.

ressemblance avec un groupe d'un bas-relief trouvé à Narbonne, et dans lequel on a voulu voir longtemps le mariage d'Ataulfe et de Placidie. Plus récemment on a pensé que cette figure de femme était un symbole de l'âme quittant sa demeure terrestre. Je ne sais si cette explication est parfaitement juste, mais ce qui paraît certain, c'est qu'une allégorie se cache sous cette figure de femme fréquemment reproduite sur les sarcophages chrétiens du Bas-Empire. Deux hommes dans le même bas-relief portent des espèces de toques assez semblables à celles de nos juges; c'est le seul monument antique où j'aie observé une pareille coiffure.

ÉGLISE DES JACOBINS.

Après les deux églises dont je viens de parler, je n'en connais pas d'autre à Clermont qui mérite quelque intérêt, si ce n'est celle des Jacobins, aujourd'hui un couvent de religieuses. Construite évidemment dans la période bysantine, et autant que j'en puis juger vers le milieu du XIIe siècle, elle paraît avoir été achevée ou réparée à la fin du XIIIe, puis retouchée au XVe, car c'est à cette époque seulement que peuvent se rapporter quelques détails d'ornementation, espèces de hors-d'œuvre bien évidemment ajoutés après coup, longtemps après l'achèvement de l'édifice. Au milieu de ces changements, il ne paraît pas que le plan primitif se soit altéré : c'est une basilique à une seule nef, sans apside, et l'on ne peut douter que cette disposition ne soit ancienne, car la muraille orientale est percée de fenêtres ornées dans le style bysantin. Les autres fenêtres ont également conservé leur forme en plein cintre. Je regrette de n'avoir pu examiner à l'extérieur ce mur oriental, car on le dit très-richement décoré, mais il eût fallu pénétrer dans l'intérieur du couvent, et, comme on sait, l'accès en est interdit aux hommes. Les chapiteaux des colonnes engagées dans les murs latéraux de la nef appartiennent au gothique primitif, mais sont travaillés avec la plus grande recherche et aussi riches qu'élégants. On voit de chaque côté de cette nef une niche surmontée d'un pinacle fort orné, et dans l'intérieur de laquelle quelques restes de peinture à fresque percent à travers une couche de badigeon : probablement ces niches renfermaient autrefois des tombeaux; on y a placé des autels.

MURAILLE ROMAINE, ANTIQUITÉS, ETC.

J'ai été surpris de trouver à Clermont aussi peu d'antiquités romaines. Tout à l'heure je citerai quelques fragments recueillis par l'Académie. Une ruine, malheureusement presque informe, est, je crois, là seule construction romaine qui reste debout aujourd'hui pour attester l'existence de l'antique Augustonemetum. Dans une maison isolée (on l'appelle la maison des Salles), au Sud de la ville, au milieu d'un marais cultivé, on voit les restes d'une enceinte en forme de carré long, incontestablement d'origine romaine, et qui paraît avoir eu une destination militaire. Le seul pan de mur qui n'ait pas été défiguré par des constructions modernes se distingue de toutes les murailles antiques que j'aie observées par des espèces de contreforts extérieurs saillants de deux pieds, de forme semi-circulaire, et régulièrement espacés de huit pieds en huit pieds. Quant à la muraille, son épaisseur est de plus de cinq pieds, sa hauteur de seize ou dix-huit en quelques endroits. Le parement se compose de petites pierres aussi régulièrement taillées que le comporte le basalte qui en forme les matériaux. Des assises de briques l'interrompent à des distances inégales qui varient de deux pieds à trois, mais toujours parfaitement horizontales. Les briques sont carrées, de sept pouces de côté, minces et placées sur trois rangs. Là, où le parement est détruit, on voit *l'opus incertum* qu'il recouvrait, fort grossier, lié par un ciment très dur et d'une blancheur remarquable. Nul vestige de portes ou de fenêtres, non plus que d'un amortissement quelconque qui aurait pu donner quelques renseignements sur la destination de ces contreforts, évidemment d'un trop petit diamètre pour avoir jamais servi de tours. Il est fort à regretter qu'on ait perdu tout souvenir des fouilles faites dans ce lieu lorsqu'on y construisit la maison actuelle. On m'assure que, dans les jardins du voisinage, on trouve assez souvent des médailles du Bas-Empire. Je suppose que l'enceinte romaine était un camp ou bien une espèce de citadelle; mais, si les renseignements qu'on m'a donnés sur l'étendue de cette enceinte sont exacts, elle n'a pu renfermer qu'une garnison extrêmement faible.

Il n'y a point à Clermont de musée à proprement parler. On conserve quelques médailles et quelques poteries antiques dans des armoires de la Bibliothèque, et quant aux débris d'architecture et aux fragments sculptés, on les a jetés pêle-mêle dans un coin du jardin de botanique où ils se détruisent à la pluie et à la gelée. J'y ai vu une tête de Mercure en bas-relief, sur laquelle on a beaucoup disserté, un assez bel autel en marbre blanc, un assez grand nombre de débris de frises et de corniches, des fûts de colonnes brisés et quelques chapiteaux en pierre et en marbre, tout cela d'un travail très médiocre; mais, à en juger par les dimensions de plusieurs de ces fragments, il aurait existé à Augustonemetum des édifices très considérables.

Voici les inscriptions que j'ai notées.

1° CAMVLO
VIROMANDVO

Tracée en très grands et très beaux caractères sur

un bloc fort épais, qui peut avoir été le soubassement d'une statue, ou peut-être placé dans une frise ou une architrave; mais son poids et son épaisseur rendent cette dernière supposition peu probable. L'épithète de *Viromanduo* est d'autant plus singulière que l'inscription a été découverte à Clermont même, non loin de la cathédrale.

2° *TI* CLAVDIV*s*
*dr*VS · F · CAESA*r*
*a*VG · GERMAN
*p*ONTIF MAX·T*ri*
*b*VN · POTEST
V IMP · XI · PP
cos III DESIGN IV

sur le dé d'un cippe de granit qui paraît être la base d'une borne milliaire. L'inscription se rapporte à l'année 47 de notre ère. Elle a la même date que l'inscription du château de Polignac.

3° Je ne cite le fragment suivant que dans l'espérance que le reste de l'inscription pourra se retrouver un jour, et pour remplacer le fragment existant s'il vient à se perdre. Les lettres sont fort grandes et parfaitement gravées.

Granit.

NT
CVDET MARCIA
KII DEFVNCT
IE A MVRO IN
II

4° Les travaux de réparation dans l'église de Notre-Dame-du-Port ont fait découvrir une large dalle de granit dans laquelle était incrusté un carré de marbre blanc très grossièrement taillé et qui peut-être avait été enlevé à un édifice antique. On sait combien sont rares les inscriptions mérovingiennes, et celle-ci est d'autant plus curieuse qu'elle porte une date, c'est l'année 612.

(Deux oiseaux gravés en creux au-dessus d'un méandre):

† HIC REQUIESCIT
BoNE MEMORIE
REMESTO VIXIT
IN PACE ANNVSXLIII
TRNSIET SVB DIE
V IDVS FEBRV
ARS ANNV XVI
REGNO DM̄I THE
VDoBERT

5° Je transcris à la suite l'inscription ci-dessous, bien qu'elle ne fasse pas partie de la collection du musée de botanique. Elle m'a été communiquée par M. le comte de Laizer et fut découverte, me dit-il, il y a quelques années aux environs de Clermont.

DITI PA
TRI VA
SSO
RIX
MARTI

Autel en granit haut de huit à dix pouces. Le dernier mot ne s'explique qu'en sous-entendant *filius*. A Pluton, Vassorix, fils de Martius.

Parmi un grand nombre de manuscrits curieux conservés dans la bibliothèque de Clermont, j'ai remarqué; 1° un magnifique Grégoire de Tours du XIe siècle; 2° un Sidoine Apollinaire, un peu moins ancien peut-être; 3° une bible in-folio du XIIe siècle, magnifique monument de calligraphie, ornée de vignettes enluminées, d'une très belle exécution; 4° l'Histoire de la première croisade, par Foucher de Chartres, écriture du XIVe siècle; 5° une espèce de glossaire ou de traité de *omni re scibili* du XIIe siècle, je crois; le bibliothécaire, M. Gonod, m'a montré dans ce manuscrit la légende de Saint-Léger en vers, dans le dialecte auvergnat; je regrette de n'avoir pu examiner ce livre en détail, mais j'apprends que M. Gonod prépare un travail sur ce sujet; 6° Commentaires de Galéas Capelli *sur les choses faites pour la révolution de Francisque, duc de Milan*, manuscrit du XVIe siècle.

Je ne dois point quitter Clermont sans dire quelques mots de la jolie fontaine de la place Delille. Elle fut élevée en 1515 sur la place de l'Évêché par Jacques d'Amboise, évêque de Clermont, et transportée en 1808 sur son emplacement actuel. De la même époque date la grande vasque qui l'entoure. Le style de cette fontaine est un mélange assez heureux des formes de la Renaissance, avec quelques caprices gothiques. On y remarquera des arabesques et de petites sculptures exécutées avec une merveilleuse finesse et de la composition la plus gracieuse.

GERGOVIE.

Les antiquaires ont beaucoup disputé et beaucoup écrit sur la position de Gergovie, cette ville des Arvernes qui eut la gloire de résister à Jules César. Les uns l'ont placée sur les hauteurs, à l'Ouest de Clermont, le plus grand nombre sur une montagne éloignée de cette ville d'environ deux lieues, et connue autrefois sous le nom de *Gergoye*. Aujourd'hui cette dernière opinion est devenue si populaire, qu'il n'y a pas un cocher à Clermont qui hésitât, si on lui donnait l'ordre de conduire sa voiture à Gergovie. M. Thévenot m'ayant offert de m'accompagner dans une excursion à cette montagne célèbre, j'acceptai avec d'autant plus d'empressement, que mon guide apportait pour examiner ce terrain le coup d'œil d'un militaire et l'expérience d'un archéologue. Je n'ai pas besoin de dire, que nous eûmes soin d'emporter les Commentaires, dont nous avions déjà soigneusement relu le septième livre.

La montagne de Gergovie, aplatie à son sommet,

figure à peu près un parallélogramme rectangle, dont les deux grands côtés regardent le Nord et le Sud. De l'Est à l'Ouest, son plateau s'étend de plus de quinze cents mètres, et d'environ six cents du Nord au Sud. Très escarpé de tous les côtés, il est absolument inaccessible à l'Ouest et au Nord; mais au Sud ses pentes sont moins raides, et sur ce point aussi bien qu'à l'Est, elles ressemblent à un immense escalier, en raison de plusieurs bandes de terrain horizontal, qui les interrompent en formant des espèces de gradins ou de paliers plus ou moins larges.

Le sommet du plateau est bordé de plusieurs côtés, mais surtout au Sud et à l'Ouest, par un amas considérable de pierres de moyenne grosseur, disposées en talus et évidemment entassées de main d'homme. Cela forme un *agger* très épais, variant de cinq à sept pieds de hauteur, assez semblable au rempart des environs de Drevant. Entre le talus et l'escarpement règne une espèce de chemin de ronde plane, et large d'environ douze ou quinze mètres, qui m'a paru formé par l'enlèvement des basaltes dont se compose le rempart: ils sont tirés de la montagne même. Une pente fort raide, mais courte, sépare ce chemin de ronde, si l'on veut bien me passer ce mot, d'un gradin naturel, beaucoup plus large, mais fort irrégulier. On peut le suivre partout autour de la montagne (car il semble formé par une de ses grandes strates), variant de largeur, mais toujours horizontal. A l'angle Sud-est, il s'étend au point de devenir en quelque sorte un plateau inférieur, de cent vingt à cent cinquante mètres d'étendue, puis il se rétrécit vers le milieu de la face Sud de la montagne, et s'élargit de nouveau vers l'angle Sud-ouest. De ses bords dentelés partent des pentes plus ou moins rapides, interrompues par d'autres paliers inférieurs, généralement fort étroits; enfin, elles se terminent au Sud, dans deux petites vallées presque perpendiculaires à la montagne de Gergovie, et dont le thalweg est marqué par deux ruisseaux, affluents de l'Auzon. Entre ces ruisseaux s'élève une colline, beaucoup plus basse que celle de Gergovie, aplatie à son sommet, fort escarpée au Sud, en pente adoucie vers le Nord, c'est-à-dire en face de Gergovie. Cette colline forme un triangle, dont la pointe regarde Gergovie, dont l'Auzon baigne la base, et dont les côtés sont bordés chacun par un de ces ruisseaux dont j'ai parlé. Une tour isolée, qui porte le nom remarquable de tour de César (1), fait, de loin, reconnaître ce plateau triangulaire, qui porte le nom du village de la Roche-Blanche, situé dans la vallée qui le borde à l'Orient. De l'autre côté de l'Auzon, qui coule de l'Est à l'Ouest, et au Sud de la Roche-Blanche, s'élève une longue colline parallèle à la montagne de Gergovie. Au sommet est le village du Crest.

Au bas des pentes de Gergovie, et presque à

(1) C'est d'ailleurs une construction du moyen-âge.

l'angle Sud-est de la montagne, on trouve le village de Merdogne, situé dans une vallée parallèle à l'Auzon, et qui vient déboucher dans la plaine de la Limagne, laquelle s'étend du Nord au Sud traversée par la route de Clermont à Issoire. Le hameau de Bonneval est situé à l'angle Nord-est de la montagne de Gergovie sur ses dernières pentes. La montagne étant inaccessible au Nord et à l'Ouest ainsi que je l'ai dit plus haut, je ne m'arrêterai pas à décrire le terrain de ce côté. Il suffira de savoir qu'à l'Ouest s'étend une chaîne de montagnes fort élevées, séparées de Gergovie par une vallée étroite. Au Nord, une suite de petites collines entrecoupées de vallées occupe tout l'espace entre Gergovie et la plaine de Clermont.

Pour aller de Gergovie à l'Auzon, il faut passer à l'Ouest ou à l'Est de la Roche-Blanche, dans l'une ou l'autre des vallées arrosées par les ruisseaux ses affluents, ou bien passer par Merdogne ou Bonneval, longeant une suite de coteaux qui cachent l'Auzon, et s'avancer assez loin dans la Limagne. Cette circonstance est à noter, car il n'y a pas de sources sur le plateau de Gergovie, et, pour avoir de l'eau, il faut aller en puiser à l'Auzon, soit au Sud, soit au Sud-est. De là, l'importance de cette rivière dans les opérations du siége. César, s'il parvenait à couper aux assiégés toute communication avec les deux vallées de la Roche-Blanche, les obligeait à se rendre, ou bien à risquer une bataille dans la plaine de la Limagne, où la discipline de ses troupes lui assurait l'avantage. Peut-être y avait-il à Gergovie des puits ou des citernes, mais le grand nombre de bêtes de somme qu'une armée gauloise traînait toujours à sa suite (1) devait bientôt les épuiser.

Je vais rappeler brièvement les opérations du siége, et en même temps essayer de les suivre sur le terrain que je viens de décrire.

César s'avança devant Gergovie avec six légions. Une reconnaissance, qu'il fit en personne, lui ayant démontré l'impossibilité de prendre la ville d'assaut, il fortifia son camp, et, avant d'entreprendre le siége, il s'occupa de ses approvisionnements. On doit supposer qu'il assit son camp à une médiocre distance de la ville gauloise, et vraisemblablement dans un lieu faisant face à la seule partie qui fût accessible. Il devait y avoir aux environs un terrain propre aux manœuvres de la cavalerie; car les cavaliers des deux armées engagèrent les premiers jours une suite d'escarmouches sans résultat. Or, si l'on se rappelle que le plateau du Crest fait face à la partie Sud de la montagne de Gergovie, où la pente est la moins raide, cette position paraîtra la plus probable pour le camp de César. Les combats de cavalerie devaient avoir lieu dans la vallée de l'Auzon, et cette rivière étant facilement guéable, les Romains pou-

(1) *Cum multis carris magnisque impedimentis ut fert gallica consuetudo.* De Bel. Civ. lib. II. 11.

vaient pousser leurs coureurs dans la partie de la Limagne à l'Est de Gergovie.

Outre la population guerrière de cette ville, Vercingétorix avait réuni une nombreuse armée, tirée des provinces voisines, laquelle campait hors et fort près de ses remparts, derrière un mur de grosses pierres haut de six pieds, construit vers le milieu de la montée du plateau. Tout l'intervalle entre ce mur et la ville était rempli de ces auxiliaires, qui évidemment occupaient un terrain étroit, et l'expression énergique de César ne laisse point de doutes à cet égard. *Vercingetorix*, dit-il, *superiorem partem collis densissimis castris compleverat.* Ailleurs, il rapporte que les Gaulois occupaient tous les plateaux, tous les mamelons détachés de la montagne : *Omnibus ejus jugi collibus occupatis.* Si l'on rapproche ces expressions, l'examen des lieux rend assez facile d'établir la position de l'armée gauloise.

Ces gradins ou ces espèces de corniches sur les pentes Est et Sud de la montagne de Gergovie et quelques collines avancées qui en font partie, ou qui en sont très voisines, telles que la Roche-Blanche, formaient l'emplacement du camp des Gaulois, et si cet espace paraît insuffisant pour une armée nombreuse, César nous explique qu'elle était entassée en une masse compacte.

Je continue à extraire les circonstances les plus notables du siége.

En face de la ville, au pied même de la montagne, *Sub ipsis radicibus montis*, il y avait une colline isolée, en partie abrupte, *ex parte circumcisus.* Si les Romains s'en rendaient maîtres, ils pouvaient couper l'eau aux assiégés, et les empêcher d'aller au fourrage. — Dans cette courte description, il n'y a pas un détail qui ne convienne merveilleusement au plateau de la Roche-Blanche, situé en deçà de l'Auzon, et commandant les deux vallées qui viennent y aboutir. Il est évident que les fourrageurs descendant de la ville du côté du midi, devaient s'engager dans l'une ou l'autre de ces vallées. Si, descendant du côté de l'Est, ils s'avançaient dans la Limagne, des troupes, partant de la Roche-Blanche, pouvaient leur couper la retraite. Nulle hauteur, dans le voisinage, ne s'accorde mieux avec les expressions de César, et, si l'on admet l'existence de Gergovie sur la montagne qui en porte le nom, on ne peut méconnaître l'extrême importance de cette colline, espèce de fort détaché, dominant une partie du cours de la rivière.

Les Romains s'en rendirent maîtres par une surprise nocturne, ils s'y fortifièrent aussitôt, et y placèrent deux légions.

Sur ces entrefaites, César apprend qu'un corps de dix mille Éduens qu'on lui envoyait comme auxiliaires avec un grand convoi de vivres, séduit par ses chefs, venait de se révolter à vingt-cinq ou trente milles de Gergovie. Il est instruit en même temps que presque toutes les cités de la Gaule s'agitent et se préparent à entrer dans la grande confédération dont Vercingétorix est le chef. L'alliance des Éduens, et la possession d'Autun, leur capitale, étaient pour César du plus haut intérêt. Il y avait établi ses magasins, il en tirait des vivres, des auxiliaires. L'influence morale seule de son alliance avec ce peuple puissant retenait dans le devoir plusieurs nations, sur lesquelles la république des Éduens exerçait une sorte de suprématie. Abandonnés par eux, les Romains allaient se trouver dans la situation la plus critique.

Prenant son parti, avec cette décision qui le caractérise, César laisse deux légions devant Gergovie (probablement celles de la Roche-Blanche), et suivi des quatre autres, il joint les Éduens par une marche forcée, les étonne par sa présence inattendue, oblige leurs chefs à s'enfuir, et ramène le gros de ces auxiliaires devant Gergovie.

Il était temps que sa présence vînt ranimer ses légions; d'assiégeantes devenues assiégées, elles le rappelaient à grands cris. Néanmoins, malgré le renfort qu'il amenait, ses affaires n'étaient pas dans une situation plus favorable. Si le siége traînait en longueur, toute la Gaule allait prendre les armes contre les Romains; s'il se retirait, il se couvrait de honte, et probablement ce revers faisait aussitôt éclater un soulèvement général. Dans cette conjoncture, César pensa qu'il fallait frapper un grand coup, obtenir un succès signalé qui montrât sa puissance, et arrêtât l'audace des mécontents près de s'insurger. Il projeta d'accabler l'armée auxiliaire de Vercingétorix.

Dans ce dessein, il feint de changer son attaque contre la ville. — Un plateau étroit et boisé, éloigné du camp des Romains, et détaché de la montagne de Gergovie, avait attiré toute l'attention des Gaulois depuis la prise de la Roche-Blanche. Ils craignaient que, les Romains venant à s'en rendre maîtres, ils ne fussent rigoureusement bloqués et privés de toute communication avec la campagne.

Ce fut vers cette colline que César fit une démonstration. Aussitôt les Gaulois y portèrent des forces nombreuses, et la couvrirent de retranchements. — Quelle est cette colline? Je suppose qu'il faut la chercher au Nord-est ou au Nord de Gergovie, attendu que depuis l'occupation de la Roche-Blanche, les assiégés ne pouvaient aller à l'eau ou au fourrage que de ce côté, encore avec beaucoup de peine et de fatigue, en raison de l'escarpement des pentes orientales de la montagne. Une hauteur au-dessus du village du Prat convient assez avec les circonstances que je viens de rapporter. La suite des événements confirme, ce me semble, cette opinion.

Ayant réussi à détourner l'attention des Gaulois, César, qui avait fait passer la plus grande partie de ses troupes du grand camp dans le petit (du Crest à la Roche-Blanche), donne tout à coup le signal de l'attaque, après avoir averti ses soldats que le succès de l'entreprise dépendait de la rapidité de leur marche. — Cette attaque dut avoir lieu nécessairement par le versant méridional de la montagne. « La pente, dit César, a douze cents pas en ligne droite, » et c'est encore aujourd'hui la distance qui sépare la vallée de Merdogne du plateau de Gergovie.

En même temps que les Romains gravissaient la montagne en face de leur camp, les Éduens auxiliaires marchaient par la droite (sans doute la droite de Romains), c'est-à-dire du côté de l'Est, ainsi les deux pentes accessibles étaient assaillies à la fois. — La position de la colline de Prat explique fort bien comment l'armée assiégeante pouvait s'avancer inaperçue, et d'ailleurs le pays très boisé alors, contribuait encore à masquer ces mouvements.

On a peine à concevoir comment des soldats cuirassés, ayant au bras un bouclier de quatre pieds, pouvaient monter en courant une pente fort raide; mais rien n'était impossible aux Romains conduits par César. En un instant, le rempart, construit à mi-côte, est franchi et le camp des Gaulois auxiliaires emporté. Il est vrai que la plupart avaient été dirigés de l'autre côté de la montagne, et le reste sans défiance avait quitté ses armes et se livrait au sommeil pendant la chaleur du jour.

César prétend que son but se bornait à la surprise du camp. Ce premier succès obtenu, il fit, dit-il, sonner la retraite, mais peut-être veut-il excuser le mauvais succès de ses armes dans cette journée et la témérité de son entreprise, qui n'allait à rien moins qu'à prendre Gergovie d'assaut. Quoi qu'il en soit, loin de s'arrêter, une partie des légionnaires se disperse pour piller le camp; les autres, bien qu'épuisés de fatigue, poussent jusqu'aux remparts de la ville. Un centurion de la huitième légion qui s'était vanté d'entrer le premier dans Gergovie, se fait guinder par trois de ses soldats au haut de la muraille (1), et les tire ensuite après lui. D'autres parviennent à briser une porte. Déjà la ville paraissait prise, déjà les femmes, accourues au bruit, demandaient grâce aux soldats et les suppliaient de ne pas renouveler les massacres d'Avaricum. Elles jetaient du haut des murailles de l'argent et des étoffes, quelques-unes même, sautant en bas du rempart, demandaient à être traitées en prisonnières. Mais bientôt les Gaulois, avertis de la véritable attaque, s'y portent en foule. Ils ne trouvent qu'un petit nombre d'ennemis haletants, épuisés de fatigue, et les culbutent sans peine. Les Romains, après leur course impétueuse, n'avaient plus la force de combattre, et les Gaulois recevaient à chaque instant des renforts. Ces femmes qui, naguère, demandaient grâce, encourageaient maintenant leurs concitoyens par leurs clameurs

(1) Cette circonstance et une autre rapportée quelques lignes plus bas, montrent que les murailles de Gergovie devaient être peu élevées; mais on a eu tort, je crois, d'en tirer une conclusion générale sur le peu de hauteur de *tous* les remparts gaulois.

sauvages et en leur montrant leurs enfants. Les Romains tenaient encore, quoique en désordre, lorsque tout à coup les Éduens auxiliaires parurent sur leur droite. A la vue de leurs enseignes gauloises, les légionnaires, les prenant pour des ennemis, perdent courage et commencent à fuir. La déroute aurait eu les conséquences les plus funestes sans la valeur de quelques centurions qui se firent tuer pour arrêter les vainqueurs, et sans l'arrivée des réserves que César conduisit en personne et qui permirent aux fuyards de regagner leur camp.

On l'a vu, l'aspect des lieux s'accorde avec le récit de César. Non seulement on peut retrouver l'emplacement du camp des Gaulois, et de ceux des Romains, mais leurs marches mêmes autour de Gergovie s'expliquent assez facilement par la nature du terrain. Toutefois, plusieurs circonstances me semblent encore bien extraordinaires, et sans parler de la course de douze cents pas que firent, en montant une pente rapide, des soldats pesamment armés, la présence d'une cavalerie (1) sur ces escarpements est un sujet d'étonnement et d'incrédulité pour nos militaires.

J'aurais dû peut-être examiner plus tôt ce point capital : une ville gauloise a-t-elle réellement existé sur le plateau de Gergovie, et quels en sont les

(1) Ce fut la cavalerie gauloise qui d'abord attaqua les Romains; *præmissis equitibus*, dit César. Le roi des Nictiobriges Theutomatus s'enfuit à cheval de son camp dans la ville. Peu de nos écuyers, je crois, voudraient galoper sur les versants de Gergovie.

vestiges? J'ai déjà dit un mot en passant, de l'agger épais qui couronne le sommet de la montagne. Au Sud et à l'Ouest, le tracé de cette grossière enceinte s'est conservé presque sans interruption. Çà et là, au milieu des pierres entassées, on observe de gros fragments de mortier, quelques-uns liant encore des morceaux de basalte. Mais, nulle part, je n'ai observé de pierres taillées, *quadrati lapides*, telles que celles qui, d'après César, devaient former le mur construit en avant de la ville et sur la pente même de la montagne. Je n'ai pu trouver non plus de petites pierres de parement.

Au Sud, et à peu près au milieu de cette face du plateau, on reconnaît une porte à laquelle conduisent deux rampes aboutissant à droite et à gauche, à cette bande de terrain horizontal que j'ai comparée à un chemin de ronde; c'est la seule porte que j'aie remarquée. De côté, d'ailleurs, l'accès est le plus facile, et je ne doute pas que la route principale qui menait à la ville antique ne suivît cette direction. Plusieurs chemins, qui m'ont paru très profondement empierrés et tous sensiblement parallèles, traversent le plateau du Nord au Sud, et le plus large répond à la porte dont je viens de parler. Je n'en ai point vu qui fussent perpendiculaires aux premiers; moins solidement construits, sans doute, ils auront promptement disparu sous le soc de la charrue.

Toute la partie supérieure de la montagne est jonchée de fragments de poterie, parmi lesquels dominent des tessons épais, mal cuits, fort semblables aux débris de vases qu'on trouve à Substantion et sur la colline d'Entremont auprès d'Aix. On voit aussi quantité de tuiles à crochets; quelquefois, mais en petit nombre, des fragments de vases d'une terre blanche ou rouge, légère, ornée de moulures.

En 1755, on fit sur le plateau de Gergovie des fouilles qui n'eurent aucun résultat important. On découvrit quelques substructions qui parurent ne remonter qu'au moyen-âge, et l'on recueillit un assez grand nombre de médailles antiques, la plupart gauloises, quelques-unes de la colonie de Nîmes.

En résumé, il ne paraît point douteux que le plateau de Gergovie ne soit l'emplacement d'une ville antique, et il est probable que cette ville fut la Gergovie de César. Il ne semble pas qu'après la conquête des Gaules, elle ait eu une grande importance. Probablement ses habitants l'abandonnèrent assez vite lorsque la tranquillité, résultat de la domination romaine, eut rendu inutiles leurs formidables remparts. Une loi générale existe qui transporte les villes des hauteurs dans la plaine, aussitôt que la guerre n'est plus à craindre. Peut-être la fondation de Clermont est-elle une conséquence de cette émigration.

ROYAT.

(Rubiacum.)

La vallée de Royat jouit d'une réputation classique parmi les peintres de paysage; les antiquaires ne doivent point oublier de visiter son église, qui, bien que réparée à plusieurs reprises, et cependant fort délabrée, offre pourtant encore un intérêt réel. Elle a la forme d'une croix latine, terminée carrément à l'Est, sans apside. Dans l'origine, la nef (et probablement toute l'église) fut bâtie de la manière la plus simple, pour ne pas dire la plus grossière, et je pense que les gros murs, avec leurs pilastres carrés, terminés par un tailloir sans chapiteau, tels que ceux de la nef et des transsepts, remontent à une époque très reculée du moyen-âge. Dans le XIe siècle, si je ne me trompe, une première réparation eut lieu, et c'est alors que l'on construisit, ou du moins qu'on refit à neuf la crypte pratiquée sous le chœur (1). Deux colonnes engagées dans les murs de la nef, et d'un travail soigné, me paraissent encore appartenir à cette époque. Puis, au XIVe siècle, toute l'église fut fortifiée par des machicoulis jetés d'un contrefort à l'autre. En même temps on refit les

(1) Elle est divisée par deux rangs de colonnettes bysantines. Une petite source sort de terre dans cette crypte même.

voûtes, et probablement on sculpta les roses guillochées des transsepts et du mur oriental.

La date très ancienne de l'église de Royat, sa situation pittoresque et la célébrité même du lieu, qui attire un grand nombre d'étrangers, font vivement désirer qu'elle reçoive des réparations convenables. Mais le village, ruiné par deux inondations consécutives, est hors d'état de pourvoir aux dépenses les plus urgentes. La toiture est à moitié détruite, les voûtes sont pourries et l'eau suinte de toutes parts; enfin toute la muraille orientale du chœur aurait besoin d'être reprise en sous-œuvre. Je crois, Monsieur le ministre, qu'un faible secours de votre département, joint aux offrandes des artistes et des habitants de Clermont, permettrait de conserver une jolie église, qui, abandonnée à ses propres ressources, serait condamnée à une destruction prochaine.

CHAMAILLÈRES.

Église fort ancienne, comme on en peut juger par des réparations du XIIe siècle, très apparentes dans la masse de sa construction. Les arcades anciennes de la nef sont doublées par d'autres arcades qui les rétrécissent et les fortifient. Les unes et les autres sont en plein cintre. Il paraît qu'à l'époque de cette restauration, on jugea également nécessaire de renforcer les piliers par l'application de massifs nouveaux. A l'entrée du narthex, qui, par suite de la clôture de la porte occidentale, est devenue la chapelle des fonts baptismaux, on voit deux colonnes dont les fûts en marbre vert veiné de rouge, m'ont paru antiques ; quant aux chapiteaux de pierre, ils se rapportent au XIIe siècle par leur ornementation très soignée. L'extérieur du chœur et ses trois apsides, entourées de jolies colonnettes bysantines, annoncent encore la même date. Quant à l'intérieur de ce chœur, il a été entièrement refait et très maladroitement, vers le XVe siècle. On y retrouve encore pourtant quelques colonnes engagées, de style bysantin fleuri, et un soubassement ou un banc continu, régnant autour du chevet, tel qu'on en voit à Conques, à Brioude, etc.

Dans le village, on m'a fait remarquer une construction toute ruinée, qui porte le nom de *Tour des Sarrazins*. Je ne crois guère à cette origine traditionnelle, mais ces murailles m'ont paru pourtant appartenir à une époque reculée du moyen-âge. L'appareil en est nouveau pour moi. Il se compose d'un *opus incertum*, sans parement, traversé de distance en distance par des assises horizontales de pierres taillées. Les angles de la tour, qui est carrée, sont également formés de pierres de taille d'un fort échantillon.

MONTFERRAND.

L'église de Montferrand ne mériterait guère qu'on s'y arrêtât, car son architecture est des plus médiocres. On y peut cependant observer, et cette étude n'est point dépourvue d'intérêt, la transformation qu'a subie le style gothique en s'établissant dans le midi. Bien que fort élevée, la nef n'est point soutenue par des arcs-boutants, mais par des contreforts très-saillants entre lesquels on a construit des chapelles, en sorte qu'à l'extérieur les contreforts ne se montrent qu'au-dessus du toit qui couvre ces dernières. Les fenêtres, fort étroites, n'ont qu'un seul meneau. Je suppose l'église bâtie vers la fin du XIVe siècle, et dans son ornementation paraît déjà une tendance au style flamboyant. Cependant les colonnettes grêles engagées le long des murs latéraux (il n'y a qu'une nef) portent encore des chapiteaux; quelques-uns même, ornés de têtes entremêlées à des feuillages, prouvent la persistance du style bysantin en Auvergne. Ils ne manquent pas d'élégance et sont finement exécutés, bien que la pierre de Volvic, dont est bâtie toute l'église ne soit que peu propre à la sculpture. La façade est plus moderne que la nef. De ses deux tours une seule est achevée. Le portail, malgré le mauvais effet, résultat inévitable d'une construction suspendue, plaît par une simplicité rare au quinzième siècle, et qui n'exclut pas l'élégance. Je finirai en citant de beaux retables en bois du XVIIe siècle, placés dans les chapelles latérales. A part le mauvais goût de l'époque, le travail en est curieux et certainement très-remarquable.

SAINT-NECTAIRE.

DOLMEN, RUINES CELTIQUES (?).

Sur un plateau assez élevé entre le village et les bains de Boîte, on voit à peu de distance d'une masse de rochers dont les pointes percent la terre de tous côtés, un grand dolmen en bon état et parfaitement authentique. Voilà la première fois que je rencontre de semblables monuments aussi rapprochés de masses de rochers naturelles. Celui-ci est ouvert à l'Est, fermé à l'Ouest, et son plan forme un parallélogramme rectangle. Cinq pierres le composent aujourd'hui dont une seule sert de toit. Un pilier renversé est à terre auprès du dolmen, une septième pierre paraît avoir été enlevée. Toit et piliers sont de granit, nullement travaillés et tels qu'en fourniraient encore les rochers voisins (1).

(1) Longueur du toit 9 P. 6 p.; largeur moyenne, 5 P.; épaisseur, variant de 22 p. à 8 p.; hauteur du toit, à l'Est, 4 P.; à l'Ouest, 7. Bien que le terrain soit fort incliné, le toit est horizontal.

Vers le milieu du toit, on observe une dépression arrondie en forme de bassin ; mais je me hâte d'ajouter qu'il n'y a pas apparence d'un travail humain, et que cette concavité, à laquelle quelques antiquaires attachent une grande importance, se reproduit à vingt pas de là dans les masses de la même roche qui affleurent le sol.

Une grosse pierre plate, inclinée sur une autre debout, éloignée d'environ 50 m. à l'Est du dolmen, me paraît être le toit d'un monument semblable dont on a enlevé la plupart des piliers. Enfin, tout près de ce dolmen détruit, un bloc de granit, planté verticalement, *peut* avoir été un peulven. Sa hauteur est de trois pieds. Je n'ose assurer qu'il ne doive pas sa position remarquable à un accident naturel.

Au Nord-Est, et à quelque quarante pas du grand dolmen, on reconnaît les substructions grossièrement construites d'une enceinte carrée comprenant douze chambres, six d'un côté et six de l'autre, donnant toutes sur un étroit corridor commun qui traverse toute l'enceinte. L'appareil est des plus informes. Les pierres ne sont pas même dégrossies, et seulement superposées sans être liées par du ciment. Quelques archéologues ont pensé que cette enceinte était contemporaine du dolmen; quelques-uns même y voient le logement des prêtres de ce temple ; car à leurs yeux un dolmen est un temple. Ce seraient les restes d'un collége de druides. Quant à la première de ces opinions, j'avoue que je ne suis pas loin de la partager, car je ne connais point d'édifices modernes ou du moyen-âge dont le plan se rapporte à celui de ces substructions; je leur trouve beaucoup de rapports au contraire avec quelques ruines antiques, avec celles de Drevant par exemple, sauf toutefois les différences de l'appareil. Le collége de Druides me paraît un peu hasardé, car, d'un dolmen, pour conclure des druides, j'aurais d'abord besoin de savoir quelle chose est un dolmen, or, je le confesse, je n'ai pu encore me former une opinion à cet égard.

Pour en finir avec les monuments celtiques ou crus tels, je dois dire un mot de vastes cavernes creusées dans le roc vers le sommet de la montagne de Châteauneuf. On les attribue aux Gaulois Arvernes, premiers habitants de ce pays. Elles sont vastes et élevées, séparées en plusieurs salles et communiquant avec une corniche étroite qui sert de chemin pour y arriver. Aujourd'hui l'on y parque des moutons. Je n'y ai remarqué aucune de ces dispositions singulières que j'avais observées dans les cavernes voisines du Monestier, et je n'y vois aucun indice d'après lequel on pourrait leur assigner une origine avec vraisemblance. Probablement elles ont servi de magasins au château (1)

(1) Il est presque entièrement rasé aujourd'hui, et je ne crois pas possible d'en déterminer la date ou même d'en étudier les dispositions primitives. Il m'a paru seulement qu'il y avait un donjon circulaire au point le plus élevé, et alentour plusieurs corps de bâtiments indépendants peut-être les uns des autres.

du moyen-âge dont les ruines occupent le sommet de la montagne.

ÉGLISE DE SAINT-NECTAIRE.

L'église de Saint-Nectaire semble être une copie en petit de Saint-Paul d'Issoire ou de Notre-Dame-du-Port; peut-être ai-je tort de dire copie, car dans l'absence de tout document historique, les légères différences qu'on remarque entre ces trois monuments pourraient aux yeux de quelques archéologues donner à Saint-Nectaire le droit de prétendre à une priorité de date. C'est ainsi qu'au lieu de piliers, on y voit partout des colonnes (1), disposition qu'on regarde assez généralement comme une preuve d'origine fort ancienne, et de plus le travail d'ornementation indique par sa rudesse une époque où la sculpture bysantine était encore timide et toute barbare. D'ailleurs même plan (2), mêmes dispositions générales. On y retrouvera et ces galeries couvertes par des demi-voûtes, et ces incrustations en pierres de différentes couleurs autour du chevet, et ces modillons formés d'une suite de cylindres en encorbellement.

(1) Excepté à l'entrée du narthex, et à l'intersection des transsepts.

(2) Saint-Nectaire n'a que trois apsides ; toutes les trois semi-circulaires, et un peu plus élevées que la nef.

Saint-Nectaire est assez bien conservé, sans doute parce qu'on n'y a fait presque aucune réparation, et la seule addition, si toutefois c'en est une, qui m'ait frappé dans tout le monument, c'est une tour octogone surmontée d'une flèche en pierre; encore ne me paraît-elle pas postérieure à la dernière moitié du XIIe siècle. Il semble, ou que la façade occidentale n'a jamais été terminée, ou que depuis longtemps elle est en ruines. Aujourd'hui elle est absolument nue.

Au-dessus du narthex ou vestibule intérieur se trouve une vaste tribune séparée de la nef par un mur de refend, ou plutôt par une espèce de pont porté sur trois arcades; une autre arcade beaucoup plus grande que les précédentes, presque aussi large que la nef, s'élève au-dessus de ce pont et est elle-même surmontée de deux ouvertures cintrées, ou si l'on veut de deux petites arcades. Cette disposition singulière se fait remarquer par l'épaisseur de sa maçonnerie. On pourrait considérer l'arcade supérieure comme une espèce d'arc doubleau d'une énorme saillie, s'appuyant sur les piliers du narthex.

Dans la nef, la plupart des chapiteaux ne présentent que des feuillages grossièrement épannelés; mais dans le chœur, presque tous sont historiés et d'ailleurs travaillés avec plus de soin. La majeure partie de leurs compositions m'ont paru tirées de l'Écriture. J'y ai reconnu le portement de la croix, la flagellation, Saint-Pierre frappant

Malchus, l'incrédulité de Saint-Thomas, enfin plusieurs scènes du jugement dernier. Puis viennent d'autres bas-reliefs où la reproduction des mêmes personnages semblerait indiquer une légende, peut-être celle du patron de l'église. Toujours la croix à la main et la tête nimbée, on le voit tantôt ressuscitant un mort, tantôt sauvant un batelier qui invoque son secours, plus loin prêchant, puis accommodant un procès devant une assemblée. Une autre composition rappelle peut-être un événement relatif à la construction de l'église. Le saint réveille un moine endormi, et dans le fond du bas-relief paraît une église qui ressemble grossièrement à l'église actuelle (1), et dont le clocher au-dessus du transsept s'incline fortement comme s'il allait s'écrouler. Je suppose qu'averti par une inspiration divine, le saint réveille les moines pour qu'ils s'échappent avant la ruine de l'édifice. Pourtant un scrupule me reste, et je n'en ferai pas mystère. Toute mon explication ne repose que sur le fait de ce clocher incliné, or il touche au tailloir du chapiteau, et si l'artiste eût voulu le faire vertical, la place lui aurait manqué; plutôt que de faire une église sans clocher, il a peut-être mieux aimé le sculpter de travers. Dans

(1) Elle est entourée d'une enceinte crénelée, et les tours de sa façade sont inachevées. Ces deux traits sont remarquables et caractéristiques. Saint-Nectaire avait une double enceinte fortifiée, dont une partie des murailles est encore debout, bien que fort ruinée.

ce dernier cas, on aurait simplement représenté le saint éveillant ses compagnons pour la prière. J'abandonne mes deux explications pour ce qu'elles valent.

Un autre sujet assez curieux, c'est le Christ entouré de saints, dont chacun met à ses pieds une petite église, et le Christ semble en choisir une. Elles sont toutes au reste si mal exécutées qu'il faut renoncer à tirer quelques renseignements de leur forme. Enfin je suis tenté de rattacher encore à la même légende un homme embrassant une colonne, poursuivi par un soldat qui le tire par les cheveux. Probablement cela fait allusion à quelque violation du droit d'asile que possédait autrefois l'église de Saint-Nectaire. Plusieurs inscriptions tracées sur ces chapiteaux, très frustes et couvertes de badigeon, donnent peut-être la clef de ces énigmes, mais je n'en ai pu déchiffrer que quelques lettres qui ne forment aucun sens. Le badigeon de Saint-Nectaire mérite qu'on le cite, car, chose étrange, à force de barbarie, le barbouilleur a fait une restauration presque intelligente. Les figures, les ornements, les fonds, tout cela est peint de couleurs différentes, et malgré les méprises et la maladresse de l'ouvrier, malgré la mauvaise préparation des couleurs, de loin l'effet n'est point désagréable, et ma première impression fut de croire qu'on n'avait fait que raviver les teintes primitives.

On ne connaît point de crypte sous le chœur. Dans le transsept Nord, il existe un caveau assez vaste en apparence, mais tout obstrué de gravois. Cela ressemble beaucoup plus à un caveau funéraire, qu'à une crypte à proprement parler.

Les murs ont partout une épaisseur de plus d'un mètre. Autour des apsides, j'ai remarqué des trous carrés très profonds, disposés à quelques pieds du sol avec une espèce de régularité. Lorsqu'en fouillant dans le cimetière qui entoure l'église, on trouve des ossements, on les plante dans ces trous qui paraissent tenir lieu d'ossuaire.

Deux petites portes, l'une au Nord, l'autre au Sud, donnent accès dans l'église, l'une et l'autre surmontée d'un tympan lisse mais rempli par une mosaïque grossière. Quant à la porte occidentale, elle n'a aucun ornement, et paraît avoir été réparée il y a peu d'années.

Le maître-autel de Saint-Nectaire est une grande et lourde masse, accolée à un retable du xve siècle, à moitié détruit. J'y ai remarqué un très beau crucifix bysantin, entouré de quatre anges en bas-lief, de cuivre doré, fixé sur une plaque d'émail dans laquelle sont quelques pierres précieuses, incrustées. Au travail, je le crois, du xie siècle. Il y a encore dans l'une des apsides, un autre reliquaire, plus ancien peut-être que le crucifix. C'est un buste de grandeur naturelle, en cuivre repoussé, couvert d'une épaisse dorure, avec des yeux en émail. Cette sculpture est véritablement très remarquable par son modelé, rempli de vérité et de naturel. Pour le travail, elle est infiniment supérieure à la plupart des ouvrages bysantins, exécutés sur pierre ou sur marbre, mais on y reconnaît le même style. Les cheveux, coupés fort court et arrangés à la manière antique, la forme singulière de la robe, toute semée de pierres de couleurs, me font supposer que ce buste vient de Constantinople, et c'est peut-être une conquête des croisés. Quelle que soit son origine, ce beau reliquaire mériterait de figurer dans un musée.

J'appellerai votre attention, Monsieur le Ministre, sur la situation de l'église de Saint-Nectaire. Jusqu'à présent elle a conservé sa physionomie originale, si je puis m'exprimer ainsi, mais de terribles dégradations ont rendu des réparations indispensables, et si elles ne sont pas exécutées avec soin, c'en est fait du monument. Les murs du côté du Nord et une partie des voûtes sont pénétrés par la pluie et crevassés. La toiture est aussi en mauvais état. Pour réparer le mal, on ne peut presque rien attendre des ressources de la commune, et il serait à désirer que le département fît quelques sacrifices pour y pourvoir. Si vous vouliez bien accorder une allocation à cet effet, je ne doute pas que le conseil général du Puy-de-Dôme ne consentît à prendre à sa charge une partie des dépenses.

CHATEAU DE MUROL.

On m'avait beaucoup vanté le château de Murol, situé à une lieue et demie de Saint-Nectaire, au sommet d'un cône volcanique. Sous le rapport purement pittoresque, je ne connais pas de lieu plus intéressant, et peu de vues peuvent se comparer à l'admirable panorama que l'œil embrasse du haut du donjon. Mais un antiquaire qui viendrait y chercher des sujets d'observations, s'y trouverait fort désappointé. Une enceinte bastionnée du XVIe siècle couronne la montagne de Murol. On trouve ensuite une enceinte intérieure de forme circulaire, bordée de machicoulis et se liant à une tour fort élevée qui domine toutes les fortications. Au milieu de cette seconde enceinte, plusieurs bâtiments de styles différents, mais tous également ruinés, montrent que les possesseurs de ce château n'ont cessé d'y travailler et de l'accroître depuis le XVe jusqu'au XVIIIe siècle. D'ailleurs nulles traces d'ornementation, si ce n'est quelques armoiries sculptées. Les parties de la fortification les plus anciennes, c'est-à-dire, l'enceinte circulaire et quelques-uns des bâtiments d'habitation, ne me paraissent pas remonter au-delà du XVe siècle. Je recommande le château de Murol à tous les amateurs de paysage, mais ce n'est point là qu'il faut aller étudier l'architecture militaire du moyen-âge.

THIERS.

(Thiernum.)

LE MOUTIER.

(Monasterium S. Symphoriani.)

L'église dédiée à Saint-Symphorien, dans le bas de la ville, dépendait d'une ancienne abbaye qui remontait au VIIIe siècle. En 1016, un chevalier Wido ou Guy la restaura et lui fit des donations considérables. Voilà, je crois, tout ce qu'on sait de son histoire. Aujourd'hui, les bâtiments d'habitation, fort modernes pour la plupart, sont devenus des propriétés particulières, et l'église sert de paroisse aux habitants d'un faubourg de Thiers.

L'église du Moûtier est d'autant plus intéressante à étudier, que ses parties les plus anciennes s'éloignent du style d'architecture le plus fréquemment employé en Auvergne, notamment par l'absence d'incrustations ou de mosaïques de couleur. Or, si l'on pouvait établir d'une manière authentique, qu'un édifice aussi important a été réellement construit au commencement du XIe siècle, il fournirait une espèce de présomption négative contre les dates très anciennes que l'on propose pour plusieurs églises décorées de ces mosaïques dont nous avons eu si souvent à nous occuper. Mais avant d'aborder cette question, je dois parler brièvement de l'état actuel du Moûtier.

C'est une basilique en forme de carré long (1) sans apside. Le chœur, qui ne comprend aujourd'hui que les deux dernières travées orientales, est séparé par un mur de refend de chapelles, maintenant condamnées, à l'extrémité des collatéraux (2). D'ailleurs, ces chapelles, ainsi que le chœur, sont coupées carrément à l'Est, le chœur débordant légèrement les chapelles.

Toutes les arcades, celles de la nef surtout, cintrées et resserrées à leur naissance, se rapprochent du fer-à-cheval des constructions sarrasines. Dans la nef, une fenêtre étroite occupe le haut de chaque travée; dans le chœur, une petite tribune règne au-dessus des collatéraux.

Les trois premiers piliers à l'Occident de la nef, du côté Nord aussi bien que du côté Sud, sont carrés et flanqués de colonnes sur leurs faces. Puis on trouve deux autres piliers en forme de croix séparés l'un de l'autre par un pilier octogone. On notera que la distance, entre le dernier de ces piliers en forme de croix et le pilier octogone, est plus grande qu'entre tous les autres, ce qui me semble indiquer qu'autrefois l'église avait un transsept existant en ce lieu. Le dernier pilier en

(1) Cette forme est modifiée aujourd'hui par l'addition d'une chapelle au Sud, qui par sa position forme de ce côté comme un croisillon.

(2) Ces chapelles sont couvertes par une voûte en quart de cercle, à la manière de ces galerries dont j'ai donné si souvent la description. Au contraire, les collatéraux de la nef ont des voûtes d'arête.

croix touche au chœur : là, on voit d'abord un pilier carré avec une colonne engagée sur sa face principale ; enfin, un dernier pilier à l'extrémité orientale de l'église, lequel n'est qu'un massif carré avec une moulure grossière qui reçoit les retombées des voûtes. Si l'on entre dans les chapelles latérales, on voit, adossé à ce massif, un contrefort très épais et très saillant, mais peu élevé, dont l'appareil nous présentera un fait assez curieux sur lequel je reviendrai tout à l'heure.

Le narthex intérieur présente les dispositions ordinaires à cette partie de l'église, une arcade basse surmontée d'une tribune donnant sur la nef.

Les fenêtres des collatéraux cintrées, étroites, ne sont accompagnées d'aucun ornement, si ce n'est dans les trois dernières travées orientales, où elles sont flanquées de colonnettes dont les chapiteaux, couverts de sculptures *en creux*, annoncent le style le plus grossier et le plus barbare.

Bien différents de ces chapiteaux, ceux de la nef montrent les types ordinaires du bysantin fleuri, et les formes végétales y dominent. Quelques-uns, ceux du narthex surtout, méritent d'être cités pour leur belle exécution.

Quant aux chapiteaux qui reçoivent les retombées des voûtes, ils paraissent avoir été rasés dans une restauration maladroite qui s'est attaquée à toutes les parties supérieures de l'église (1). C'est

(1) Aux voûtes de la nef et du chœur. Elles sont ogivales dans le chœur.

probablement à la même époque qu'on a construit le pilier octogone, ou peut-être qu'on a façonné de la sorte un pilier primitivement carré. Il faut encore rapporter à la même restauration la chapelle Sud et une grande fenêtre percée dans la façade (1). Le style de cette fenêtre peut donner la date de tous ces travaux ; ils remontent, je crois, à la fin du xve siècle. L'ornementation extérieure étant absolument nulle, je me bornerai à rappeler ici l'absence de ces mosaïques si fréquentes dans les églises bysantines de l'Auvergne et du Velay. Nulle alternance de couleur dans les claveaux des archivoltes, nulles incrustations à l'extérieur du chœur et de ces chapelles.

Laissant de côté les altérations évidemment modernes, je vais essayer de distinguer les différentes époques de la construction, car si je suis parvenu à en retracer clairement les dispositions, il n'est personne qui n'ait déjà remarqué le manque d'accord et de système, aussi bien dans le plan que dans les détails.

Personne non plus n'hésitera, je pense, à indiquer comme la partie la plus ancienne de l'édifice le chœur, et surtout sa dernière travée orientale, plus intacte que celle qui la précède, peut-être même la seule intacte, la seule qui n'ait pas été modifiée par des additions ou des ornements.

Ainsi, déjà dans ce chœur, il faut peut-être dis-

(1) Cette façade, qu'on refait en ce moment, est absolument nue.

tinguer deux constructions, et, pour ma part, je n'hésite point à le faire. En effet, tout barbares que soit les chapiteaux des colonnes qui flanquent les trois dernières fenêtres des collatéraux, on y voit déjà un goût, un besoin d'ornementation bien caractérisé; on y observe un travail fort supérieur à celui de ce pilier massif qui n'a qu'un tailloir pour amortissement. Un autre argument, plus concluant peut-être, résulte de l'existence de contreforts saillants dans les chapelles latérales du chœur, chapelles où se trouvent ces colonnes ornées. Aujourd'hui, ces contreforts n'ont pas de but apparent, et l'arc-boutant, formé par la voûte en quart de cercle des chapelles, est un appui bien autrement efficace. On ne peut douter que ces contreforts n'aient été extérieurs autrefois, et, par conséquent, que les chapelles n'aient été ajoutées.

S'il faut assigner une date aux chapiteaux grossiers des collatéraux, je n'en vois point de plus probable que le commencement du XIe siècle. C'est celle qu'annonce leur travail très remarquable, où les rinceaux ne se détachent que sur un fond creusé au ciseau. Cela ressemble plutôt à une gravure qu'à une sculpture à proprement parler.

La date que je propose s'accorde d'ailleurs avec les témoignages historiques que j'ai rapportés, et qui indiquent l'année 1016 pour la restauration due à la libéralité de Wido. Quant à la partie orientale du chœur, évidemment la plus ancienne, j'avoue qu'il me serait impossible de trouver dans le caractère de sa construction, ou plutôt dans son absence de caractère, l'indication d'une date précise, mais ici encore la tradition nous vient en aide. Le premier abbé du Moûtier fut élu en 765, et la barbarie, la rudesse de la dernière travée orientale, ne démentirait point cette date reculée. Pour celle de la nef, nulle difficulté ce me semble, et l'élégance de sa décoration nous conduit nécessairement à la placer dans le XIIe siècle, époque où la sculpture bysantine parvint à son plus haut degré de perfection.

Au Nord de l'église, à peu près à la hauteur de l'avant-dernier pilier du chœur, on observe les ruines d'une construction fort étrange par la position qu'elle occupe. C'est une apside bien caractérisée, attenant à un pan de mur d'un appareil incertain et grossier. Une crypte occupe le dessous de l'apside, et sert de cave aujourd'hui. L'apside, dont la partie supérieure est démolie, n'est plus couverte que par des planches sous lesquelles on remise des fagots. La voûte de la crypte, construite en blocage avec beaucoup de ciment, est d'arêtes, remarquablement épaisse. Dans ce souterrain, le jour ne pénètre que par une ouverture cintrée très étroite. Un passage voûté conduit de cette crypte à un autre caveau, situé précisément au-dessous du chœur actuel du Moûtier, et dont la voûte, par sa forme et son appareil, semble annoncer un travail exécuté en sous-œuvre, fort postérieurement à la grande restauration du XIIe siècle. Le long de la muraille Nord du Moûtier, et à peu de distance de cette apside ruinée, on voit plusieurs piliers servant aujourd'hui de contreforts à l'église actuelle, et portant des amorces de voûtes. Bien plus, immédiatement après l'apside, existe un pilier isolé avec un arc doubleau qui décrit un quart de cercle, et prend sa naissance dans l'un des contreforts de l'église actuelle. D'ailleurs, nulle ornementation, à l'exception de quelques légères moulures, sur les tailloirs qui surmontent les piliers. Il n'est pas douteux qu'une église n'ait existé en ce lieu antérieurement au Moûtier, qu'elle n'eut trois nefs et une apside régulièrement orientée.

La présence de cette église oubliée, paraît déranger d'abord les conclusions que je présentais tout à l'heure; je ne crois pas cependant qu'elle doive les modifier. La grande ressemblance que l'on remarque, entre la partie occidentale du chœur du Moûtier, et ces débris de l'ancienne église, tend à faire regarder les deux constructions comme contemporaines. Peut-être, et seulement dans ce cas, le chœur du Moûtier n'aurait pas eu cette destination; il n'aurait été qu'une dépendance de l'abbaye. Alors la restauration de Wido devra se nommer plutôt une construction nouvelle, puisqu'il aurait bâti sur un autre emplacement, celui de l'église ruinée. Les fenêtres flanquées de colonnes, qui m'ont servi à déterminer l'époque de ces travaux, et qui donnent précisément dans le collatéral de l'ancienne église, me semblent prouver suffisamment que dès le XIe siècle cette église sans nom tombait en ruines, puisqu'on prenait du jour en perçant son mur mitoyen. De plus la direction des ouvertures, qui s'élargissent à l'intérieur (et du côté du Moûtier), ne permet pas de penser qu'elles aient jamais appartenu à l'autre église.

Il me reste à vous entretenir d'une découverte assez curieuse, que le hasard me fit faire. Entré avec M. le curé du Moûtier, dans la chapelle Sud latérale au chœur, laquelle autrefois servait de sacristie, j'examinais le contrefort, qui, en se projetant dans une chapelle, en démontre la date, relativement récente. Un bloc de granit d'environ vingt pouces de côté, épais de six pouces, qui se montrait encastré dans l'appareil à une hauteur de huit à dix pieds, attira mon attention, parce que j'y observai comme une scuplture à demi effacée. Ayant fait tomber le mortier, qui le recouvrait en partie, je vis bien distinctement une figure de bas-relief en buste, très grossièrement sculptée, et les deux bras élevés, les paumes des mains tournées en dehors, comme dans l'attitude de bénir. D'ailleurs, point de nimbe et rien qui indique que cette figure informe se rattache au christianisme. On m'avait apporté une échelle, et lorsque le bas-relief fut enlevé, je vis qu'un morceau de marbre blanc paraissait au milieu du mortier que l'enlèvement du bloc de granit avait laissé à découvert.

C'était à n'en pas douter un fragment de statue, car déjà on voyait des cheveux sculptés sur le marbre. Je demandai une pioche, et j'entrepris de le détacher moi-même. Le bon curé me laissait faire, et regardait, avec une admirable résignation, tomber les fragments de mortier et les petites pierres. Après quelques minutes de travail, je pus enlever une tête de femme, certainement antique, mais du style le plus incorrect qu'ait jamais produit le Bas-Empire. Vus de face, les cheveux relevés et crêpés sur les tempes, lui forment une coiffure qui rappelle un peu celle qui était à la mode du temps de Marie de Médicis; mais par derrière, ils couvrent la nuque, tombant en boucles droites. Peut-être ces cheveux très crêpés indiquent-ils une perruque comme on en voit dans beaucoup de bustes antiques. Ils sont travaillés à la tarière. Le visage est plat et tous les traits sont un peu forts. La bouche, sensiblement de travers, indique soit un défaut du modèle, soit la maladresse du sculpteur. Les yeux, dont la prunelle est marquée en creux, sont bombés et saillants, et cependant la paupière supérieure est presque cachée par l'arcade sourcilière très proéminente. Ils caractérisent parfaitement le myopisme. Vous voyez, Monsieur le Ministre, que ma trouvaille n'est point une beauté. D'anciennes mutilations achèvent de l'enlaidir. Il va sans dire que le bout du nez est cassé; en outre, la joue et une partie de l'œil droit sont fortement endommagées par des coups d'un instrument tranchant. Enfin, un trait de scie peu profond, mais très visible sur le col, prouve qu'on a voulu la décapiter, mais que le procédé paraissant trop long, on l'a cassée. Sous le col, et malgré la cassure, on remarque un trou qui, sans doute, servait à recevoir un goujon, qui fixait cette tête sur un piédouche, peut-être sur un corps ; car elle peut avoir appartenu à une statue de grandeur naturelle.

A mon avis cette tête est un portrait, peut-être celui d'une impératrice. Les mutilations dont elle porte les marques paraissent avoir été infligées avec un sentiment d'animosité, soit résultat d'une basse vengeance contre l'original, soit qu'il faille les attribuer au zèle des premiers chrétiens, qui, voyant partout des idoles, détruisaient tous les ouvrages de l'art antique qui leur tombaient sous la main, que ce fussent des empereurs ou des dieux.

Le marbre est fort beau, très blanc, d'un grain fin et saccharoïde. J'ai déposé la tête chez M. le curé du Moûtier en l'engageant à l'envoyer au musée de Clermont. La seule circonstance qui donne quelque intérêt à cette découverte, c'est que jusqu'à ce jour on n'avait trouvé aux environs de Thiers aucun fragment antique.

SAINT-GENÈS.

(S. Genesius.)

L'église de Saint-Genès, autrefois collégiale, dans la partie haute de la ville, passe pour avoir été bâtie en 1016 par le même Wido qui rétablit l'abbaye du Moûtier. Malgré de nombreuses réparations, le caractère bysantin fleuri y domine encore. Vers le XIVe siècle probablement, les voûtes de la nef furent refaites; puis au XVe toute la fabrique fut retouchée par places; enfin le plan primitif s'altéra par l'addition d'une chapelle qui prolonge le transsept Nord hors de toute proportion avec le croisillon opposé. Une grande apside de construction primitive, aussi large que la nef, s'ouvre à l'intersection des transsepts. Les arcades de la nef, en fer à cheval comme celles du Moûtier, s'appuient sur des piliers carrés, flanqués de colonnes dont les chapiteaux appartiennent au style bysantin fleuri; mais j'en trouve l'exécution fort inférieure à celle des chapiteaux de l'église précédente. Deux seulement m'ont présenté des motifs nouveaux pour moi : leur corbeille est entourée de gerbes de blé. Un seul chapiteau est historié. J'ai dit que les voûtes de la nef avaient été refaites; celles des collatéraux, encore intactes, reproduisent la forme en quart de cercle que nous avons déjà trouvée si souvent, et entre autres dans les chapelles latérales du Moûtier. Cette ressemblance pourrait au besoin appuyer la conformité de dates des deux constructions.

Les inscriptions suivantes, peintes dans l'église, et que j'ai lieu de croire fondées sur des traditions historiques, font assez bien connaître l'histoire de saint-Genès :

Templum hoc a beato Avito conditum anno 575 *capitulo opibusque auxit Guido a Thierno anno* 1016. *Interiore parte vetustate eversum, restauratum* 1120.

Bien entendu que de l'église d'Avitus il n'existe plus rien et que presque tout ce que nous voyons, en fait d'ornementation, se rapporte au XIIe siècle. C'est à cette époque évidemment qu'il faut attribuer la jolie façade du transsept Sud, dont le fronton, rempli de losanges et d'étoiles incrustées, présente une mosaïque jaune, noir et blanc d'un effet agréable. Cette décoration, d'une surface lisse, est rehaussée par des colonnettes et quelques moulures sculptées, malheureusement un peu frustes, mais qui montrent encore une habileté et une élégance remarquables.

Il est facile de prévoir que d'ici à peu de temps de fortes réparations deviendront indispensables au Moûtier, ainsi qu'à Saint-Genès. Je crois, Monsieur le Ministre, qu'il conviendra alors de recommander aux autorités locales de veiller à ce que le caractère primitif de ces monuments ne soit pas altéré. Je vous demanderai même, si cela devient nécessaire, de vouloir bien contribuer aux dépenses qu'entraîneront ces travaux, pour être exécutés d'une manière convenable.

RIOM.

(*Ricomagus.*)

SAINTE-CHAPELLE.

Le monument le plus célèbre de Riom, celui où l'on mène tout étranger, c'est la Sainte-Chapelle. De même que la Sainte-Chapelle de Paris, elle a cruellement souffert des envahissements de la Cour royale, et l'on dirait qu'une même fatalité a pesé sur les deux édifices.

Il semble qu'il n'y ait eu qu'un plan pour toutes les saintes chapelles. C'est une nef courte, élevée, à jour de tous côtés, en un mot une espèce de cage de verre, dont la décoration consiste surtout dans les vitraux qui garnissent les fenêtres. A Riom l'architecture est à peu près nulle. Construite vers la fin du XIVe siècle (1), la Sainte-Chapelle n'offre pas un seul détail de sculpture qui mérite d'être cité, et je ne mentionnerai les colonnes dont les faisceaux forment la séparation des fenêtres que, parce que, dépourvues de chapiteaux, elles m'ont fourni le seul exemple que j'aie trouvé en Auvergne de ce caractère si fréquent dans le Nord, lors de la décadence du style gothique.

(1) En 1382.

La Sainte-Chapelle de Riom doit sa réputation à ses verrières, qui, malgré les mutilations qu'elles ont subies, se font remarquer par un admirable ensemble. Par suite des dispositions modernes, un plancher divise horizontalement le vaisseau; le rez-de-chaussée est occupée par la Cour royale, et là tous les vitraux ont été remplacés par du verre blanc, afin de donner plus de jour à « Messieurs ». Dans l'étage supérieur sont entassées les archives, et la province est tellement processive que cette salle est littéralement encombrée. Pour voir les vitraux il faut se glisser entre les étagères et les fenêtres, et comme l'œil ne peut embrasser qu'un petit espace, il est presque impossible de juger de l'effet général. Je ne connais point de verrières qui l'emportent sur celles-ci pour l'éclat des couleurs, et autant qu'il m'a été permis de l'apprécier, leur distribution est satisfaisante sous le rapport de l'harmonie. Quant à la composition, en général, elle se réduit à une suite de grandes figures de saints ou de prophètes, dont chacune occupe une des divisions marquées par les meneaux. Chacune est surmontée d'un pinacle, d'une couleur blanc verdâtre, se détachant sur un fond alternativement rouge ou bleu et toujours très-intense. Dans les tympans, entre les enroulements capricieux des meneaux flamboyants, on voit de petites figures, plus rarement des compositions entières, traitées quelquefois avec beaucoup de grâce. J'ai cru remarquer plusieurs styles de peintures dans ces verrières. Les chairs par exemple sont exprimées de deux manières : tantôt, suivant le procédé le plus ancien, par un verre d'une teinte uniforme (coloré par le manganèse); d'autres fois, et comme dans le dernier système, par un travail de miniature sur un verre incolore. Cette différence dans l'exécution matérielle semblerait annoncer qu'en Auvergne la révolution dans l'art de la peinture sur verre s'est opérée pendant la construction même de la Sainte-Chapelle, c'est-à-dire un peu plus tard que dans nos provinces du Nord.

SAINT-AMABLE.

(*S. Amabilis.*)

L'architecture de cette église va nous offrir un caractère nouveau, et dont jusqu'ici l'Auvergne ne m'avait point présenté d'exemple. En 1077, elle fut donnée à des chanoines réguliers de l'ordre de Saint-Augustin, mais elle existait déjà comme paroissiale; je n'ai pu savoir depuis quelle époque. Il est important de ne pas perdre de vue ce fait en examinant l'édifice. La nef, qui en est la partie la plus ancienne, se rapproche beaucoup de celles de plusieurs églises précédemment décrites. Ainsi, l'on y retrouve ces piliers flanqués de colonnes sur trois de leurs faces, la face principale, c'est-à-dire opposée à la grande nef, restant nue; on y retrouve et les collatéraux étroits et élevés, enfin les galeries supérieures couvertes par une voûte en quart de cercle; mais ce qui distingue Saint-Amable, c'est la forme ogivale très prononcée de ses arcades inférieures: Ce sont des arcs en tiers point, peut-être même un peu plus aigus, d'ailleurs ne portant aucune trace de réparations, et en apparence appartenant à la construction primitive. Ils reposent sur des colonnes d'un style bysantin très ancien, et sont surmontés par une galerie, dont les arcades cintrées portent sur des colonnes également bysantines et du même style que les premières.

Si j'insiste sur ce point, ce n'est pas que la présence de l'ogive me semble un fait bien extraordinaire, dans un édifice d'une date assez reculée, mais les faits semblables sont rares, souvent contestés, et il importe de les bien établir; je n'en avais point encore vu d'exemple en Auvergne. L'ornementation de la nef de Saint-Amable se réduit aux sculptures des chapiteaux, si l'on peut donner le nom de sculptures au rude travail dont on les a couverts. Je ne puis les comparer qu'à ceux des chapelles latérales au chœur de l'église du Moutier, à Thiers. Ici, point de chapiteaux historiés, bien ou mal travaillés, mais de larges feuilles grossièrement épannelées, ou des rinceaux sans saillie, et qui attestent l'inexpérience et le manque de goût de l'ouvrier. Rien, en un mot, ne caractérise mieux les premiers débuts de l'art bysantin, alors que timide et maladroit encore, il n'osait donner à ses ornements la saillie la plus légère. Si l'on compare ces sculptures informes aux chapiteaux de Brioude, d'Issoire, de Notre-Dame-du-Port, il est impossible de ne pas leur assigner une date beaucoup plus reculée, même en tenant compte de l'infériorité présumée des ouvriers de Saint-Amable, et de la négligence volontaire apportée dans l'ornementation de la nef (1). Or, si en 1077 l'église de Saint-Amable existait déjà, il ne paraît nullement improbable que son origine ne remontât au commencement du XIe siècle. On objectera peut-être que le premier abbé de Saint-Amable, dès l'année même de sa prise de possession, aurait pu faire reconstruire l'église, et surtout la nef; mais, je le demande, est-il croyable qu'à la fin du XIe siècle, dans un pays où la sculpture d'ornementation s'était développée à un point remarquable, on n'ait pu trouver pour une église riche, voisine de la capitale de la province, que des ouvriers si inhabiles, que dans leur art ils fussent de plus de cinquante années en arrière? Il y a plus, nous allons trouver tout à l'heure les traces de travaux de style, *by-*

(1) On sait que la décoration des nefs est généralement inférieure à celle des chœurs; mais ici, qu'on ne s'y trompe pas, ce n'est pas la décoration qui manque, c'est le talent des ouvriers qui fait défaut. Ils ont voulu bien faire, mais n'ont pas réussi, parce que l'art était dans son enfance, et la distinction est facile à faire entre la négligence volontaire d'un artiste habile et l'impuissance d'un ouvrier barbare.

santin encore, mais d'un tout autre caractère que celui de la nef.

La porte du transsept Sud, aujourd'hui murée, a conservé les colonnes sur lesquelles retombent les tores de ses archivoltes. Leurs riches chapiteaux se rapportent à la plus belle époque du bysantin fleuri (1). Que cette porte soit ou non postérieure à l'année 1077, cela peut se discuter; mais personne ne doutera qu'elle ne le soit de beaucoup à la construction des arcades et des piliers qui nous occupent. On en peut dire autant de la base du clocher qui surmonte les transsepts (2), et qui est ornée d'une arcàture cintrée très élégante, et d'archivoltes garnies de billettes.

Je n'ajôuterai plus qu'une dernière considération. Dans toutes les églises de moines ou de chanoines, la partie qui est l'objet des réparations et des retouches les plus fréquentes, c'est le chœur; parce qu'ils l'habitent en quelque sorte, et qu'il est naturel de penser à la décoration de son cabinet, avant celle de son vestibule. Or, le chœur de Saint-Amable a été refait en entier au commencement du XIIIe siècle, et, quelque goût pour la truelle que l'on suppose aux chanoines, on ne peut croire que, de 1077 à 1250, ils se soient donné le plaisir de transformer deux fois leur église.

(1) Elle a été retouchée au XVe siècle, et de cette époque date le pilier (assez mal sculpté) qui la partage en deux ventaux.

(2) On vient de l'affubler d'une flèche tronquée, de l'effet le plus ridicule.

Je reprends mes observations. La voûte de la grande nef est *ogivale*, en berceau, ainsi que celle du transsept Sud (1). Je n'ose affirmer qu'elles soient primitives ; mais pourtant il est à croire que, si elles ont été refaites, on a copié le système original, autrement on y verrait les nervures, les arcs doubleaux, en un mot toutes les dispositions que présentent les voûtes gothiques du chœur. Celles des collatéraux de la nef sont d'arêtes, avec des arcs doubleaux très épais, en ogive. Enfin, la portion de la voûte du transsept comprise entre les collatéraux de la nef et ceux du chœur, fait arc-boutant à la base de la tour, suivant l'usage presque général de la province, et sa courbe décrit un quart de cercle.

Rebâtie à la fin du XVIIe siècle, la façade est tout ce qu'on peut voir de plus malgracieux et de plus ridiculement en contraste avec le reste de l'église. A la même époque on a retouché les deux premiers piliers à l'Ouest, qui probablement marquaient autrefois la division ordinaire du narthex intérieur.

Le chœur porte tous les caractères du gothique primitif. On y observe une tendance générale à l'élancement, et une recherche de légèreté, qui prouve un système déjà formé, mais qui n'a pas encore répudié pourtant toutes les traditions de l'époque précédente. Ainsi, l'ornementation *végétale*, mais *fantastique* des chapiteaux, le style des moulures, la forme de la plupart des fenêtres, je

(1) La voûte du transsept Nord a été refaite et surélevée.

ne sais quelle raideur dans l'exécution des sculptures, tout cela appartient ou du moins se rattache de fort près encore à l'architecture bysantine.

La disposition très extraordinaire des arcades du chœur m'a frappé. Elles sont tantôt larges, tantôt étroites, dans une alternance régulière.

On conçoit que leurs ogives, étant toutes très pointues, diffèrent sensiblement de hauteur. Il en résulte un effet désagréable qu'il eût été facile d'éviter. Pour expliquer ce vice de construction, car c'en est un fort notable, je suppose qu'on a suivi dans la reconstruction le plan primitif arrêté à une époque où maintes fautes semblables se reproduisaient par l'ignorance des architectes. Au-dessus de ces arcades, règne une galerie à ogives trilobées, et le haut de chaque travée, qui se termine par une ogive en tiers-points, est percé par deux fenêtres, ogivales dans la partie semi-circulaire du chevet, ailleurs en plein-cintre et toujours surmontées d'une rose.

De fortes nervures arrondies renforcent toutes les arêtes des voûtes qui m'ont paru construites avec beaucoup de solidité. En surélevant les voûtes du chœur pour se conformer au premier principe du style gothique, la légèreté, on a mis nécessairement à découvert la base de la tour bysantine. Vue du fond du chœur, elle produit un effet assez bizarre, et dont on a d'abord peine à se rendre compte.

Au XVIIe siècle, on a remplacé la coupole du milieu

du transsept par une voûte surbaissée, décorée dans le goût le plus détestable. Déjà, et probablement lors de la reconstruction du chœur, on avait augmenté l'épaisseur des piliers du transsept, sans doute dans l'intention de surélever la tour. La dernière restauration les a couverts d'ornements ridicules et complètement dépourvus de caractère. Cette manie de tout refaire a gâté encore l'apside principale, qu'on a accommodée à la moderne. En revanche les deux autres apsides paraissent avoir été oubliées dans toutes les réparations, même dans la grande reconstruction gothique, et je les crois, du moins dans leur partie inférieure, contemporaines de la nef.

J'ai remarqué à Saint-Amable, et pour la première fois en Auvergne, un empattement aux bases des colonnes du chœur, ornement ailleurs très commun dans la période bysantine, et même pendant les premières années du gothique. Ni dans le Velay, ni dans l'Auvergne, je ne l'avais encore rencontré, même dans les édifices du XIIe siècle.

De chaque côté des arcades du chœur, au milieu des pendentifs que forment les ogives, on voit de petites consoles sans ornement ayant la forme d'un cône tronqué renversé. Je suppose qu'elles étaient destinées à recevoir de petites statues. C'est la première fois que j'observe ce motif de décoration.

L'extérieur de Saint-Amable ne donne lieu à aucune observation. Les contreforts de la nef m'ont paru refaits au xve siècle; le chœur est entouré d'arcs-boutans d'une légèreté remarquable.

Je ne citerai que pour mémoire l'église de Saint-Thomas dépourvue de caractère, et bâtie, comme je crois, vers la fin du xve siècle. Ses colonnettes ont encore des chapiteaux, mais plats et débordant à peine le fût; un passage étroit pratiqué à la base de grands contreforts, entre lesquels sont des chapelles, tient lieu de collatéraux à cette église, qui n'a réellement qu'une nef.

On voit à Riom quelques maisons des xve et xvie siècles, toutes d'ailleurs d'une architecture tellement insignifiante, que je crois inutile de m'y arrêter.

MOZAT.

(Mauziacum.)

Je suis l'orthographe moderne pour le nom de ce village, situé très près de Riom, et célèbre par une ancienne abbaye de bénédictins, dont le nom latin est *Musiacus, Muziacum* et *Mauziacum.* Elle passe pour avoir été fondée par un sénateur romain nommé Calminius ou Calmilius, et sa femme Namadia. La seule restauration ou plutôt reconstruction dont il existe des témoignages historiques est attribuée à Pepin; mais il reste quelque incertitude, si ce prince est le fils de Charles-Martel, ou bien le fils de Louis-le-Débonnaire. Dans le premier cas, la restauration du Monastère daterait de l'année 764, dans le second de l'année 833. Au reste ces dates ne peuvent tout au plus s'appliquer qu'à une très petite partie de l'édifice actuel, c'est-à-dire à un porche construit à grand appareil, à l'Ouest de l'église, mais un peu hors de l'axe de la nef. Il est surmonté d'un petit clocher, addition évidemment moderne (1). Quelques moulures grossières, et une certaine apparence de grandeur, unie à beaucoup de rudesse dans l'exécution, ne démentent pas l'origine ancienne que je lui attribue. Il semble qu'autrefois ce porche donnait accès dans l'église (2), mais la porte extérieure est murée aujourd'hui, et l'entrée principale s'ouvre dans le collatéral Nord de la nef. Cette nef, ainsi que ses collatéraux, appartient au style bysantin fleuri, et suivant toute apparence, date du commencement du XIIe siècle. Le chœur tout entier, les transsepts et les voûtes de la nef, reconstruits au XVe siècle, n'offrent aucun intérêt (3).

(1) A l'intérieur de l'église, une jolie porte du XVe siècle est appliquée contre l'entrée de ce porche aujourd'hui condamné. On accède dans la nef par un autre porche situé au Nord.

(2) Ou plutôt dans une *autre* église ayant le même axe que ce porche.

(3) Vers le milieu du chœur, et de chaque côté, on voit une colonne bysantine engagée dans la muraille moderne, et qui faisait partie du chœur primitif. Un des chapiteaux représente la délivrance de saint Pierre, l'un des patrons de l'église. — Il reste au fond du chœur quelques vitraux du XVe siècle, assez remarquables par l'éclat des couleurs.

La nef elle-même est d'une très grande simplicité : ses arcades en plein cintre, un peu rentrant en forme de fer à cheval, s'appuient sur des piliers assez élevés, alternativement carrés ou cylindriques, et, comme ceux de Saint-Amable, flanqués de trois colonnes, la face principale restant nue à l'ordinaire. Il n'y a de fenêtres que dans les collatéraux, lesquels, de même que dans la plupart des églises bysantines de l'Auvergne, sont sensiblement élevés et un peu étroits. Ce qui rend l'église de Mozat particulièrement intéressante, ce sont ses beaux chapiteaux qui, pour le mérite de l'exécution, peuvent se comparer aux meilleurs de Brioude. On y trouve un mélange de formes végétales et de compositions historiées, ces dernières beaucoup plus nombreuses; mais à l'exception de la Délivrance de saint Pierre que j'ai citée plus haut, ce ne sont que des fantaisies d'artiste, ou peut-être quelques figures symboliques dont l'interprétation est, je crois, bien difficile aujourd'hui. Plusieurs sujets sont répétés. Tels sont, par exemple, des griffons devant une patère; un homme montant une bête bizarre dont la queue devient une espèce de fleur (1); enfin, un bas-relief très finement sculpté et qui représente deux génies nus et ailés, coiffés d'un casque ou d'un bonnet conique, et qui semblent vouloir étouffer, sous des boucliers

(1) J'en avais déjà remarqué un tout semblable à Saint-Nectaire.

qu'ils portent, une figure humaine qui cherche à les repousser.

Le porche du Nord est presque complètement mutilé par des réparations et des aménagements modernes. Sur l'archivolte de la porte extérieure, on voit une inscription tracée en creux; mais, outre que les lettres sont devenues très frustes par le temps, il semble que plusieurs claveaux aient été refaits ou transposés, en sorte que c'est avec beaucoup de peine que j'ai *cru* déchiffrer les deux vers suivants :

INGREDIENS TEMPLVM REFER AD SUBLIMIA VULTUM
INTRATURI VALVAM VENITE AD SOLEMNIA CHRISTI

Je ne réponds que du premier mot et des deux derniers du second vers. Si, comme je le suppose, une transposition de lettres ou de mots a eu lieu, le second vers, pour se conformer aux règles du rhythme léonin, devrait être ainsi conçu :

VALVAS INTRATVRI VENITE AD SOLEMNIA CHRISTI

Je citerai encore l'inscription suivante, parce qu'elle donne la date d'une jolie chapelle ajoutée latéralement à la nef :

L'an MCCCCXXX fist fe
ceste chapelle do Guille
Focaud secretain à l'oneur
de saint Sébastien.

ENNEZAT.

(Enneziacum.)

La collégiale d'Ennezat ou Ennezac fut fondée vers 1060 (la charte de fondation n'indique pas l'année précise). On voit d'ailleurs, par l'examen de l'édifice, que le plan originel a été altéré deux fois; la première, vraisemblablement à la fin du XIIe siècle, par l'addition d'un collatéral au Sud de la nef, qui déjà en avait deux à l'ordinaire; puis, dans les dernières années du XIVe siècle, par l'érection d'un chœur gothique.

La nef, qui seule appartient à la construction primitive, semble calquée sur celle de Notre-Dame-du-Port et de toutes les églises de la même *famille*, si je puis m'exprimer ainsi: piliers carrés, flanqués de trois colonnes; voûte de la grande nef en berceau, sans arcs doubleaux; voûte des collatéraux d'arêtes avec arcs doubleaux; voûte de la galerie supérieure décrivant un quart de cercle; même disposition pour la portion des transsepts qui communique aux collatéraux de la nef et du chœur; tous les arcs en plein cintre. Parmi les caractères propres à l'église d'Ennezat, il faut noter le peu de largeur de ses nefs (je ne parle toujours que de la partie la plus ancienne); ainsi la nef centrale n'a que dix pieds d'un pilier à l'autre, et les collatéraux primitifs en ont six à peine, sur une longueur totale d'environ soixante-dix pieds (1).

Les chapiteaux (ils forment seuls l'ornementation intérieure), fort simples en général, ne présentent ou que de larges feuilles épannelées, ou bien des rinceaux bizarres, un très petit nombre des compositions historiées, tous d'une exécution fort médiocre (2).

Une coupole, avec un clocher à deux étages octogones, s'élève à l'intersection des transsepts, et l'ornementation assez soignée de ses fenêtres pourrait donner lieu de penser que cette tour a été surélevée après la construction de la nef, ou même qu'elle est une addition au plan primitif. Du moins les clochers de Saint-Nectaire, du Port et d'Issoire ne présentent point de semblable décoration. Une autre tour, également octogone à sa partie supérieure, s'élève à l'entrée de la nef audessus du narthex. Ses arcades sont ogivales, mais les chapiteaux des colonnes sur lesquelles elles s'appuient m'ont paru d'un style très ancien, et je les crois contemporains de la nef (3). Cependant, ce qui pourrait faire supposer que cette tour est plus récente, c'est que les piliers du narthex sont évidemment renforcés par un travail en sous-

(1) En comptant la longueur du narthex intérieur.

(2) Ils sont cependant bien mieux travaillés que ceux de Saint-Amable, et ont surtout une beaucoup *plus forte saillie*.

(3) Quelques-uns représentent des aigles assez semblables à ceux de Saint-Julien, mais très grossièrement exécutés.

œuvre, que les voûtes de cette partie ont été refaites; enfin que, dans tout le narthex, on aperçoit quelques traces de réparations qui se rapporteraient à la fin du XIIe ou même au XIIIe siècle. Telles sont des colonnes qui sentent fort le gothique primitif, une porte et des fenêtres en ogive, aujourd'hui bouchées, qui donnaient autrefois accès dans l'église du côté de l'Occident. Si l'on admet, ce qui est probable, que tout le narthex a été restauré ou refait, on peut expliquer le style des chapiteaux du clocher, en supposant qu'on s'est servi des débris d'une tour ancienne pour construire celle que l'on voit aujourd'hui.

Grâce à cette restauration et à l'addition d'un collatéral au Sud, on ne trouve plus de trace des anciennes portes de l'église. On y entre aujourd'hui par le nouveau collatéral. La porte est percée à peu près vers la moitié de sa longueur. Elle est ogivale, d'ailleurs tous les détails d'ornementation appartiennent au style bysantin fleuri. J'y remarque des tores annelés dans tout leur développement autour de l'archivolte, espèce d'ornement qui ne s'était encore présenté à moi que sur des colonnettes bysantines ou de transition.

Par suite de l'addition de ce collatéral Sud, les piliers *engagés* dans l'ancien mur méridional de la nef, sont devenus *isolés*, le mur ayant été percé pour former des arcades. Parmi les chapiteaux des colonnes qui flanquent ces piliers, il est aisé de distinguer ceux qui appartiennent au collatéral primitif, à leur simplicité un peu grossière, qui contraste fortement avec la rare élégance des chapiteaux ajoutés. La forme de ces derniers les range dans le style de transition, et j'en connais peu de la même époque qui puissent leur être comparés. Pour la plupart ils sont ornés de rinceaux gracieux, entremêlés de fleurs, de feuillages et de fruits, sculptés avec un art merveilleux, et formant un ensemble d'un galbe presque corinthien. Leur grande saillie, outre la différence frappante de l'exécution, suffirait seule à les distinguer des précédents. Il est fâcheux que le badigeon qui les couvre cache l'admirable fini de leur exécution.

Au-dessus de ce collatéral, dont la voûte est en plein cintre, s'élève une galerie sans communication avec celle du collatéral primitif, sinon par les tribunes au-dessus du narthex. Des machicoulis et des créneaux pratiqués à l'amortissement du mur moderne qui ferme l'église au Sud ne laissent pas de doute sur la destination qu'on a voulu donner à cette galerie ajoutée. Elle cache sous son toit le mur de la nef primitive, et sa corniche soutenue par des modillons absolument semblables à ceux d'Issoire. Deux seulement, auprès du transsept, sont historiés et méritent une description particulière; mais je n'ose la faire qu'en mauvais latin (1).

(1) *Etenim, licet curatus Ennezlaçensis, mutulos istos casto malleo nuper obtriverit, quidquid priscus artifex, homo nequam, turpe finxerit*

Il me reste à parler du chœur. Ses premiers piliers (du côté de la nef), s'alignent au Sud, sur ceux du nouveau collatéral, au Nord sur le mur extérieur de la nef primitive, d'où résulte une disposition bizarre, le collatéral Nord du chœur débordant de toute sa largeur la nef primitive. On accède au chœur par l'ancien transept, dont l'extrémité Sud se retrouve dans le collatéral ajouté, et l'autre dans l'alignement de la muraille Nord du chœur ; ainsi l'axe de ce dernier se trouve sensiblement à droite de celui de la nef.

Le plan du chœur est singulier. Vers la moitié de sa longueur il se rétrécit, puis il s'élargit brusquement, pour se rétrécir encore à son extrémité orientale, où il représente de la sorte deux cônes tronqués qui se touchent à leur base.

Les piliers formés de colonnettes en faisceau, offrent un grand rapport avec ceux de Montferrand, par leurs chapiteaux écrasés, où l'on retrouve le même mélange caractéristique de petites têtes grimaçantes et de feuillages frisés, ces derniers, disposés en général en doubles bouquets,

nimis planè liquet. In primo mutulo puerum vel puellam nates ostendentem aspicies ; in secundo verum, monachum, quem facile togâ, cucullâ, imo tonsurâ noveris, in clunes residentem, nudam mulierem amplexum. Illa capite demisso ante pedes monachi, cruribus in altum elevâtis, poplitibusque humeris viri innixis, se mediam lambenti præbet. Y a-t-il là quelque allusion aux turpitudes découvertes d'un chanoine de l'ancienne collégiale, ou bien n'est-ce qu'une polissonnerie du sculpteur ? En vérité, plus je vois de semblables ordures, moins leur présence dans une église me paraît explicable.

surtout autour des chapiteaux, qui reçoivent les retombées des voûtes. Les fenêtres sont ogivales, et dans leur tympan, on aperçoit une certaine tendance au style flamboyant, bien que leurs courbes soient toutes encore des combinaisons de l'ogive. Trois apsides terminent l'église à l'orient; mais il n'y a point de chapelles latérales, ni autour du chœur, ni dans les additions faites à la nef.

La porte de la sacristie, qui donne dans le chœur, est un vieux tableau fort curieux, peint sur un panneau épais de noyer, couvert d'une impression de céruse. On y voit trois évêques, assis dans leurs chaires, revêtus de costumes magnifiques, brodés d'or et de pierreries, portant des mitres très basses. Je n'ai pu découvrir si ce tableau, d'abord exécuté en détrempe, avait été verni ensuite, ou si les couleurs avaient d'abord été préparées avec de l'huile ou du vernis.

Quoi qu'il en soit, le style de cette peinture doit la faire regarder comme très ancienne, et c'est peut-être un ouvrage de quelque artiste italien. D'ailleurs les figures ne sont pas sans mérite, le dessin même en est pur et correct. Malheureusement le panneau a beaucoup souffert; on y a enfoncé des clous, on l'a entaillé en vingt endroits; enfin les paysans d'Ennezat, depuis bien des années, sont dans l'usage d'y inscrire leurs noms avec la pointe de leurs couteaux. Tout mutilé qu'il soit, c'est encore un morceau très précieux. Son ancienneté seule, car je ne le crois pas postérieur au XIVe, peut-être même au XIIIe siècle, aurait dû lui attirer plus d'égards et de soins. J'ai engagé M. le préfet du Puy-de-Dôme à en faire l'acquisition, soit pour la cathédrale, soit pour la bibliothèque de Clermont ; et je ne doute pas que le curé d'Ennezat ne le cédât volontiers en échange d'une porte en sapin.

On trouve une autre peinture, mais beaucoup moins ancienne, sur la clôture du chœur, vers l'entrée du collatéral Sud. Elle se divise en deux compositions. La première, représentant le jugement dernier, montre le Christ sur son trône, dans une attitude menaçante, séparant les damnés des élus. A sa droite, la Vierge et plusieurs saints à genoux essaient de le fléchir ; à gauche, saint Jean, je crois, et quelques autres saints, semblent conduire en présence du juge souverain le donataire du tableau et une de ses parentes. Autour du Christ, deux anges sonnant de l'oliphant, annoncent le dernier jour. Un peu plus bas, un ange armé de toutes pièces, comme un chevalier du XVe siècle, chasse les damnés que des diables précipitent dans une énorme gueule, qui est l'entrée de l'enfer.

La seconde composition occupe la partie inférieure de la muraille. Elle représente un ange contemplant un cadavre d'un air de compassion. Une banderole est entre les mains du cadavre, sur laquelle on lit ces vers :

« Prya pour moi qui me reguardes
Quar tyel seras quat que tu tardes
Fais bien tandis que tu vis
Quar après la mort n'auras nulz amis. »

L'ange tient une légende avec cette inscription :

« Reguarda la grant pityé de nature humayne
Commet vient à destruccion et forma vilayne. »

Enfin, au haut de la composition on en trouve la date, avec le nom du donataire :

Hic iacet dnus Stephanus Harem canonicus et rector istius eccle et Antonia Borella amicta (amita?) *eius, et fecit fieri anno dni MCCCC quito* (sic).

Le tableau m'a paru peint au vernis, et la conservation en est parfaite. Le dessin très incorrect annonce un artiste d'un talent bien inférieur à l'auteur du panneau de la sacristie, tandis que le coloris dénote une époque où les procédés matériels de l'art commençaient à se perfectionner.

Une troisième peinture, mais à fresque, et beaucoup plus grande que les précédentes, couvre la partie inférieure de la muraille latérale du Nord vers le milieu du chœur. Elle se divise en deux compositions distinctes, l'une au-dessus de l'autre. Dans celle du haut, on voit au milieu d'un paysage et devant une grande croix, trois hommes à cheval richement habillés de soubrevestes, dont les longues manches retombent jusque sur leurs étriers. Chacun porte un faucon sur le poing, et des chiens les suivent. Trois fantômes se présentent à eux, espèces de cadavres décharnés, se tenant par la main, comme les sorcières de Macbeth. Au bas, une suite de quatrains plus qu'à demi effacés contient un dialogue entre les spectres et les chasseurs, et autant que j'en ai pu juger, leur sens ne diffère point des légendes qui accompagnent d'ordinaire les danses macabres. Ces spectres sont des personnifications de la mort; railleries de sa part, plaintes et regrets des chasseurs surpris. Je suppose que cette composition fait allusion à la fin tragique de quelques seigneurs du pays; mais la tradition s'en est perdue.

Le bas de la paroi représente la Vierge tenant l'enfant Jésus sur ses genoux, entourée d'un grand nombre de personnages, dans une attitude d'adoration, conduits par un religieux. Les hommes sont à la gauche de la Vierge, les femmes à sa droite. C'est à n'en point douter le donataire et sa famille. Au-dessus du tableau on lit cette inscription latine :

Anno dni MCCCCXX fecit fieri hac ystoria dnus Robertus de Bassinhac huius eccle can9 et Uziaci (?) *curatus ob rem incisam hic* (1) *et in me-*

(1) C'est-à-dire le tableau des Chasseurs surpris par la mort.

moriā eius matris et patris fratrumq; et sororum eius, rogat te ut fidelium aīe requiescat in pace amen.

C'est récemment qu'on a découvert ces fresques sous une épaisse couche de badigeon. Il est fort à regretter qu'on n'ait pas mis plus de soin à l'enlever, car, en plusieurs endroits, on l'a gratté si maladroitement qu'on a entamé jusqu'au ciment sur lequel les couleurs sont appliquées. Malgré de nombreuses incorrections, ces peintures ne laissent pas d'annoncer un assez grand talent de la part de leur auteur. La tête de la Vierge, surtout, est véritablement belle, et ses traits respirent la douceur et la grâce. Elle rappelle les types ordinaires du Perugin, tant par la coupe un peu carrée du visage, que par l'extrême bienveillance répandue sur toute sa physionomie.

Il paraît que beaucoup d'autres fresques ornaient l'intérieur de l'église, et, en détachant avec précaution quelques écailles du badigeon qui couvre les murs, j'ai trouvé çà et là des traces de couleur et même des têtes entières. Il serait bien à désirer qu'on recherchât ces vestiges précieux, et surtout, qu'on en confiât la restauration à un artiste exercé, qui apporterait, dans cette opération difficile, les soins convenables. J'ai appelé sur cet objet l'attention de M. le préfet du Puy-de Dôme, et si quelques dépenses étaient nécessaires, je vous demanderais, Monsieur le Ministre, de vouloir bien y pourvoir par une allocation spéciale.

AIGUEPERSE.

(*Aquæsparsæ.*)

C'est la dernière ville d'Auvergne où je me sois arrêté. Il y a une Sainte-Chapelle, mais plus petite, moins légère et moins ornée que celle de Riom, construite d'ailleurs presque sur le même plan. Les vitraux brisés dans la révolution ont été remplacés par du verre blanc. Au total l'édifice ne présente aujourd'hui que peu d'intérêt.

L'autre église d'Aigueperse appartenait, je crois, à une ancienne abbaye de Sainte-Claire. Je ne parlerai point de la nef toute moderne et d'un goût fort médiocre ; mais le chœur, du gothique primitif, se fait remarquer par ses belles et nobles proportions. Il offre les plus grands rapports avec celui de Saint-Amable. La disposition générale est presque identique, l'ornementation se rapporte à la même époque et semble appartenir à la même école. Seulement le chœur d'Aigueperse, soutenu par de longues colonnes isolées, me paraît encore plus léger et plus gracieux que celui de Riom. On observe dans ce chœur quelques vestiges d'une construction plus ancienne qu'il a remplacée. Une colonne bysantine, oubliée dans la muraille orientale; les fenêtres remarquablement étroites des apsides, peut-être même les fûts des colonnes qui forment le chevet, sont évidemment les restes de l'église primitive, reconstruite probablement dans les premieres années du XIIIe siècle.

On voit dans l'église un tableau peint sur bois, d'un style dur, mais puissant, représentant la Nativité. On l'attribue à Ghirlandajo. Plusieurs personnages seraient, dit-on, des portraits des princes, seigneurs du Bourbonnais, qui en auraient fait don à l'église d'Aigueperse.

CARACTÈRES GÉNÉRAUX DE L'ARCHITECTURE AU MOYEN AGE EN AUVERGNE.

En quittant l'Auvergne je récapitulerai brièvement les caractères les plus remarquables qui m'ont paru propres à l'architecture de cette province.

Dans la période bysantine, *le plan* des églises ne diffère des types ordinaires du Nord de la France que par le resserrement sensible de la nef, et surtout des collatéraux; souvent par la suppression de l'apside principale, ou par sa forme carrée.

En général *les voûtes* sont sensiblement élevées; épaisses et d'une grande solidité, presque toujours en berceau et sans arcs doubleaux, dans la nef; d'arêtes avec arcs doubleaux, dans les bas-côtés; ces derniers sont couverts quelquefois par une demi-voûte, lorsqu'il n'y a pas de galeries supérieures. La demi-voûte, décrivant un quart de cercle, est constante pour ces galeries et pour les parties du transsept attenant aux collatéraux. Ces voûtes, très caractéristiques, peuvent être regardées comme l'origine des arcs boutants dont l'architecture gothique s'empara et fit un si grand usage.

Les *nervures* sont rares, je dirai presque inconnues, jusqu'au XIIIe siècle.

Le *narthex intérieur* est constant dans les églises bysantines, et presque toujours surmonté de tribunes.

Les *piliers* sont plus élevés que dans le Nord et le Midi de la France; quelquefois cylindriques, plus souvent carrés, presque toujours flanqués de trois colonnes, la face principale qui regarde la nef restant nue. Peut-être doit-on attribuer le motif de cette disposition bizarre au peu de largeur des nefs. On aurait craint de les rétrécir encore par des colonnes engagées.

Je ne connais qu'un seul exemple d'un *empattement* à la base des colonnes, ornement partout ailleurs si commun aux XIIe et XIIIe siècles.

La forme dominante *des arcades* est le plein cintre, souvent rentrant à sa naissance en fer à cheval. D'ailleurs l'ogive s'est montrée de bonne heure en Auvergne et peut-être plus pointue qu'ailleurs.

Le genre *d'ornementation* le plus fréquemment employé dans cette province, tient sans doute à la rareté des pierres propres à la sculpture, et à l'abondance des matériaux de couleurs variées, produits des montagnes volcaniques. On y a fait grand usage de *mosaïques* pour orner les parties lisses, surtout l'extérieur du chevet, les tympans et les apsides.

Dès le onzième siècle, *les chapiteaux* s'ornent de sculptures. Le style historié obtient en général la préférence. On trouve dans les compositions de bas-reliefs, autour des chapiteaux, beaucoup de souvenirs antiques. Quelques-uns peuvent rivaliser avec les plus beaux types bysantins de la Provence et du Languedoc.

On doit noter la rareté *des statues* et *des grands bas-reliefs*. Je ne me rappelle pas en avoir vu ailleurs qu'à Notre-Dame-du-Port. Mais une espèce de fatalité ayant détruit, remplacé, ou laissé inachevées les portes principales des plus belles églises, on ne peut conclure absolument que la statuaire ait été négligée en Auvergne. On sait, en effet, que dans le moyen-âge les grandes statues et les bas-reliefs étaient surtout réservés à la décoration des façades. En revanche, des restes nombreux de grandes et belles *fresques* attestent que la peinture contribuait beaucoup à la décoration des édifices religieux.

Il semble qu'il n'y ait eu qu'un seul type fort simple pour les *modillons* extérieurs. Les rares exceptions donnent lieu à une remarque qui n'est pas sans importance. Presque partout les obscénités de certaines sculptures peuvent s'expliquer par cette naïveté propre à toute civilisation dans l'enfance, qui admet l'expression précise d'une action ou d'un vice honteux. A Ennezat et à Lempde, l'intention des sculpteurs de plaisanter sur des turpitudes n'est pas moins évidente que leur infâme grossièreté.

L'*architecture gothique* paraît avoir été en Auvergne une importation étrangère; son apparition cependant a été brillante, et la cathédrale de Clermont, le chœur de saint-Amable, et celui d'Aigueperse, prouvent que de 1200 à 1300, son système était compris et florissant. Cependant l'ornementation bysantine s'est conservée assez long-temps dans le style nouveau.

La décadence de l'art gothique s'est manifestée de bonne heure, sans toutefois amener le goût des extravagances et des tours de force qu'on trouve dans d'autres provinces. La suppression du chapiteau dans les longues colonnettes ne se montre que rarement et fort tard.

La *peinture sur verre* et la *sculpture en bois*, cultivées de bonne heure, ont brillé long-temps d'un vif éclat. On voit des retables en bois du XVIIe siècle qui attestent, sinon le goût, du moins la perfection du travail chez les ouvriers.

Rares à toutes les époques en Auvergne, les *clochers* sont presque toujours peu élevés et insignifiants.

L'architecture militaire ne donne lieu à aucune observation.

Il ne paraît pas qu'au XVIe siècle la Renaissance ait imprimé un grand mouvement en Auvergne et je ne connais pas de constructions de cette époque qui méritent d'être citées.

MOULINS.

CATHÉDRALE, SAINT-PIERRE, ETC.

Moulins est une ville moderne, sans monuments remarquables. Il ne reste du château qu'une tour achevée au XVe siècle, mutilée et sans caractère, ainsi que quelques chambranles de fenêtres, très médiocrement ornés. — La cathédrale, qui ne consiste qu'en un chœur fort petit, du gothique flamboyant, ne mérite d'être citée que pour de très beaux vitraux, la plupart du XVIe siècle, encore assez bien conservés. Je recommande en outre deux admirables portraits d'Anne de France, et de son mari, Pierre Ier, duc de Bourbonnais; tous les deux représentés à genoux; le duc accompagné de saint Pierre, son patron; la duchesse, de sainte Anne: derrière elle, on voit dans la même attitude sa fille Suzanne. Ces deux portraits sont peints à l'intérieur de deux volets, qui recouvraient une plus grande composition, dont le sujet est la Vierge et l'enfant Jésus au milieu d'une gloire. Ce dernier tableau, séparé de ses volets, est placé dans la chapelle des fonts. Les deux autres sont appliqués contre des piliers du chœur, qui cachent de très belles grisailles peintes sur l'extérieur de ces volets.

Toutes ces peintures sont, dit-on, de Ghirlandajo, qui travailla quelque temps pour les ducs du Bourbonnais.

Il serait bien à désirer qu'on en prît plus de soin, et surtout qu'on les plaçât dans un lieu où elles pussent être plus facilement étudiées par les artistes.

Une autre église, Saint-Pierre, est encore plus médiocre que la cathédrale. Je dois cependant mentionner une assez jolie tribune, dans le style de la Renaissance, au-dessus de la porte occidentale.

TOMBEAU DU DUC DE MONTMORENCY.

La chapelle du collége, autrefois celle du couvent de la Visitation, renferme le tombeau du duc Henri de Montmorency, et de Marie Orsini, sa femme, élevé par cette dernière, qui mourut, comme on sait, supérieure de cette maison, où elle se retira après la fin tragique de son époux. On attribue à un sculpteur italien, nommé Agheri, le tombeau, en marbre noir, les statues de la duchesse et de son mari, et les figures presque colossales du Courage et de la Libéralité, placées à droite et à gauche du sarcophage : ces quatre statues sont en marbre blanc. L'église de la Visitation fut bâtie par Thibault Poissant, et c'est sous sa direction que fut construit un grand et lourd retable en pierre, devant lequel est élevé le tombeau. Il est chargé de figures allégoriques d'un fort mauvais style, et surmonté, ou plutôt écrasé par un énorme écusson, que soutiennent deux anges. Toute cette décoration, aussi bien que l'église, me paraît d'une désespérante médiocrité, et je n'y vois rien à louer, sinon deux génies, assez bien posés, qui ornent de guirlandes un vase funèbre.

Les statues de l'Italien sont meilleures. A gauche du tombeau, un Hercule au repos, personnification du courage, me semble une bonne académie, bien modelée; je voudrais seulement que la tête ne fût pas celle d'un athlète, mais d'un dieu. Quant à la Libéralité qui fait pendant, ce n'est qu'une grosse femme bien commune, qui tient dans sa main des écus dont elle a une pleine corbeille sur ses genoux. Son attitude surprend par son inconvenance; le pied droit singulièrement tortillé, attaché à une cheville osseuse, repose sur le genou gauche; il est vrai qu'une longue robe empêche que la décence ait à souffrir. Je dois convenir que les draperies sont bien et largement traitées.

Sur le sarcophage, le duc de Montmorency, vêtu en empereur romain, appuyé sur son casque et tenant son épée de la main gauche, couché d'ailleurs fort confortablement, a l'air d'un homme blasé qui minaude et cherche des tours de tête gracieux. A côté de lui et en arrière, la duchesse est assise les mains jointes sur le genou, dans cette attitude d'abattement pensif, où Desdemona-Pasta savait allier tant de naïveté à tant de noblesse. Elle regarde le ciel et semble lui demander de la résignation. La tête, où respire une douleur profonde et concentrée, est d'une beauté idéale. Tout l'ajustement est parfaitement disposé; revêtue de longues draperies, cette figure me rappelle, de bien loin il est vrai, par la forme de ses vêtements qui laissent deviner les formes sans les accuser, l'admirable groupe des Parques du Parthénon. Il est facile de voir d'ailleurs que le sculpteur avait étudié l'antique et s'était pénétré de ses modèles. Je ne crois pas qu'il soit possible de mieux rendre les détails, la souplesse des étoffes, par exemple, et leur différent degré de finesse. Ainsi la robe de dessous plissée à petits plis, et parfaitement moelleuse, se distingue par un travail particulier du manteau qui la recouvre d'une étoffe moins souple et plus épaisse. J'en viens à la critique la plus sérieuse qu'on puisse faire à toute cette composition. Son défaut capital, c'est le manque d'ensemble. Non-seulement les deux figures allégoriques ne s'y lient en aucune façon, mais encore, pour être placées l'une à côté de l'autre, les deux statues principales ne forment point un groupe. Rien de plus facile que de les séparer : peut-être même y gagneraient-elles; car ce jeune homme, détournant la tête d'un air d'ennui, à côté de cette femme désolée, ne rappelle que trop une scène conjugale de comédie. Un fat boudant sa femme qui a la bonté de l'aimer, voilà l'idée qui se présente involontairement. On peut répondre, il est vrai, qu'une partie de la critique tombe sur la ressemblance historique du héros, dont les traits efféminés démentaient le grand courage : mais, pourquoi ne pas lui faire regarder sa femme, pourquoi ne pas donner aux deux statues un mouvement simultané qui les réunisse par un même sentiment ? Il paraît que Henri de Montmorency n'était point un modèle de tendresse et de fidélité conjugale ; mais, sur son tombeau, il ne fallait pas rappeler au spectateur les anecdotes scandaleuses que les mémoires du temps ont recueillies.

SOUVIGNY.

(*Silviniacum.*)

Aujourd'hui, simple village, Souvigny fut une ville autrefois et la résidence des princes du Bourbonnais. Leur palais ne présente plus aujourd'hui qu'une masse confuse de masures, si complétement défigurées qu'on y cherche vainement quelque trace d'ornementation. En revanche, malgré de grandes et cruelles mutilations, l'église de l'ancienne abbaye est encore le monument le plus remarquable de la province, et par ses nobles proportions ferait honneur à une grande ville. Dans une vaste église, on sait qu'il est rare de trouver une architecture uniforme; Souvigny nous montrera bien des styles différents, résultats des travaux de cinq siècles au moins, non que sa construction ait duré aussi longtemps; mais elle a été, pendant le moyen-âge, augmentée ou réparée presque sans relâche, et sans que jamais on ait pris soin de déguiser ces additions ou ces réparations en se conformant au style primitif. En un mot, elle contient comme un abrégé des différentes transformations par lesquelles a passé l'architecture depuis le commencement de l'époque bysantine jusqu'à la décadence de l'art gothique. Je vais essayer d'assigner une date à chacune des parties hétérogènes qui composent cette masse imposante, et d'y retrouver l'histoire du monument. Ici les caractères architectoniques sont presque les seuls documents qui nous restent pour cette tâche, car les traditions historiques ne nous ont conservé que la date, encore assez obscure, de la fondation de l'abbaye au commencement du xe siècle (1), et celle d'une grande réparation que l'on appelle,

(1) On observera que la charte la plus ancienne, datée de l'an XXIII de Charles-le-Simple, mentionne que, dans le domaine de Souvigny, donné aux moines de Cluny, une église était déjà *fondée*; doit-on entendre par ce mot une église existante ou seulement commencée? *Trado curtem Silviniaci ubi ecclesia Sancti Petri est fundata*, etc.

évidemment à tort, une reconstruction, et qui eut lieu vers 1440.

La façade actuelle qui n'annonce guère la grandeur de l'église de Saint-Pierre, resserrée au Nord, par de misérables échoppes, au Midi, par l'auberge de la Poste, autrefois le Prieuré, n'est qu'un placage du XVe siècle, dépourvu d'élégance et de noblesse. Une petite porte inscrite dans une ogive à contre-courbe donne accès dans la nef du côté de l'Occident. Au-dessus, derrière une galerie extérieure de style flamboyant, on voit un fronton en apparence beaucoup plus ancien et fort en retraite. Il sépare deux tours peu élevées; celle du Nord, percée à son étage supérieur de longues fenêtres en plein cintre, flanquées de colonnes en faisceau, qu'à leurs chapiteaux à crochets, on peut regarder comme appartenant à la fin du XIIIe siècle. L'autre tour, celle du Sud, a des fenêtres en plein cintre également, mais plus basses, dont chacune encadre deux petites arcades. A cette différence de forme, il n'est pas difficile de prononcer que l'étage supérieur de cette tour est notablement plus ancien que l'étage correspondant au Nord. L'une et l'autre tour, à leur base, ou, pour parler plus exactement, à leur sortie du toit de la nef, montrent des arcades en plein cintre bouchées, que je crois de construction primitive (1).

(1) Autrefois ces deux tours étaient surmontées de flèches en pierre. Une troisième flèche s'élevait à l'intersection du transsept; toutes ont été démolies dans la Révolution.

Avant d'entrer dans la nef, il faut s'arrêter devant une ruine singulière dont il est difficile de deviner l'origine. Le palais du prieur, ainsi que je l'ai dit plus haut, flanque le portail de l'église au Sud, et se trouve fort en avance sur celui-ci. A droite de ce portail, appliquée contre le mur latéral du palais, on remarque une haute arcature en plein cintre, retombant sur des colonnes et des pilastres alternant ensemble, et surmontés de chapiteaux bysantins, d'un travail assez grossier. Des traces d'une réparation ancienne, dans ce mur, frappent d'abord les yeux; car, en plusieurs endroits, des briques ont remplacé les pierres d'un échantillon assez fort, qui composent la masse de l'appareil. On ignore la destination première de cette arcature et de la muraille à laquelle elle s'appuie. Au premier abord on est tenté d'y voir le côté intérieur du mur d'une ancienne nef, mis à découvert par suite de la destruction du toit, et des piliers qui correspondaient aux colonnes et aux pilastres de l'arcature. On pourrait même en inférer qu'autrefois la nef de Souvigny s'étendait jusque-là, et qu'elle n'aurait été raccourcie qu'à l'époque où l'on construisit la façade que je viens de décrire. Mais, un examen plus attentif renversera, je crois, cette hypothèse. En effet, non seulement on ne pourrait, dans ce cas, expliquer la position des tours, qui évidemment sont très anciennes, mais on remarquera, en outre, que la muraille du Prieuré ne se joint point à angle droit avec la façade; et si les colonnes engagées de l'arcature avaient leurs correspondantes isolées, en un mot, si elles avaient fait partie d'une nef, cette nef a dû avoir un autre axe que celui de la grande nef actuelle de Souvigny. Restent deux suppositions : l'une, que l'arcature a décoré *extérieurement* un édifice, peut-être un porche ou un cloître, dépendant de l'abbaye; l'autre, qu'elle faisait partie d'un bâtiment plus ancien, détruit lorsque l'église actuelle fut bâtie; mais la première de ces suppositions me paraît la moins invraisemblable, car si l'on compare les chapiteaux de l'arcature avec ceux de la grande nef, on ne peut y méconnaître une identité de style. Or, comment croire qu'on ait détruit ce bâtiment pour en construire aussitôt après un autre de même architecture?

Après avoir passé un narthex intérieur, surmonté d'une tribune, on se trouve dans la grande nef, flanquée de chaque côté de deux collatéraux, de largeur inégale. Les premiers, j'appelle ainsi ceux qui touchent à la nef centrale, sont très étroits, couverts par une voûte en berceau à plein cintre, renforcée d'arcs doubleaux épais. Des deux autres, celui du Nord, presque aussi large que la nef, a également une voûte en plein cintre, mais d'arêtes. Une arcature cintrée, basse, règne le long du mur qui le ferme. L'autre collatéral, à l'exception de ses deux premières travées, qui répètent exactement la disposition précédente, a été refait au XVe siècle. On n'en doutera pas en examinant ses voûtes ogivales, garnies de nervures saillantes qui retombent sur des piliers sans chapiteaux.

La partie supérieure de la grande nef, c'est-à-dire les fenêtres et les voûtes (il n'y a point de galeries), se rapporte sans doute comme ce collatéral à la grande restauration de 1440; on y observera un peu plus d'élégance, par exemple des chapiteaux ou des consoles de feuillages frisés, qui reçoivent les retombées des nervures de la voûte(1) et qui ont remplacé sans doute d'anciens chapiteaux bysantins. Sauf la partie restaurée du second collatéral Sud, tous les piliers de la nef et de ses bas-côtés, sont de forme carrée et flanqués de colonnes engagées; leurs chapiteaux bysantins se distinguent non seulement par la variété de leurs motifs, mais encore par de très grandes différences dans l'exécution matérielle. Si l'on compare ceux de la nef centrale et de ses deux premiers collatéraux, avec ceux du collatéral Nord, il est impossible de les croire contemporains. Les premiers, en effet, ont ce rapport commun d'une rudesse de travail remarquable, et de la très médiocre saillie de leurs ornements. Deux seulement, sont historiés; les autres, ornés de rinceaux ou de feuillages sèchement sculptés et en général dépourvus d'élégance. Dans le collatéral Nord, au contraire, le travail est bien meilleur, les motifs plus variés

(1) Elles se prolongent fort bas, jusqu'au sommet des arcades de la nef.

et la saillie surtout très considérable. Ce dernier point est, comme on sait, caractéristique. Sur cette seule observation, rapprochée de la différence des voûtes entre les premiers collatéraux et celui du Nord, on pourrait conclure que ce dernier n'est qu'une addition au plan primitif. Il ne peut rester de doute à cet égard, lorsqu'on examine l'épaisseur extraordinaire des piliers qui séparent les premiers collatéraux des seconds. On reconnaîtra sans peine qu'ils sont formés par les piliers engagés dans les murs de l'église primitive, doublés par les contreforts, autrefois extérieurs, correspondant à ceux-ci. Le mur primitif abattu, ces massifs sont devenus des piliers isolés, et c'est dans les contreforts que l'on a taillé les colonnes qui font face au second collatéral.

Voilà donc pour la nef trois époques bien caractérisées. Étroite, comme celles des églises d'Auvergne, elle s'éleva d'abord flanquée de deux collatéraux encore plus étroits. Telle fut, je le suppose, la première construction des Bénédictins, car l'église antérieure à leur prise de possession, cette église, *fondée* dans le domaine de Souvigny, dut être remplacée (1) bientôt par une autre plus

(1) J'ignore s'il reste quelque trace de l'église antérieure aux Bénédictins, et l'on a vu que je ne crois pas devoir rapporter à cette époque l'arcature appliquée contre la maison abbatiale. M. le curé de Souvigny m'ayant fait monter dans le grenier d'un serrurier, adossé à l'église, et touchant à la tour Nord, j'ai observé dans la muraille de la nef une portion d'appareil réticulé, d'une très grande précision, et fort semblable à l'appareil que j'avais remar-

considérable et plus digne de la riche communauté qui vint s'y établir. D'après le style des chapiteaux, et la ressemblance qu'offre la disposition de cette nef avec les églises de l'Auvergne, j'estime que la date de cette première construction se rapporte au commencement du XIe siècle. L'addition des collatéraux suivit sans doute d'assez près, et peut-être l'intervalle d'un siècle est-il trop long pour justifier les légères différences de style que je viens de signaler. Nulle difficulté pour la réparation du collatéral Sud. D'accord avec les témoignages historiques, le caractère de son architecture indique le milieu du XVe siècle.

Peut-être, après l'addition du collatéral Nord vers la fin du XIIe siècle, quelques réparations encore furent-elles exécutées dans la nef. Par exemple, deux pilastres cannelés à l'entrée des transsepts, et leurs chapiteaux ornés de rinceaux d'une élégance extraordinaire, ne se rattachent à aucun des grands travaux dont je viens de montrer le résultat. Ils sont isolés en quelque sorte de tous les autres, et la rare délicatesse de leurs sculptures les sépare au-

qué dans certaines églises du Poitou, particulièrement sur la façade de Notre-Dame à Poitiers. Il est difficile de trouver une date à cette espèce de fragment enclavé au milieu d'une muraille en apparence beaucoup plus moderne. Quelques antiquaires le croient très ancien, plusieurs même lui donnent une origine romaine. Il n'est pas impossible que ce ne soit un reste de l'église antérieure aux Bénédictins : j'incline cependant à croire que cet appareil n'est qu'une décoration de la muraille extérieure, et je ne crois pas qu'elle remonte plus loin que le XIe siècle.

tant des chapiteaux du collatéral Nord, que ceux-ci se distinguent des chapiteaux de la nef. Cette restauration partielle, si toutefois je ne me trompe pas en lui assignant une date à part, est au surplus d'une importance tellement secondaire, qu'il est inutile de s'y arrêter davantage.

Au transsept commence un nouveau mélange des styles bysantin et gothique, et là, aussi bien que dans le chœur, les dispositions primitives deviennent un peu incertaines par la manière dont les réparations ont été exécutées. En effet, il semble qu'on n'ait refait que les parties détruites ou qui menaçaient ruine, en sorte que les styles des deux époques s'y confondent pour ainsi dire intimement. Dans un pilier gothique, par exemple, on découvre une colonne bysantine qui semble avoir été oubliée; ailleurs, au-dessus de constructions toutes modernes, paraissent des portions de murs et d'ornementation évidemment contemporaines de la grande bâtisse du XIIe siècle, peut-être même encore plus anciennes.

Le chœur, je crois, beaucoup plus encore que le transsept, paraît avoir été retouché en 1440. Ainsi l'hémicycle oriental tout entier appartient au XVe siècle, de même que les voûtes, les fenêtres supérieures et presque toutes les arcades. Mais, vers l'entrée du chœur, presque tous les piliers offrent quelques traces de l'époque bysantine. Toutes les apsides encore en ont conservé le caractère. Il y en avait cinq autrefois; mais deux ont été sacrifiées ; l'une pour faire un passage conduisant à une grande sacristie toute moderne ; l'autre a été entamée et presque détruite par l'érection d'une grande chapelle bâtie au xve siècle, qui dépasse légèrement l'alignement du second collatéral Nord. L'apside principale est carrée, les deux autres semi-circulaires ; toutes les trois percées de fenêtres en plein cintre, et flanquées de colonnettes bysantines d'une exécution si grossière, que je n'hésite point à les croire contemporaines de la nef centrale.

La chapelle ajoutée au Nord du chœur, et qu'on pourrait appeler une petite église, fait pendant à une chapelle un peu plus ancienne et moins grande, construite aux dépens du collatéral opposé. Celle-ci s'appelle la Chapelle Vieille et l'autre la Chapelle Neuve ; l'une et l'autre ont eu une destination semblable ; elles renferment les tombeaux de deux souverains du Bourbonnais. J'y reviendrai tout à l'heure. Je me hâte de compléter les observations auxquelles peut donner lieu le chœur de Souvigny.

Et d'abord, remarquons que ces grands travaux exécutés dans la période gothique n'ont pas modifié le plan primitif autant qu'on pourrait le croire ; en effet, la conservation des apsides et celle des colonnes bysantines, engagées dans les piliers du chœur, prouvent que ces restaurations n'ont ni diminué ou augmenté sa longueur, ni changé son axe primitif, lequel dévie assez sensiblement vers le Nord (1). Quant à la largeur du chœur, les dimensions primitives ne sauraient être plus douteuses. Si l'on fait attention à la position des apsides, qui, comme je l'ai dit plus haut, me paraissent contemporaines de la nef centrale, si l'on remarque qu'elles sont fort resserrées, si l'on examine la disposition de la crypte au-dessous de la partie orientale du chœur, dont elle repète la disposition (2), l'on sera conduit à penser que primitivement le chœur, ainsi que la nef, n'avait qu'un seul collatéral de chaque côté.

Depuis les transsepts jusqu'aux légers piliers qui forment l'hémicycle oriental du chœur, on compte quatre travées. Les trois dernières, toujours en partant des transsepts, sont occupées au Nord, par la Chapelle Neuve ; et du côté du Sud, les deux premières, par la Chapelle Vieille, et les deux suivantes, par l'escalier qui mène à la crypte, et par le passage conduisant à la grande sacristie ; en sorte que la première travée, du côté du Nord,

(1) Si cette disposition n'est pas due au hasard, ce qui n'est pas impossible, attendu la grossièreté de la première construction, il faut la considérer comme un très ancien exemple de cette déviation bizarre que l'on attribue à une allusion mystique, mais qui ne paraît point avoir été consacrée par l'usage avant le XIIe siècle.

(2) On descend dans cette crypte par un escalier en dehors de l'église vers l'extrémité de la Chapelle Vieille. Elle a, de même que le chœur, cinq apsides donnant dans un large passage semi-circulaire, qui répond aux bas-côtés du chœur. Toutes les voûtes sont en plein cintre, fort épaisses, mais construites avec beaucoup de rudesse. On ne voit d'ailleurs dans ce chœur souterrain aucune ornementation.

reste seule pour attester la disposition primitive. Au-dessus de cette première travée, du côté du Nord, et au-dessus de la première travée Sud, c'est-à-dire au-dessus d'une partie de la Chapelle Vieille, se trouvent deux vastes salles voûtées en ogive, et dont les murs latéraux montrent des colonnes appliquées, à chapiteaux bysantins, d'un travail assez médiocre. On monte dans la salle, du côté du Nord, par un escalier en hélice placé en dehors de l'église; on n'accède à l'autre aujourd'hui que par la galerie du toit.

Bien que ces salles, condamnées depuis longtemps, soient encombrées de gravois, et de plus dénaturées par la restauration du chœur, on peut se faire une idée de leur destination primitive, en les comparant à des salles semblables qu'on voit dans l'église de Saint-Julien à Brioude. C'étaient je le suppose des tribunes réservées aux dignitaires de l'abbaye. Quant à leur date, il n'est pas facile de la fixer, car on n'a pour la déterminer que la forme des chapiteaux appliqués contre les murailles de ces tribunes, et celle des chapiteaux engagés dans les piliers inférieurs qui les supportent (1). Leur

(1) Un de ces derniers chapiteaux mérite une description particulière. Autrefois les abbés de Souvigny avaient le privilége de battre monnaie, et le sujet sculpté sur ce chapiteau représente la fabrication des espèces. Un homme met en mouvement un soufflet, deux autres marquent les pièces au marteau; un quatrième les pose dans une balance. Je ne puis m'expliquer l'attitude d'un dernier personnage qui tient ses mains sur sa poitrine sans paraître prendre part aux travaux. Peut-être est-ce un abbé de Souvigny, surveillant ses ouvriers en personne.

ressemblance avec ceux du collatéral Nord, m'engagent à leur assigner la même date, outre qu'il semble naturel de penser que l'accroissement du chœur ait été une conséquence de celui de la nef.

Une autre question se présente : à l'époque où s'opéra l'addition des collatéraux de la nef, les continua-t-on dans le chœur jusqu'à ses dernières travées? Cela ne me semble pas probable, car les apsides qui existaient alors, et s'ouvraient dans la quatrième travée du chœur, s'opposaient à ce prolongement. Je pense donc qu'un mur, ou peut-être une apside, fermait à l'Est les premières travées Nord et Sud, correspondant ainsi aux collatéraux ajoutés de la nef. Cette disposition me paraît même la seule conforme aux pratiques de l'architecture bysantine. De la sorte les arcades au-dessous des tribunes auraient formé une espèce de collatéral, à l'orient des transsepts, collatéral composé de deux travées, et répondant ainsi aux doubles collatéraux de la nef.

L'ornementation du chœur est fort simple et se réduit à quelques feuillages, d'ailleurs assez bien sculptés. Les colonnes gothiques des piliers, groupées en faisceau, portent à leur sommet, non point des chapiteaux, mais une espèce de moulure de feuillages frisés, qui sert de couronnement à tout le pilier. C'est en quelque sorte un amortissement commun à tout le faisceau de colonnes. Les voûtes en ogive assez aiguë, sont garnies de nervures très saillantes et prismatiques.

Au milieu de la voûte règne une moulure plus large que les autres, accolée de deux tores épais et travaillés à jour, représentant comme des guirlandes de feuillages. L'effet de cet ornement, qui se prolonge d'un bout à l'autre du chœur et dans la grande nef, est certainement très agréable.

La Chapelle Vieille est séparée du transsept, et des bas-côtés du chœur par une espèce de clôture en pierre, découpée à jour dans le style flamboyant, et malgré de nombreuses mutilations, d'une élégance et d'une légèreté remarquables. Dans l'enceinte on voit le tombeau du duc Louis de Bourbon, et d'Anne son épouse, avec leurs statues en marbre blanc. Ils sont représentés suivant l'usage, couchés sur le dos, les mains jointes; à leurs pieds sont des chiens, et des espèces de dais fort ornés au-dessus de leurs têtes. Ces statues ont beaucoup souffert des fureurs révolutionnaires, mais on y reconnaît encore une exécution peut-être trop minutieuse, mais qui assurément n'est point sans mérite. En face du tombeau, dans la paroi de l'église, on a pratiqué une grande niche, espèce de tribune réservée probablement dans certaines cérémonies aux princes de la famille de Bourbon. Cette niche, toute délabrée qu'elle est, offre encore un grand intérêt par l'élégance et la richesse de son ornementation. La devise de l'ordre du Chardon institué par ce prince: *Espérance*, y est vingt fois répétée au milieu des motifs capricieux d'une décoration flamboyante. A quelques pieds du tombeau, on remarque une large dalle qui recouvre l'ouverture du caveau, où les corps ont été déposés. En 1830, madame la duchesse d'Angoulême ayant visité l'église de Souvigny, le curé, M. Chambon, fit lever la dalle et pénétra dans le caveau. Il y trouva des cercueils de plomb posés sur des tréteaux de fer, à côté d'un grand puisard. Les corps étaient déjà presque réduits en poussière.

L'autre chapelle est ainsi que la précédente entourée d'une clôture découpée à jour, mais encore plus maltraitée par les vandales de 93, qui n'ont pu parvenir pourtant à détruire toutes les fleurs de lys dont elle était semée. Le tombeau du duc Charles et d'Agnès de Bourgogne occupe le centre de la chapelle, fort semblable par le style à celui du duc Louis, mais, ce me semble, inférieur sous le rapport de l'exécution. Près de l'autel et contre la paroi Sud on voit une petite tribune avec une cheminée. Pour l'ornementation, cette chapelle est moins remarquable que la précédente; cependant on y trouve de jolis détails sculptés avec beaucoup de finesse et de goût.

Parmi les ornements répétés fréquemment dans la clôture de la Chapelle Neuve, et sur une balustrade à jour qui en couronne le toit, j'ai remarqué quantité de vases arrondis d'où sort une flamme. Sauf une espèce de pied, cela ressemble fort à une grenade ou à une bombe, surtout à l'emblème de ces projectiles meurtriers, tels qu'on les représente d'ordinaire dans les attributs militaires. On dit que Charles de Bourbon avait le titre de grand maître de l'artillerie, mais de son temps les bombes n'étaient point encore inventées. Il est manifeste, d'ailleurs, que cet emblème singulier n'a pu être ajouté dans une réparation moderne. Je cherche vainement à m'en expliquer la signification (1).

Au Sud de l'église, le long de la nef et du transsept, on voit un grand portique du xve siècle, qui paraît avoir fait partie d'un cloître dont la majeure partie est détruite. Plusieurs arcades portent les armoiries des prieurs de Souvigny. Un autre cloître, à peu près du même style, également ruiné, dans l'auberge de la poste, où il sert aujourd'hui de cellier, dépendait encore du monastère; enfin, à la hauteur du transsept Sud, on trouve une salle assez grande qui communiquait autrefois avec l'église. Elle tombe en ruines, et je ne la cite que par ce que son architecture diffère essentiellement de celle du cloître de l'église, et du portique auquel elle est contiguë. Elle se rapporte au gothique primitif, et c'est, je crois, le seul morceau de ce style qui existe à Souvigny. Peut-être servait-elle aux réunions de la communauté; peut-être était-ce une salle capitulaire. Les autres dépendances de l'abbaye, encore existantes, datent des xviie et xviiie siècles, et sont absolument dépourvues d'intérêt.

(1) Louis II avait adopté pour emblème: *la main armée sortant d'une nue, tenant lances brisées, jetant feux de toutes parts.* Je vois bien des feux, mais ni lances ni main.

Je terminerai cette longue description, en rappelant sommairement les différentes époques que j'ai cru reconnaître dans l'église de Souvigny.

1° Commencement du XIe siècle : la nef, une partie du chœur, les apsides, la tour Sud, une partie de la tour Nord.

2° Fin du XIe et commencement du XIIe : Le collatéral Nord, deux travées du collatéral Sud, les tribunes du chœur et les arcades au-dessous, ou le collatéral oriental du transsept.

3° Fin du XIIe siècle (?) : Les pilastres du transsept ; l'étage supérieur de la tour Sud.

4° Commencement du XIIIe siècle (?) : Salle capitulaire attenant au transsept Sud.

5° 1440. Voûtes et fenêtres de la nef, la plus grande partie du chœur, quatre travées du second collatéral Sud de la nef, la façade, probablement la Chapelle Vieille, et les cloîtres au Midi de l'église.

6° Fin du XVe siècle ou commencement du XVIe : La Chapelle Neuve.

J'aurais dû parler plus tôt d'un grand bas-relief bysantin d'une magnifique exécution, encastré dans un mur au fond du second collatéral Nord. Il représente le Christ assis et quatre autres grandes figures, dont deux, également assises, me paraissent des évêques, à en juger par leur pallium. Les deux dernières debout, de chaque côté du Christ, sont probablement les saints patrons du monastère, car le fond du bas-relief conserve encore leurs nimbes. Toutes les têtes, toutes les mains sont cassées, et toutes les figures de ce monument sont très endommagées. Cependant, l'excellente exécution des ajustements et surtout des draperies, l'élégance et le goût merveilleux des rinceaux et des moulures semées à profusion sur ce bas-relief, le rendent encore un des morceaux les plus remarquables et les plus précieux de la sculpture bysantine. C'est à M. le curé de Souvigny que l'on en doit la conservation. On ne sait d'ailleurs d'où il provient; il gisait abandonné avec d'autres débris à l'entrée de l'église. S'il faisait partie de la façade, il faut croire qu'elle n'aurait été exécutée que vers le milieu du XIIe siècle; car la richesse extraordinaire de ce bas-relief ne convient qu'à l'époque du développement le plus complet du style bysantin.

Tous les amateurs des arts connaissent l'église de Souvigny par les charmants dessins qu'elle a inspirés à M. Allier dans son ouvrage sur l'ancien Bourbonnais. Point de voyageurs passant à Moulins qui ne se détourne pour la visiter; personne qui ne l'admire et ne se récrie sur le vandalisme, dont elle garde de si douloureuses marques. Son curé, M. Chambon, apporte le zèle le plus louable à l'entretenir, à la réparer, à la préserver de dangers plus grands que ceux qu'elle a déjà courus, je veux dire des restaurations maladroites qui lui feraient perdre son caractère. Malheureusement les ressources dont il peut disposer sont fort insuffisantes pour un aussi grand édifice, et tous ses efforts ne peuvent que retarder un peu les progrès de la destruction. Je vous demanderai, Monsieur le Ministre, au nom de toutes les personnes qui s'intéressent à nos monuments nationaux, de vouloir bien comprendre cette belle église au nombre des édifices auxquels votre département accorde des secours. Je vous demanderai également de la recommander à l'attention du conseil général de l'Allier, dont les membres sont trop éclairés, j'en suis sûr, pour ne pas répondre avec empressement à votre appel, lorsqu'il s'agit de la conservation du plus beau monument que le moyen-âge ait laissé dans le Bourbonnais.

SAINT-MENOUX.

(S. Menulfus.)

C'est une ancienne abbaye de Bénédictins, peu éloignée de Souvigny. Fondée vers le commencement du XIe siècle, elle fut réparée à la fin du XVe. Voilà les seuls renseignements historiques que j'aie pu me procurer sur cette église, et l'examen de l'édifice prouve combien ils sont incomplets, car négligeant les réparations tout à fait modernes, on n'y rencontre pas moins de quatre styles d'architecture bien distincts, assez mal soudés les uns aux autres, et qui témoignent d'autant de grandes restaurations.

La partie la plus ancienne, c'est l'extrémité occidentale de la nef, qui comprend trois arcades de chaque côté, portées sur des piliers cylindriques, trapus, fort épais, couronnés par des chapiteaux bysantins, d'un médiocre relief et très grossièrement sculptés. Des monstres informes, des feuillages ou des rinceaux lourds et sans grâce, voilà l'ornementation des corbeilles. Les arcades sont en plein cintre; mais la voûte est ogivale, en berceau. Point de fenêtres ni de galeries au-dessus des arcades; la voûte s'appuie sur une corniche assez basse, ornée d'un rang de petits modillons fantastiques, à peine plus saillants que des billettes.

La façade occidentale, dont le mur paraît avoir été exhaussé, est maintenant presque nue, et je ne crois pas que sa décoration ait jamais été remarquable. Une porte en plein cintre, autrefois flanquée de colonnes; au-dessus, une fenêtre de même forme, entourée d'une archivolte à billettes et séparée de la porte par une moulure saillante; deux contreforts encadrant l'entrée; un fronton triangulaire surmontant la fenêtre; voilà ce qui reste de la façade ancienne. La partie supérieure du portail actuel est évidemment ajoutée. On le voit, cette simplicité convient à l'époque que la tradition assigne à la première construction de l'église.

Un pilier carré, portant quelques moulures bysantines d'un style très ancien, succède aux grosses colonnes de l'entrée de la nef, et paraît contemporain de ces dernières.

Ce changement dans la forme des piliers indique,

je crois, une ancienne division de la nef, marquée encore par une différence de niveau dans l'aire, et l'on en peut conclure, à mon avis, que les trois arcades précédentes appartenaient primitivement à un narthex. A l'appui de cette opinion, on peut encore citer l'absence des fenêtres, et le peu d'élévation des voûtes.

Après le pilier carré, viennent trois travées ogivales, inégales de diamètre, dont les piliers sans chapiteaux, les voûtes garnies de nervures très minces et saillantes, les fenêtres à meneaux flamboyants, dénotent la décadence du style gothique. A n'en point douter, voilà la partie de l'église réparée, ou plutôt reconstruite à la fin du XVe siècle. Rien, d'ailleurs, n'est plus médiocre et moins digne d'attention.

Nous voici au centre de l'église, et là se montre une autre architecture. C'est le gothique primitif, encore dépourvu d'ornementation, mais bien caractérisé par sa tendance à l'élancement. De hauts piliers, formés de colonnes en faisceaux, terminés par des chapiteaux à crochets, soutiennent une coupole, au-dessus de laquelle s'élève une tour aussi pauvrement décorée que sa base.

L'un des piliers qui soutiennent la coupole surprend d'abord par son épaisseur énorme; c'est une espèce de tour cylindrique, renfermant l'escalier qui conduit à la plateforme de la tour. Je n'ai pas besoin de dire le mauvais effet produit par cette lourde masse, à laquelle rien ne fait équilibre. Les arcades jetées entre les piliers qui forment la base de la tour, ne s'élèvent pas, à beaucoup près, jusqu'à la naissance de la coupole. C'est un grand mur nu qui remplit l'intervalle; il est percé de deux longues ouvertures surmontées d'une rose. Ainsi encadrée, la coupole produit l'effet d'une cloche allongée que l'on verrait en dessous. Il est probable d'ailleurs que lorsqu'elle a été construite, la voûte de la nef était beaucoup moins haute qu'elle n'est aujourd'hui, et alors cette rose et ces espèces de longues fenêtres s'élevaient au-dessus du toit. Tout cela m'a paru du commencement du XIIIe siècle.

Au Nord et au Sud de la coupole, les murs latéraux de l'église, percés de très petites fenêtres bysantines, me semblent bien antérieurs à cette construction, et je les crois contemporains du narthex: peut-être le chalcidique de l'église primitive existait-il en cet endroit. Il paraît certain qu'elle n'avait point de transsept, et qu'elle a eu de tout temps la forme d'une longue basilique.

Élevé de plusieurs marches au-dessus de la nef, le chœur présente la richesse et le caprice d'ornementation qui caractérisent le style bysantin fleuri. C'est la partie la plus remarquable et la plus élégante de toute l'église. Cinq apsides s'y joignent, celle du milieu carrée, comme à Souvigny. Les arcades du chevet, très surélevées, retombent sur des piliers cylindriques, couronnés de chapiteaux parfaitement sculptés et de formes très variées.

Dans quelques-uns on voit déjà les crochets saillants, qui paraissent presque partout avec les premiers essais du style gothique; le plus grand nombre est orné de palmettes ou de rinceaux de très bon goût; je n'en ai point vu d'historiés. Des pilastres cannelés correspondent à ces piliers, dans les parois latérales : l'église de Souvigny nous en avait déjà offert un exemple isolé. Ici, bien que ces pilastres se reproduisent en assez grand nombre, ils ne forment point un système, si je puis m'exprimer ainsi, comme à Autun, à Vienne, à Langres, et dans d'autres villes où l'on trouve leurs modèles dans des monuments antiques. Les pilastres de Saint-Menoux sont, à mon avis, une importation étrangère, et je les crois empruntés à l'église de Saint-Lazare, d'Autun. Un autre motif, tout antique, se retrouve dans une large frise qui règne à l'intérieur du chœur, au-dessus des arcades; c'est une grecque d'une charmante exécution. Je regarde comme très probable que l'architecte du chœur de Saint-Menoux avait vu quelques monuments d'architecture romaine.

J'ai observé avec surprise la forme des arcades du chœur, et l'emploi singulier qu'on y a fait de l'ogive et du plein cintre. Dans la partie semi-circulaire, dans le chevet proprement dit, les arcs sont en plein cintre, fort étroits et très surélevés. Les arcades en ligne droite, au contraire, sont fort larges et en ogive, aussi bien que les arcs doubleaux des bas-côtés. On voit dans beaucoup d'édifices bysantins l'inverse de cette disposition, et à Saint-Germain-des-Prés à Paris, par exemple, toutes les arcades du chœur sont cintrées, à l'exception des dernières du chevet qui ont la forme ogivale. Le motif en est facile à comprendre; on a voulu ainsi conserver une hauteur égale aux arcades, et leur donner des courbes semblables sur lesquelles la poussée se répartît également. Ici, le seul but de l'architecte, en adoptant l'ogive pour les arcades en lignes droites, paraît avoir été d'augmenter leur résistance en raison de leur grande portée. Il aurait dû employer également l'ogive dans l'hémicycle du chœur. De la sorte, il eût évité non-seulement un effet désagréable à l'œil, surtout au point de transition entre les deux arcs, et ce qui était encore plus important, il eût donné à sa construction plus de solidité. On observera, en effet, que la poussée des masses s'exerçant d'une manière inégale sur des courbes différentes, il en est résulté que toute cette partie de l'édifice menace ruine.

Des dispositions toutes modernes ont en partie défiguré le chœur de Saint-Menoux. Un énorme autel du XVIIIe siècle, fort orné de marbres et de dorures, mais d'ailleurs d'assez mauvais goût, placé à l'entrée de ce chœur, le masque, au point qu'il est impossible de juger de son effet à distance. Ce n'est pas tout, on a fait une sacristie dans l'une des apsides du Sud, et le collatéral du même côté est fermé par un mur de clôture. Il semble qu'on ait pris plaisir à cacher la seule partie réellement intéressante de l'église.

Quelques débris de statues bysantines, plus ou moins défigurées, gisent pêle-mêle, déposées dans ce chœur qui depuis assez longtemps paraît n'être considéré que comme une espèce de magasin. J'ignore d'où proviennent ces fragments dont plusieurs sont d'un travail remarquable. On m'a montré dans le même lieu un tombeau de pierre sans ornement et sans inscription, qui serait, m'a-t-on dit, celui du patron de l'église, saint Menulfe ou saint Menoux. Il est assurément fort ancien.

Non seulement le chœur, mais toutes les parties de l'église de Saint-Menoux, montrent des crevasses et des infiltrations véritablement effrayantes. Le narthex, qui est certainement plus anciennement construit que tout le reste, se trouve peut-être moins compromis aujourd'hui que les parties les plus modernes. En un mot, murs, voûtes, piliers, tout est dans un état déplorable, et si l'église se trouvait dans une grande ville, la police interviendrait assurément pour la faire fermer dans la crainte d'un accident qui semble prochain.

Il faudrait, je le crains, une dépense très considérable pour la préserver d'une ruine complète; et, connaissant les ressources dont vous pouvez disposer, Monsieur le Ministre, j'hésite à vous demander des secours pour un édifice qui en absorberait peut-être une grande partie. Sous le rapport de l'art, le chœur seul mérite un vif intérêt et je désirerais qu'il fût posssible de le sauver. Mais la commune est pauvre, et je ne crois pas qu'on en puisse attendre des sacrifices de quelque importance. Si le conseil-général consentait à prendre à sa charge une partie de la dépense, je vous demanderais de vouloir bien concourir à cette bonne œuvre. La riche ornementation du chœur étant bien conservée, il ne s'agirait absolument que de grosses réparations, qui pour être coûteuses seraient cependant beaucoup plus faciles à exécuter que celles où il faut refaire des parties d'ornementation.

FIN

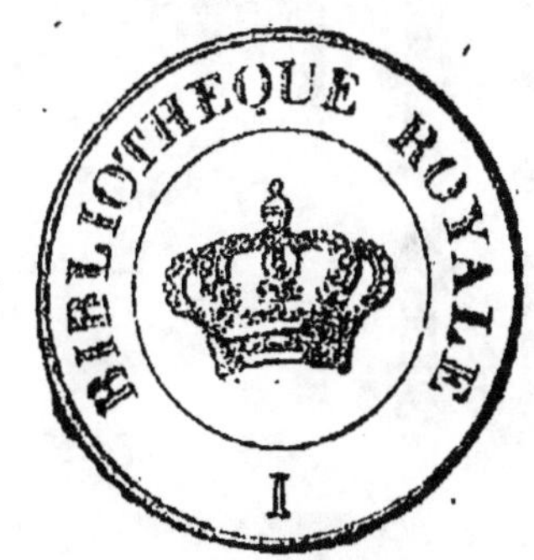

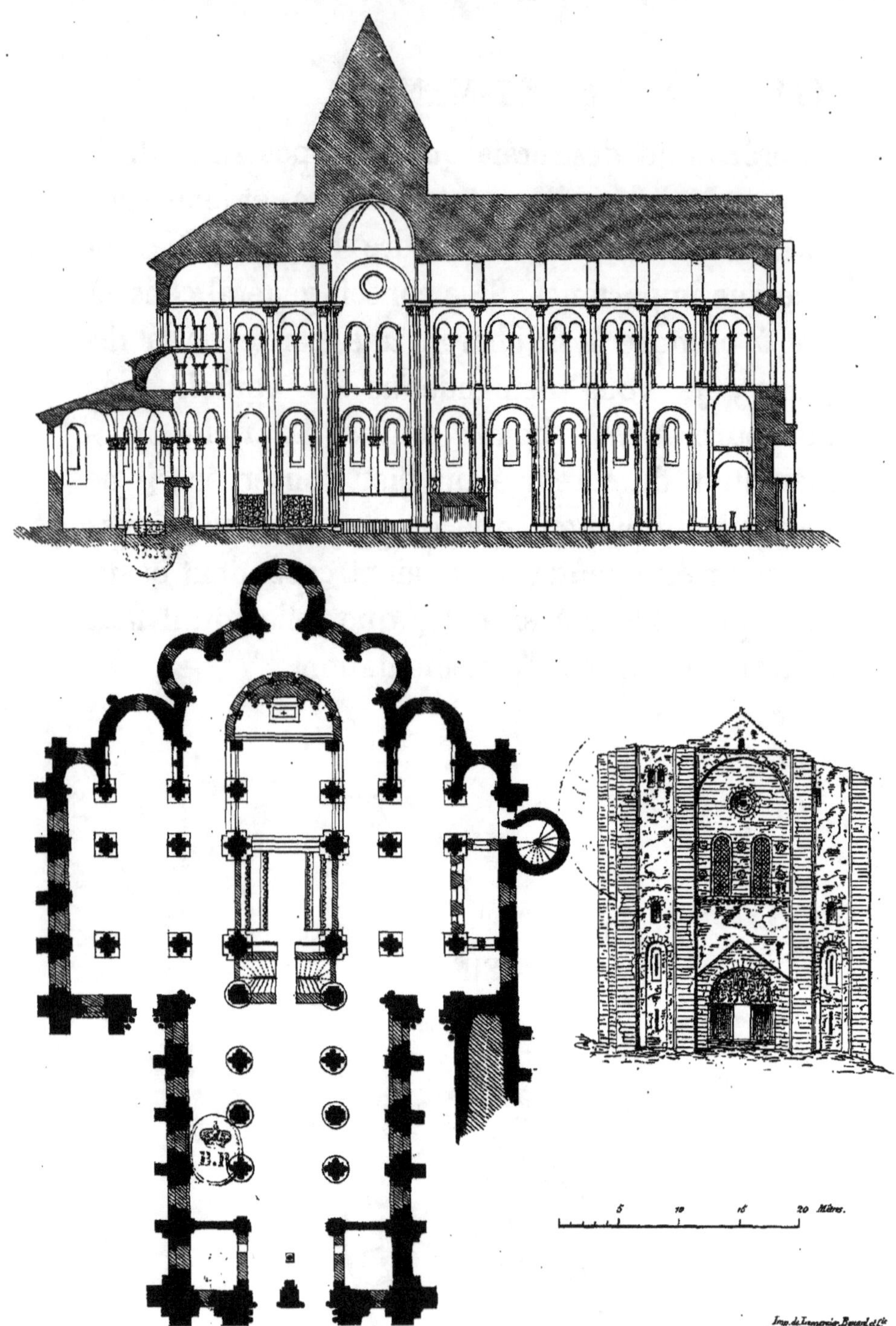

Plan et Coupe de l'Église de Conques (Aveyron)